THE SLE ET

増補完全版

眠れる予言者 エドガー・ケイシー

著・光田 秀
SHIGERU MITSUDA

EDGAR CAYCE

SOGO HOREI PUBLISHING CO., LTD

『増補完全版　眠れる予言者　エドガー・ケイシー』によせて

本書の初版が出て25年になります。幸い、本書はエドガー・ケイシーに関する入門書として好評を博し、多くの読者の支持をいただいてまいりました。著者として、また長年エドガー・ケイシーの業績の普及啓蒙に携わってきた者として、これほどうれしいことはありません。

エドガー・ケイシーの情報は「現代にもたらされた福音」であると私は常々述べてまいりました。唯物的世界観・人生観によって混迷する社会にあって、エドガー・ケイシーの情報ほど、私たちの人生に生きる勇気と希望、指針を与えてくれるものを私は他に知りません。

肉体の病気を抱える人にはその治療法を与え、精神的な悩みを抱える人にはその解決法を示し、霊的真理を求める人にはその探求に導いてくれる。まことに肉体・精神・霊において人々に豊かな福音をもたらしてくれます。

さて、ここ数年、世界は新型コロナウイルスと、その後に続く新型ワクチンによって大きな混乱を経験してきました。日本社会はいまだにその不安を脱し切れていません。

そんな中、エドガー・ケイシーの情報は即座に、この状況に対して具体的で有効な方法を与えてくれました。私も私の家族も、私の身近な人々も、コロナウイルスやワクチンで右往左往することは全くありませんでした。エドガー・ケイシーの情報によって、きわめて安全で有益な指針を得ることができたからです。また、エドガー・ケイシーの情報に触れた多くの方々が、その有効性を実証してくれました。

さらに、この一年、ＹｏｕＴｕｂｅなどのメディアでエドガー・ケイシーの情報の有用性が取り上げられるようになり、エドガー・ケイシーに対する関心は、かつてないほどの広がりと高まりを見せるようになりました。

この度の加筆改訂出版においては、これからの時代を生きる上での指針になり得るような情報を追加いたしました。

本書を通じて、エドガー・ケイシーの素晴らしい情報が皆さまのもとに届きますことを、また、エドガー・ケイシーの世界を知ることで、皆さまの人生がいよいよ豊かで美しく、生きる勇気と希望に溢れたものになりますことを心より願っております。

令和５年６月吉日

光田　秀

もくじ

第3章　ケイシーに語りかける魂たち

第4章　生まれ変わりと「カルマ」の秘密

第5章 魂を磨くカルマの本質と克服

第6章　輪廻転生と占星術「転生占星学」

第7章　「魂と宇宙の創造」から見る生き方の哲学と輪廻転生の検討

第8章 夢の世界で見つける「本当の自分」

プロローグ　エドガー・ケイシーとの出会い

本書は、二つの大きな目標をもって書かれています。

一つは、20世紀前半のアメリカにおいて驚異的な霊能力（リーディング能力）を発揮したエドガー・ケイシーについて、彼の生涯とその業績の全体像を日本人向けに、できるだけ平易に紹介することです。考えてみれば、これほど興味深い人物に関して、このような意図の本が出版されていなかったことが不思議なくらいです。

もう一つは、ケイシーという人物の生涯と業績から、必然的に導かれる人生観・霊的世界観とはいかなるものであるのか。現代に生きる私たちにとってそれは、どのような意義を持ち得るのか。そして、私たちの人生の意義を深め、充実させるには、そこから何をどう取り入れ、どのように実践すればいいのか――。これらのことを、私の体験を踏まえて解説するということです。

ケイシーは、医学や心理学、考古学、科学、工学などを含むさまざまな分野において、時代を超越した業績を遺しました。

そのため日本でも、彼に関する書籍は100点を超える数が出版されています。それらの書籍を何冊も読んだ私が、彼の最大の偉業は何であるかと問われたなら、躊躇なく「人間の本性が、〝永遠不滅の高貴な霊的存在〟であることを実証したこと」だと答えます。当然のことながら、本書においてもページの大半を〝人間の霊的本性〟の考察に費やしています。

「霊」をテーマにすると、科学的根拠のない、いかがわしいもののように思われるかもしれませんが、そういう方もしばらくは警戒心をといて、私のお伝えするケイシーの話に耳を傾けてみてください。

かくいう私も、かつては全くの唯物論者であり、霊など頭から否定していた人間です。そんな私でも、ケイシーの生涯と功績を知ったときには、霊という存在を認めざるを得なくなりました。

人間の霊的本性に関してケイシーが示した現象や膨大な情報は、科学的・合理的精神をもって探求すればするほど、その真実性が確実のものとなっていくはずです。しかも、人間という霊的存在の崇高性や美しさが明らかになっていくのです。私の経験でも、懐疑論者ほどかえってエドガー・ケイシーの熱烈な信奉者になっています。

哲学者のカール・ポパーの言葉に次のようなものがあります。

「すべてのカラスが黒いわけではないことを証明するのに、なにもすべてのカラスを調べる必要はない。たった1羽の白いカラスを示せばよい」

唯物的世界観を追求していた私は、1羽の白いカラス（ケイシー）に遭遇し、それまでの考え方を180度転換することを迫られました。

私の世界観・人生観を転換せしめたケイシーの数々の功績が、読者の皆さまに対して、どれほどの信ぴょう性と説得力を有するかはわかりません。しかし、本書がケイシー探求の契機になり得たとするならば、著者としてこれに勝る喜びはありません。

さて、これからケイシーの世界を探求するわけですが、その前に、本書の「語り部」たる私自身について、自己紹介をしておきましょう。

私は1958年、広島の県北にある吉田町という、人口1万人に満たない田舎町に生まれました。遊び仲間にも恵まれ、中学時代にはフォークバンドを組むなど、人並みに青春を謳歌していました。

しかし、外面的な陽気さとは裏腹に、私には同年代の友人とは共有することのできない内的

「カニ星雲」写真提供／石原クリニック天文台

傾向がありました。それは、哲学がいうところの「実存的苦悩」であることが後にはっきりするのですが、その萌芽(ほうが)は10歳頃に宇宙や天体に関する興味という形で表れました。

私の町は空気が澄み、夜になれば満天の星空を仰ぐことができました。春にはアルクツールス、夏には天の川、さそり座のアンタレス、秋には獅子座の流星群、冬にはシリウスにプレアデス、そしてオリオン……。全天に広がる星々に魅せられ、私は小学生の高学年頃には天体望遠鏡を操るいっぱしの天文少年に育ちました。そして、宇宙への関心は次第にエスカレートしていき、いつしか宇宙の神秘の虜(とりこ)になっていたのです。

「アンドロメダ星雲」写真提供／石原クリニック天文台

こうして宇宙の神秘に感嘆していた私でしたが、天体観測を始めて1、2年もたたないうちに、宇宙の壮大さが、得体のしれない不安を私の心に突きつけるようになりました。宇宙に関する知識を吸収していくうちに、宇宙の巨大さを脅威に感じるようになっていたのです。

いずれ太陽系の崩壊とともに、一切の痕跡をとどめず宇宙から消え去る地球。そして人間といえば、その取るに足らないちっぽけな地球の上で、束の間の生命現象を維持している儚い存在。

私は宇宙の片隅に生まれ、儚い人生の後に消え去るのか。「私」という意識の実体は何であり、なぜ発生したのか。私がこの世に存在したことに、何らかの意味はあるのか。私という存在の一切が死によって無に帰するなら、「私」

にとって生きるとは、いかなる意味を持つのだろうか——。

このような哲学的問いかけを共有できる友人を、周囲に見つけることができず、高校に入ってからは一層内面に向かって鋭化し、私の疑問はいつしか「存在の絶望」へと転化していきました。

この傾向に拍車をかけたのが、父の存在でした。

私の父はわずか14歳のときに、満州開拓義勇軍の一員として、半ば強制的に満州に送り出されました。終戦になっても日本に帰還できずソビエトに抑留され、青年時代の最も多感な3年間を、極寒のシベリアで過ごすという辛酸をなめました。

そして、抑留時代の苦悩を通して、人間とは肉体としての存在がすべてであり、霊魂など非科学的なものは存在しない、合理的知性に合致しないものは徹底的に排除しなければならない——というような人生観を持つようになったのです。「人間死んだらゴミになる」という言葉や、「宗教は阿片(あへん)だ」というマルクスの言葉は、父の常套句(じょうとうく)でした。

私が、人間は死んだ後も霊魂が残るのではないか、と反論しようものなら、

「神や仏、霊魂があるんだったら、ここに出してみろ！」

「科学で証明されないことを信じるな！」

と、何時間も説教されたものでした。

父の主張する科学的唯物論を受け入れようとする一方で、私は次第にその唯物的世界観の枠内では、どうしても自分の存在価値を見いだすことができなくなっていきました。

「存在の絶望」に苦しんでいた当時の私は、自然と哲学に答えを求めるようになったのです。三木清や亀井勝一郎、倉田百三といった日本の哲学者の著作や、モンテーニュ、デカルト、パスカルによる西洋哲学などを読み漁りました。すると、それまでの自分の悩みは、多くの哲学者が解答を得ようとしてきた根本命題であったという事実に、いくらかは慰められました。しかし、近代から現代の哲学が最終的に提示している解答が、結局のところ人間に「存在の絶望」を突きつける以外の何ものでもないことを知り、私はいよいよ疲弊していきました。

やがて、私の思考は人生から価値を剥奪する方向に突き進み、ついには自分がこの世に存在することの希望を、全く見失ってしまいました。「存在の絶望」ゆえに、何度自殺を考えたことか。

自分がこの世に存在することの意味や価値を見いだそうと努力すればするほど、自分の存在に価値がないことが明らかになっていく。誠実な生き方を求めようとしても、生きることの意義を保証するものが何もない……。自分がこの世に存在していること自体が呪わしく、自分自身が嫌悪の対象になっていました。

そんな状態だった高校生の私は、大学に行くなら哲学科以外にない、と思っていました。しかし、両親は私がこのまま哲学科に進んだら危険だと思っていたようですし、ましてや、私の父は頑固な唯物主義者です。哲学科の希望は頑として聞き入れられず、結局私は両親の希望に従って、工学部に行くことにしました。

さて、大学に進学したものの、私の最大の（そしてほとんど唯一の）関心は、相変わらず「存在することの意味」を探求することにありました。授業にも出ず、哲学書や宗教書を乱読する日々。そんな生活により多少見聞の広がった私は、ひょっとすると宗教的な神秘体験の中に、私の求めているものがあるかもしれないと思い立ちました。そこで菜食や断食を試したり、禅道場に行ったり、新興宗教の門を叩くなど、体験的な探求にも手を出すようになったのです。しかし、2年近くにわたって探求したものの、結局のところ、それらのいずれでも私の心は満たされませんでした。

そして、もはや自分に存在意義がないことを知りながらのうのうと生きることはできない——そんな思考が、激しく執拗に私を責めるようになっていた頃でした。いつものように本屋の宗教哲学書コーナーで本を眺めていると、ふとエドガー・ケイシーの『転生の秘密』（ジナ・サーミナラ著　多賀瑛訳／たま出版）という1冊の本に目がとまりました。「エドガー・ケイシー？　そんな哲学者、聞いたことないなぁ」と思いながらも、書名に惹かれ、手に取ってみました。

そして、数ページも読まないうちに、私はその本の内容に驚きました。

その本を買って下宿先に帰るやいなや、高鳴る胸を押さえつつ、1ページ1ページ丹念に読み込んでいきました。読みながら「こんな信じられない話が実際にあったなんて！」と驚嘆につぐ驚嘆に胸を躍らせました。その日の夕方から読み始め、読み終えたのは翌日の明け方近くでした。

つい40年ほど前の人物が、人間は永遠不滅の霊的存在であるということを、これほど明確に、圧倒的な説得力をもって示している。人間の本体は魂であり、その魂が地上の肉体に何度も生まれ変わり、そしていつか、より高次の世界に進んでいく。そのことを科学的検証に堪えるほど具体的に示した人がいる。いくらか懐疑的な人でも、医学におけるケイシーの業績は否定のしようがない。また、医学以外にも、考古学、物理学、化学、工学など、科学的な分野にも情報を残している。そのことは、工学部に在籍していた私にとって、感激をより増幅させるものとなりました。

アインシュタインの相対性理論に対する評価や、重力の本質、反重力の作り方、超合金の作り方、さらには将来のエネルギー源を示唆するようなテクノロジーまで、50年以上も前に述べられていたのです。

本を読み終えたとき、人間という存在の素晴らしさを証明するものにやっと出合えたと、魂の底から歓喜がこみ上げてきました。体の細胞の一つ一つが喜びに震え、つい昨日まで絶望の淵にあえいでいた自分が、いきなり大いなる希望の世界に引き上げられたのです。

こうしてこの年のこの日を境に、私の人生は一変しました。

自分の本体が永遠不滅の魂であるという確信と、人生に起こるさまざまな出来事には目的があり、私たちは誰もが宇宙の崇高なる摂理によって導かれているという深い安堵。それまで味わってきた絶望も、私をケイシーの世界に導くためのプロセスであったに違いない。そう思うと、絶望の日々すらも感謝の対象になっていきました。

ケイシーの新たな世界を通して、「存在することの圧倒的な神秘」が啓示され、瞑想、祈り、夢、輪廻転生、占星術、予言、キリストの救い、宇宙、神など、これまで全く考えたこともないような広大な世界が広がっていきました。

そして、ケイシーという人がもたらした素晴らしい情報を、私が全国津々浦々を歩いて広めよう。ケイシーによって命を救われたので、ケイシーを広めることに自分の人生を捧げよう――。青年時代の純粋さをもって、私は本気でそう思ったのです。

実際に私は、ケイシーの素晴らしい福音をみんなに知らせたくて、小遣いが余れば『転生の秘密』を買って友人に配り、誰彼かまわずケイシーを勧め始めました。ケイシーを広めることが自分の使命であると信じていたので、就職も迷うことなく、『転生の秘密』の出版元である「たま出版」を希望しました（当時の韮澤（にらさわ）編集長からは、「そんな人はいりません」と、けんもほろろに断られてしまいましたが）。

結局は大学院を受験することにしたのですが、専門の勉強そっちのけで哲学とケイシーに没頭していた私の成績は、クラスでほぼ最下位。研究室の教授からは、合格する可能性がほとんどないことを申し渡され、研究室の先輩たちも私の受験に悲観的でした。

そんな中、受験勉強で疲れてうたた寝をしたある日、私はとても印象的な夢を見ました。自分が大学院の試験を受けている夢でした。目の前には試験問題があるではありませんか。

これは予知夢かもしれないぞと思った私は、翌日、得意になって同級生たちに言いました。

「昨日、夢の中で村上先生の試験問題を見たんや。どうやらこの辺が出るらしいで」

しかし、成績の悪い私の話など、誰も耳を貸してくれません。

「光田、お前ほんまにアホやな。試験には『傾向と対策』ちゅうもんがあるんや。村上先生の出題範囲は毎年決まってるやろが」

と、逆に説得され、夢で見た分野の勉強をすることはありませんでした。

すると、今度は試験当日の朝、数学の試験を受けている夢で目が覚めたのです。

ケイシーは夢の価値を高く評価していたので、「これも何か意味のある夢かもしれない」「あの偏微分方程式が試験に出るのかもしれない」と思った私は、朝の30分をかけてその夢に出てきた数学の証明問題を丸暗記しました。

そして試験本番、試験問題を見た私はびっくり。なんと、私が夢で見た通りの問題が出ていたのです。驚きつつも、私は覚えたてホヤホヤの証明問題の解答を、記憶の中から引き出し、そっくり書き込むことができました。さらに驚いたのは、村上教授の試験のときです。こちらも、夢で見た通りの問題が出たのです（とはいえ、同級生に従って夢のお告げを無視してしまったので、結局、手も足も出ませんでしたが）。

さて、試験から1週間がたち、大学院の合格発表の日になりました。おそるおそる発表掲示板の合格者名簿を上から順に見ていきますが、私の名前はなかなか出てきません。ほとんど諦めの境地で最後の一人の名前を見たときです。一瞬、我が目を疑いました。

38番　光田　秀

ウソー、合格だ！　それも38番！　何というラッキーな！

このウソのような合格には、我ながら大いに驚きました。「宇宙は、あなたが必要とするものを、必要な分だけ与えてくださる」というケイシーの言葉の真実性を、私は実感しないではいられませんでした。本当に、私の場合は一点の無駄もなかったわけですから。

2年間の大学院課程が修了した後は、茨城県東海村にあった政府の研究機関に就職しましたが、28歳の4月、私はまた極めて重大な意味を持つ夢に促され、研究所を辞めました。

そこから、ケイシーの研究に人生を懸けることにしたのです。

会社を辞めてからは収入ゼロ。家賃2万3000円の安アパートに移り住み、月々の食費を1万5000円に切りつめ、お風呂も週2回という耐乏生活に入りました。本を買うお金を捻出するために断食をしたこともありますが、ケイシーの福音を広めるという理想があったおかげで、経済的困窮も全く苦になりませんでした。

こうしてケイシーの研究を始めて半年になろうかという頃だったでしょうか。知人から精神世界の本を翻訳してほしいという依頼がありました。大学時代は四回生まで英語の単位を落とし続けた自分ですから、とても翻訳者になるほどの英語力はないのはわかっていました。

しかし、そこは宇宙の導きを信じるようになっていた私です。せっかく与えられた機会だし、実力不足は熱意で補えばなんとかなるだろうと思い、その本の翻訳を引き受けることにしました。

面白いもので、私自身が原書の素晴らしさに魅せられ、きちんとした日本語で多くの読者に伝えたいと思うようになると、自分の英語力が伸びていきました。原書を読みながら、頭の中でスルスルときれいな日本語が組み上がっていくのを感じるようになったのです。これは不思議な感覚で、自分の実力を超えた何かが、私の翻訳を助けてくれるような感じでした。

ケイシーは「人の能力や才能は、その人の掲げる理想の高さまで引き上げられる」と主張しますが、私の場合、その本の素晴らしいメッセージを一人でも多くの読者に伝えたいという理想が、私の英語力を引き上げてくれたのだと思っています。

こうして私の最初の翻訳書『アクエリアン・ヴィジョン』（ジョージ・トレベリアン／たま出版）を仕上げることができました。

そして幸運にも、この翻訳書はたま出版の故・瓜谷社長の目にとまるところとなったのです。社長から直々に、「光田さん、これは近年まれにみる名訳ですよ」との賛辞までいただきました。そして、この翻訳がご縁で、たま出版の企画室長として迎えられることになったのです。

その後も理想を持ち続け、そして目の前に与えられた機会を誠実に果たす努力をしてきました。その努力に対して宇宙がご褒美をくださったのか、ケイシー関連の代表的な書籍を何冊か翻訳する機会に恵まれました。

また34歳のときには、エドガー・ケイシーの業績を日本に普及する拠点として設立された、日本エドガー・ケイシーセンターの会長に就任することになりました。

ケイシーは「目の前の機会を誠実に果たすなら、より大きな機会が与えられる」とくり返し述べていますが、私はこの言葉が真実であることを、自分の体験により信ずるのです。

長々と私自身について語ってまいりましたが、いよいよこれから本編に入り、ケイシーの素晴らしい世界をご案内したいと思います。まず、ケイシーという人物の生涯と業績について2章にわたってご紹介し、それから各論に入ることにいたしましょう。

第1章・奇跡の人「エドガー・ケイシー」

エドガー・ケイシーという人物

エドガー・ケイシーは、1877年3月18日アメリカ・ケンタッキー州のホプキンスビルという小さな町で、農業を営むレスリー・バート・ケイシーとキャリー・ケイシーの間に長男として生まれました。

伝記によると、ケイシーは幼少の頃から死者の霊や植物などの精霊が見えたといいます。私たちの多くがそうであるように、ケイシーの父親も、息子のそんな話を子どもの作り話として相手にしませんでした。しかし幸いなことに、母のキャリーと祖母のサラはケイシーの話を否定することなく、子どもの語る世界を楽しみ、それが結果としてケイシーの不思議な能力を自然なペースで開花させていくことになりました。

ケイシーの霊や精霊を見る力は、7、8歳くらいまで持続したようですが、少年期に入ると急速に失われました。それと入れ代わるようにしてケイシーの心を捉えたのが、イエス・キリストの物語です。

ケイシーが9歳のとき、地元ホプキンスビルに巡回伝道にやって来た伝道師の説教を聞いたことをきっかけに、イエス・キリストに対する興味がかき立てられます。すぐに自分専用の聖書を買ってくれるよう両親に懇願し、聖書を与えられるやいなや、それを片時も離さず熱心に読むようになりました。13歳になるまでに聖書を13回も通読したといいますから、その熱の入れようがわかります（その後、死の直前まで、ケイシーは毎朝日の出と共に聖書を読むことを日課とし、1年に1回聖書を読み通す習慣を貫きました）。

いつしかケイシー少年は、将来は医者になって病人を治療する仕事をするか、牧師になって悩める人々を救いたいと願うようになりました。

聖書の13回目の通読が終わってまもなくの頃、ケイシー少年はある神秘体験をすることになります。

少年期に起きた神秘体験

ケイシー少年は、誰にも邪魔されずに一人静かに聖書に没頭できるよう、近くの雑木林の中に聖書を読むための特別な小屋を作っていました。

そこでいつものように聖書を読み終え、家に帰ろうとしているときでした。ふと、自分の名前を呼ぶ不思議な声に気づき、足を止めます。

「エドガー、エドガー……」

「こんなところで誰だろう？　お母さんかなぁ」そう思いながら声のするほうを振り返ってみると、ケイシーは卒倒せんばかりに驚きました。そこに、まばゆい光に包まれた一人の女性が立っていたのです。

その女性は、呆然としているケイシーに、

「あなたの願いを言ってごらんなさい」

と、優しく語りかけました。彼の頭の中はパニック状態でしたが、ケイシーは自分が日頃思っていたこと——キリストのように病人や悩める人々を助ける人になりたいという想い——が自然に口から出てくるのを感じました。すると、その女性は微笑み、

「あなたの願いは聞き届けられるでしょう。その気持ちをいつまでも持ち続けなさい」

そう言うと、目の前から姿を消しました。

この神秘体験から数日後、ケイシーはその10年後に開花することになるリーディング（催眠透視）能力の一端を見せることになります。

ケイシーは決して頭の悪い少年ではなかったのですが、学校の勉強に身が入らず、学校では落ちこぼれの部類に入っていました。しかも、運の悪いことに父の親戚が学校の先生をしていたので、ケイシーの成績不振具合は、逐一父の耳に入っていました。そこに、先述の不思議な

体験が重なり、いよいよ勉強に身が入らなくなります。

ケイシーの学業不振を親戚から聞いた父の怒りはついに爆発し、ケイシーが学校から帰ると怒鳴りつけました。

「教科書を持ってきなさい。今日という今日は、綴りを覚えるまで寝させないからな」

少年ケイシーは、父に怒鳴られながら単語のスペルを覚えようとするのですが、覚える端から忘れてしまいます。2時間、3時間たっても相変わらず物覚えの悪い息子に業を煮やした父は、とうとうケイシーを張り倒してしまいました。すると床に倒れたケイシーの耳に、あの女性のささやき声が聞こえてきます。

「教科書の上に頭をのせてしばらく眠ってごらんなさい――」

ケイシーはとっさに、父に懇願しました。

「お父さん、ほんのちょっと休ませてください。そうしたら覚えますから」

夜も遅くなり、父も疲れていたのでしょう。しばらく休憩することに同意した父は部屋を出て行きました。ケイシーはあの「声」に従って教科書の上に頭をのせ眠りに入りました。

ひと休みしてきた父が部屋に戻って来たとき、ケイシーはまだ教科書を枕にして眠っていました。

「勉強しているのかと思えば何事だ！」

父の怒鳴り声に飛び起きたケイシーですが、寝ぼけ眼(まなこ)をこすりながらこう言いました。

「お父さん、大丈夫です。教科書は全部覚えましたから。どこを聞いてもらっても大丈夫です」

父は、悪びれる様子のない息子に腹を立てながらも、どれくらい覚えたかテストすることにしました。

「それならキャビンのスペルは何だ」

するとケイシーはいとも簡単にその単語を綴るではありませんか。しかも教科書の他のどこをテストしても、一つの間違いもなく答えるのです。どれほど難しい綴りの単語を聞いても、そのスペルをスラスラと答えるのです。

唖然として父が聞きました。

「お前、どうなってるんだ？」

「僕にもよくわからないんです。でも、教科書のどのページも、写真のように覚えているんです！」

この不思議な能力のおかげで、ケイシーの学業成績はぐんぐん伸びていきました。

青年期に起きた神秘体験

それは、ケイシーが中学を卒業する15歳のときでした。

ある日、校庭で野球をしていると、誰かの投げたボールがケイシーの尾てい骨に命中し、ケイシーはその場に昏倒してしまいました。

そのときは外傷もなくすぐに立ち上がったので何の手当ても行われませんでしたが、家に帰ってから異常な行動を取るようになりました。突然ケタケタ笑い出してみたり、馬を追い回したり、泥水の中で転げ回るなど、いつもの穏やかなケイシーからは考えられない異常な行動を取るようになっていたのです。

両親は息子のただならぬ様子に肝を冷やしました。父親はケイシーの腕をつかんで2階に連れて行くと、彼を無理やりベッドに寝かしつけました。ベッドに入るとケイシーはすぐに深い眠りに入りましたが、それもつかの間、急に威厳のある声でしゃべり出しました。

「この人は尾てい骨にボールが当たったために脳に大きなショックを受けた。この人を衝撃から救うために、特別なパップを作り、それを後頭部に貼りなさい」

ケイシーは眠ったまま、いくつかの薬草の名前を挙げ、それをぶつ切りにしたタマネギに混ぜてパップ――薬草などの粉を糊状にし、紙や布につけて患部を治療するもの――を作るように指示したのです。両親が唖然として突っ立っていると、ケイシーはいよいよ厳しく彼らをせき立てました。

「急いで！　もしあなた方がこの人の脳に取り返しのつかない障害を与えたくないなら、今言ったことをすぐに実行しなさい」

パップが貼られるとケイシーは深い眠りに入り、翌朝には、何事もなかったかのように目を覚ましました。

将来は医者か牧師になって悩める人々を救いたいという大志を抱いていたケイシーでしたが、父親が農場の経営に失敗したために家の経済状態は悪化し、ケイシーは高校を1年で中退して働きに出なければならなくなりました。

叔父の農場の手伝いから始まって、靴屋の店員、金物屋の店員、本屋の店員、文房具屋の店員、保険の外交員など、数年間のうちにさまざまな仕事に就きました。しかし、医者や牧師になれなかったという挫折感があるために、結局、どの仕事も長続きしませんでした。

そんな失意の中にいたケイシーにさらに追い打ちをかけるように、23歳になると、失声症という原因不明の病気によって声まで失ってしまいます。

ケイシーは当時、保険の外交員として生計を立てていましたが、出張先で突然声が出なくなりました。最初は風邪をこじらせたくらいに考えていたのですが、どんな治療を受けても声は一向に回復しません。ついには原因不明の失声症だと診断され、回復の見込みはないと言われました。

ケイシーは焦りました。保険の外交員をして結婚資金を貯めようと張り切っていたのに、声が出なくては、とても外交員などできません。今の仕事はおろか、牧師になるという夢も潰れてしまいます。牧師になろうと思いながらも何もしなかった自分に神が罰を与えたのかもしれない。そんなことすら考えました。

声の出ない息子に保険の営業は無理だと判断した父は、息子に写真館での働き口を見つけてきました。その頃は、まだ個人用カメラは出回っておらず、写真業は記念写真や出張撮影などでかなりの収入が期待できたのです。

ケイシーのその後の人生を考えると、写真業という自営業に就いたのは、彼がその不思議な能力を発揮するための前準備であったのかもしれません。

声を失って1年近くがたった頃、ケイシーの地元にサーカスの一座が巡回興行にやって来ました。ケイシーにとって幸運だったのは、そのサーカスの一座の中に有能な催眠術師がおり、彼がケイシーの奇妙な病気に関心を持ったことでした。

彼は人づてにケイシーの奇病のことを聞き、「もしかしたら自分の催眠療法で治せるかもしれない」と、ケイシーに催眠療法を提案してきました。ケイシーにすれば断る理由はありません。早速、その催眠術師に治療をお願いすることになりました。

ケイシーは催眠術師の暗示に極めてよく反応し、催眠状態にあるときには声を出すことができるようになりました。ところが催眠から醒めると、なぜか元に戻ってしまうのです。日を変えて何度か治療をくり返すのですが、結果は同じでした。

そうこうするうちに、その催眠術師は別の地方へ興行に行かなければならなくなり、催眠療法は中断されることになりました。

諦めかけていたケイシーに、天は再び道を開いてくれます。


その実験の一部始終を聞いていた地元の催眠療法研究家が現れて、自分の方法を試したいと申し出てきたのです。彼の名はアル・レインといい、通信教育で催眠術とオステオパシーと呼ばれる整骨療法を学んでいました。また、幸いなことに、催眠術の技法だけでなく歴史にも通じており、無学と思われていたある種の人々が、催眠状態で高度な知性を発揮したという事例をいくつか知っていました。

15歳のときに昏睡状態のケイシーが自分の病気を診断したという話を聞いたレインは、ケイシーにもそのような可能性があると考えたのです。そこで、ケイシーを催眠状態に導いて、彼自身に自分の病気を診断させるという方法を提案します。

1901年3月31日、レインの自宅でその実験が行われることになりました。ケイシーはソファの上に横になると、レインによって催眠状態に導かれます。

「これから数を5つ数えます。その度に深呼吸して、あなたは深ーい眠りに入ります」

レインは低い単調な声で催眠誘導を開始しました。

「ひとーつ……、ふたーつ……、みーっつ……」

ケイシーは、自分の意識が次第に遠のいていくのを感じました。

「よーっつ……、いつーつ……」

ケイシーの意識はいつしか深い意識に吸い込まれていきました。瞼が軽い痙攣(けいれん)を始め、ケイシーが催眠状態に入ったことを確認すると、レインは暗示を与えます。

「あなたは自分自身の肉体を調べ、声が出ない原因を述べます」

数分間の沈黙の後、ケイシーは口をもごもごし始めました。そして一度咳払いすると、はっきりした声で語りだしました。

「よろしい、我々にはエドガー・ケイシーの肉体が見える」

事の成り行きを心配げに見守っていた周囲の人たちはギョッとしました。しかし彼らの狼狽(ろうばい)をよそに、ケイシーはさらに続けます。

「この人は、神経の圧迫によって引き起こされる声帯筋肉の部分的な麻痺によって話すことができないでいる。この状態を治すには、このような無意識の状態にある間に、暗示によって患部への血行を増大させることである」

眠れるケイシーの指示に従って、レインは喉の血行が増大するように暗示を与えました。すると喉から胸元にかけて肌がピンク色に変わりだし、みるみる赤に、そして20分後には赤紫に変わり、パンパンに腫れ上がりました。ケイシーは再び咳払いをすると、次の指示を出しました。

「よろしい、喉の麻痺は取れた。血行が正常に戻るように暗示を与え、それから覚醒暗示を与えなさい」

言われた通りの暗示をレインが与えると、ケイシーの喉の腫れは引いていき、肌の色も正常に戻りました。そしてケイシーは目を覚ますと、ゴホンと咳払いをし、ハンカチに血痰を吐きました。そして恐る恐る声を出してみます。

「あ、あー。どうもこんにちは」

見る間に顔一面、喜びが走りました。

「ヤッター、声が出る！　治ったんだ！」

後に、ケイシーが催眠状態で語る言葉は「リーディング」と呼ばれるようになります。自分自身を治すために行われたこの日の催眠実験が、ケイシーの記念すべき最初のリーディングになったのです。

さて、ケイシーの不思議な能力の可能性を見いだしたのは、ケイシー自身ではなく催眠術師のレインのほうです。彼はこう考えました。

「催眠状態で医者のように自分の肉体を診断することができたんだから、ひょっとすると他人の病気も同じように診断できるかもしれない」

そこでレイン自身、胃腸の具合が悪く、ここ数年悩んでいたので、自分を実験台にして催眠診断（リーディング）をしてくれるようケイシーに求めます。

医者でもない自分に病気の診断を求めるレインの意図が、ケイシーにはさっぱりわかりませんでした。医学知識のない自分がなぜ診断できるのか。自分について診断するならまだしも、他人の病気を診断するなんて自分にはとてもできないと、そう思ったのです。それもそのはず、催眠状態で自分がしゃべったことを、ケイシーはひと言も覚えていないのですから。

しかし、新しい可能性を追求したいレインは執拗でした。

自分の声を取り戻してくれたレインの頼みを無下(むげ)に断るわけにもいかず、とうとう根負けしたケイシーは、次の週にリーディングを行うことを承諾しました。

さて1週間後、ケイシーは再びレインの誘導に従って催眠状態に入りました。ただし、前回とは違い、今回の対象者は横に立っているアル・レインです。

レインは暗示を与えます。

「あなたは、あなたの横にいるアル・レインの肉体を調べ、彼が健康を回復するためのアドバイスを与えます」

すると驚くべきことに、ケイシーは、自分自身を診断するのと全く変わりなく、アル・レインの肉体を診断し始めたのです。数分の沈黙の後、ケイシーの口が開かれました。

「よろしい。我々にはアル・レインの肉体が見える。彼の病気の原因は――」

30分後、催眠から醒めると、ケイシーは不安な面持ちでレインに尋ねました。

「どうだった？」

レインは難しい医学用語を書き連ねたメモをケイシーに見せると、勝ち誇ったようにこう言いました。

「君は僕の肉体を、隅から隅まで診断したぞ！　君は治療法までちゃんと言ったんだから！」

ケイシーは、診断や治療法が書かれたそのメモを見せられても、信じられませんでした。

しかし、これ以上に不思議だったのは、それから数週間もしないうちに、その一連の奇妙な治療法――食事療法や薬、ハーブ、そしてオステオパシー――によって、レインの病気が治ってしまったことでした。

この結果に勇気づけられたレインは、困惑するケイシーを強引に説き伏せて、共同で治療院を開きました。ただし、ケイシーは相変わらず写真業を続け、レインは手に負えない患者について、ケイシーのリーディングを仰ぐことにしたのです。

しばらくすると、ケイシーのこの不思議なリーディングは、患者を目の前にしていなくても問題なく行えることがわかりました。そのときに必要なのは、患者の名前と、リーディングを行うときの患者の居場所だけ。

患者が約束した日時を忘れ、指定の場所にいないことがありましたが、そんなときケイシーは、「患者はここにいない。もうじき帰ってくるはずだから、我々はここでしばらく待つことにしよう」などとコメントすることがあったのです。あたかもケイシーの魂が患者のいる場所に飛来して、その現場を見ているかのようでした。

そうしてレインの治療院は、難病人を治すということで評判を呼び、患者でにぎわうようになりました。

しかし治療院が盛況になればなるほど、「レインは正式な治療師としての資格を持っていない。いつかそのことで自分も罪に問われるのではないだろうか。それに、自分のこの不思議な能力はどこから来るのだろう。ひょっとして悪魔から来ているのではないだろうか――」と、ケイシーは憂鬱になるのでした。

そんなケイシーの苦悩とは裏腹に、周囲の状況はますますケイシーを治療に駆り立てていきます。彼のリーディングによって、死の淵から奇跡的な回復を遂げた人が何人も出てきたのです。

その一例として、ケイシーを地元で一躍有名にした、デートリック夫妻の娘、エイミーのケースを紹介することにしましょう。

ケイシーによって奇跡的な回復を遂げたケース「エイミー　5歳」

ケイシーの催眠診断を受けたとき、エイミーはすでに5歳になっていましたが、彼女は2歳のときから知能の発達が止まってしまい、精神障害児と見なされていました。しかも日増しにひきつけを起こす回数が増えていたのです。

デートリック家は裕福な家庭だったため、米国のありとあらゆる名医にエイミーを診てもらいましたが、結局どこでも匙を投げられ、彼女は自宅で死を待つばかりの状態になっていました。そして偶然、知人からケイシーの話を聞き、藁にもすがる思いでケイシーにリーディングを依頼してきたのです。

デートリック夫妻の自宅に招かれたケイシーは、娘の様子に肝を潰しました。その幼い少女は、てんかんの発作により七転八倒していたからです。リーディングのためにソファに横になり、レインの暗示の言葉を聞きながらも、不安が胸に去来しました。

（こんな少女を自分が治せるのだろうか……）

しかし、ケイシー本人の不安をよそに、一度催眠状態に入ると、彼は威厳ある声で診断を始めます。

「この少女は2歳のときに馬車から落ち、尾てい骨を強打したことがある。運悪く、そのときにかかっていたインフルエンザの菌が脱臼した尾てい骨に入り、病巣を形成した。この部分の脱臼を矯正しないかぎり、治すことはできない。我々としてはオステオパシー治療を勧める」

母親は、眠れるケイシーの言葉に、娘が馬車から落ちたことを思い出しましたが、それがまさか病気の原因になっていたとは思ってもみませんでした。

ケイシーの指示通りにオステオパシーが施術されると、すぐにひきつけの回数が激減するのが観察されました。そして3週間後には2歳のときにかわいがっていた人形の名前を呼び始め、それからほどなく、両親の名前を呼ぶようになりました。3年間停止していた脳の働きが、2歳の時点にさかのぼって活動を再開したのです。そして小学3年生の頃には、同年代の子どもと全く同じ知能にまで回復することができました。

この少女は後に美しい女性へと成長し、大学を卒業すると学校の先生になったそうです。残念ながら30代半ばで別の病気により亡くなりましたが、両親が地元の名士であったため、彼女がケイシーのリーディングによって奇跡的に救われた話は、多くの人の知るところとなりました。ケイシーの不思議な能力は、地元で一躍有名になったのです。

こうした奇跡的な治療実績を上げていたにもかかわらず、ケイシーは命にかかわる病気を催眠状態で診断するという重圧に耐えきれなくなります。1年後には写真館をたたんで、遠地のボーリングリーンに引っ越してしまいました。そして、その土地で本屋の店員として働き始め、翌年に婚約者のガートルードと晴れて結婚し、新婚生活に入りました。

1906年になると、それまで働いて貯めたお金を元手に、ボーリングリーンに写真館を開きます。そしてほどなく、2軒目の写真館を出すまでになりました。誰の目にも、ケイシーの人生は順風満帆に映りました。

試練とリーディングへの道のはじまり

ところが再びケイシーの人生に試練が訪れました。軌道に乗っていた最初の写真館が原因不明の火災にあい、全焼してしまったのです。また、その時期に絵画の展示即売会を開催していたのが裏目に出て、展示品はすべて焼失してしまいました。後には多額の借金が残りました。

試練はなおもケイシーに襲いかかります。長男のヒュー・リン・ケイシーが生まれた喜びもつかの間、順調であった2軒目の写真館が1年もしないうちに同じような火災にあい、全焼してしまったのです。何という不運！

こうしてケイシーのもとには、多額の借金だけが残りました。ケイシーは2軒目の写真館を何とか再開させると、借金返済のために朝早くから夜遅くまで働きました。しかし、借金を返済するためだけに働いている自分の人生に虚しさを感じるようになります。自分の使命は何だろう、神は自分にどのような生き方を求めているのだろう。そんなことを考えるようになっていました。

ちょうどそんな時期に、ケッチャムという一人の若い医師がケイシーを訪ねてきました。デートリック夫妻からケイシーの話を聞き、興味を持ったのです。

ケッチャムは早速、自分自身を実験台にしてケイシーの催眠診断を体験します。そして、これは本物だと感じたケッチャムは、ケイシーを地元に呼び戻して仕事のパートナーにすることを考えました。ケイシーとしても、新しい生き方を模索していたタイミングだったので、最終的にはケッチャムの申し出を受け入れて故郷に戻りました。

ケイシーが故郷に帰ってから間もなく、妻のガートルードは次男ミルトンを出産しました。

しかし、生まれつき体の弱かったミルトンは、治療の甲斐なく極度の衰弱の末に死んでしまいます。わずか1カ月半の命でした。

この悲しい出来事に追い打ちをかけるように、さらなる試練がケイシーを襲います。

次男の死で体調を崩していたガートルードが、当時の死病「結核」に冒されてしまったのです。地元の医者たちが半年近く手を尽くしましたが、とうとうある日、主治医がケイシーを呼び出し、こう告げました。

「あなたの奥さんの病気は深刻な状態です。来週までもつかどうかわかりません。もし奥さんを治すことができるとすれば、あなたの奇妙な能力しかありません」

ケイシーは、これまで多くの病人を治していたにもかかわらず、その能力に自信が持てないでいました。ケッチャムも、ガートルードのためのリーディングをするよう、しきりに勧めたのですが、ケイシーは躊躇していました。しかし、今やそんな悠長なことを言っている場合ではありません。すぐに妻のためにリーディングが行われました。眠れるケイシーはガートルードを診断するとこう告げました。

「確かに危険な状態ではあるが、今ならまだ助かる可能性がある」

そして、一連の治療法が指示されました。

ケイシーの献身的な看病と、リーディングの指示に従ったおかげで、ガートルードは一命を取り留めることができました。ケイシーにとっても、妻を死の病から救い出せたことは、リーディングへの信頼を深めるものとなりました。

こうしてケイシーは、1923年までの22年間を、もっぱら病気治療のためのリーディングに力を注ぎました。そして、ケイシー自身、自分の能力に対する自信を深め、その正しい利用方法を身につけていったのです。

リーディングの占星術活用の芽生え「前世の透視」

ケイシーの次なる転機は、46歳のときにやって来ました。

ケイシーはその頃になってやっと、リーディングという形でもたらされる情報の価値を自覚するようになり、将来のために、リーディングを速記して記録に残すことを考えます。そのために有能な秘書グラディス・デイビスを雇うことにしました（後に、彼女はケイシー一家にとって家族同然のような存在になり、ケイシー没後も40年近くにわたり、ケイシーの業績の普及啓蒙を推進しました）。

まさにリーディングが記録として残されるようになったその頃に、アーサー・ラマースというオハイオ州の裕福な印刷業者が、ケイシーの能力の新たな可能性を見いだします。

ケイシーの不思議な能力のことを人づてに知ったラマースは、ケイシーのリーディングは他の分野――哲学や宗教学、占星術といったものから、科学や工学、考古学などに応用できるはずだと考えたのです。そこでまず、ケイシーのリーディングが占星術に適用できるものかどうかを調べようと、ケイシーにもちかけました。

ケイシーはラマースの依頼に困惑しましたが、ラマースの熱意に動かされて、新たな分野に挑戦してみることを決意します。手始めに、ラマース自身の運勢をリーディングで診断できるかどうかを試すことにしました。

驚くべきことに、ケイシーは占星術の理論を駆使して、ラマースの運勢をスラスラと説明することができたのです。ケイシーが述べたこの占星術の方法論は、現代の西洋占星術のそれと異なり、むしろインドのヴェーダ占星術に近いものを含んでいました。

話はそれだけで終わりません。リーディングの最後にケイシーは、「彼はかつて修道士であった」と告げたのです。

ラマースは、この最後の言葉にはギョッとさせられました。なぜなら、ラマースの前世を指していると考えなければならないからです。

そしてラマース以上に驚いたのは、目が覚めてそのことを知らされたケイシーでした。彼は聖書の愛読者、つまり熱心なキリスト教徒だったので、自分の口から異端の思想である輪廻転生が語られようとは夢にも思いませんでした。

「クリスチャンの自分がどうして輪廻転生などを語ったのだろう。悪魔が私の口を借りてしゃべっているのではないだろうか」

次から次へと、不安と疑問が湧き、ケイシーはここにきて再び悩み始めます。

最終的に助け舟を出したのは、ラマースでした。

「もし、自分の情報に疑問があるのなら、あなたのリーディング能力を使って質問してはどうですか？　どこの図書館に行くよりも、誰に聞くよりも、一番いい」

ラマースのこのアドバイスにも一理あると思ったケイシーは、それからしばらくの間、輪廻転生に関するありとあらゆる疑問を、自分自身のリーディングにぶつけてみることにしました。

「もし人間に前世があるなら、人はどうしてそれを覚えていないのか」

「人が生まれ変わるのなら、どうして地球の人口は増えるのか。余分の魂はどこから来るのか」

「なぜキリストは輪廻転生についてひと言も語らなかったのか」

「転生の間に、人間の魂はどこにいるのか」

こうして徹底的に疑問点をぶつけていくうちに、ケイシーは、リーディングの提供する答えが論理的にも極めて一貫しており、信頼に足ることを感じるようになりました。

たとえば前世の記憶に関する質問については、赤ん坊や乳児の頃のことを思い出せる人はほとんどいないことを考えると、過去生を思い出せないことは何ら不思議ではないと諭されました。前世を思い出すことはできなくても、過去生での経験はその人の才能などに表れるものだと、ケイシー自身に言われたのです。

また、人口の増減については、魂の総和は一定だけれども、地球の環境によって生まれ変わる魂の数が変動することを知らされました。多くの人口を養えるときには生まれ変わりの周期が短くなり、環境が悪くなれば、生まれ変わりの周期が長くなるという説明は、ケイシーたちに対して充分な説得力を持ちました。

しかし、ケイシーにとってそれ以上に重要だったのは、輪廻転生を受け入れることで、彼のキリストに対する信仰がいっそう深まり清められるのを感じられたことです。

こうして何カ月にも及ぶ格闘の末、ケイシーは輪廻転生を自らの信念の中に取り入れるようになりました。ケイシー自身、自分の前世を詳しく知ることで、今回の人生の目的や自分の長所・短所を深く理解できるようになったのです。

また、ケイシーの持つ不思議な透視能力についても、前世に遡ってその起源を突き止めることができました。

ラマースの提案をきっかけにして発掘された新たな分野は、その後、さまざまな人の関心を引き、多くの人がケイシーにアドバイスを求めるようになりました。

病める人は健康を回復するための治療法を教えられ、人生に絶望した人は生きる希望を与えられ、霊的真理を探究する人は悟りに至る道を教えられました。政治家は政策についてのアドバイスを、科学者は研究のヒントを、作家は作品のためのインスピレーションをもらいました。

ケイシーのリーディングには実質的な限界はありませんでした。どんな質問に対しても、洞察に満ちた答えを出すことができたのです。

その間、何人かの資産家がケイシーの仕事に興味を持ち、ケイシーを財政的に支援するようになりました。そしてついにはリーディングのアドバイスに従ってアメリカの東海岸にあるバージニア・ビーチに移り、そこにケイシー病院を設立するまでになりました。

この病院は、経済恐慌で支援者が財産を失ったために数年後に手放すことになりましたが、ケイシーの没後にエドガー・ケイシー財団（以下AREと略す）によって買い戻され、現在はAREの本部建物として使用されています。

こうして1945年1月3日に67歳で亡くなるまでの間、記録に残るものだけでも実に1万5000件近いリーディングをケイシーは行いました。それらの記録は、アメリカのバージニア州に本部を置くAREに保管されており、誰でも自由に閲覧できるようになっています。

また1993年には、ケイシーの全リーディングの情報を収録したDVDが米国エドガー・ケイシー財団から発売され、パソコンを利用すれば日本にいながらにして、その膨大な資料を研究することが可能になりました。さらに2004年からは、NPO法人日本エドガー・ケイシーセンターの活動の一環として、リーディングの全資料がインターネット上にアップされ、翻訳者チームによってリーディングの日本語化が進められています。2023年6月現在で約42%のリーディングが日本語に翻訳され、検索が可能になっています。

ケイシーが亡くなってすでに70年以上になりますが、ケイシーのもたらした情報は古びるどころか、むしろその価値がいよいよ認識され、多くの研究者によって活発に研究されるようになりました。そして医学、宗教学、心理学、考古学、科学工学などを含むさまざまな分野において、卓越した成果を上げげつつあります。

次章では、エドガー・ケイシーがどのような分野にいかなる業績を残したのか、またそれらの業績は現代においてどのように活用されているのか。それぞれ分野ごとにご紹介します。

青年期のケイシー

晩年のケイシー

第2章 • 人生を輝かせるリーディングの神秘

エドガー・ケイシーの業績

目が覚めているときのケイシーは、聖書を人生の指針とする誠実なクリスチャンであり、魚釣りや園芸を趣味とし、地元の人々には温厚な日曜学校の先生として知られていました。

このどこにでもいそうな人物が、ひとたび催眠状態に入るやいなや、20世紀最高ともいわれる霊能力を発揮するのです。宗教的な修行を積んだわけでもなければ、まじないや祈祷をするわけでもない。ただ長椅子に横になり体をリラックスさせるだけで、霊的世界に入ることができたのです。

ケイシーの生涯と業績を調査すると、人間が肉体を超えた存在であるということは、もはやそれ以上の証拠を必要としないほど明白になります。遠方に住む一面識もない人々の病気を診断し（しかも、その多くが当時の医学において難病あるいは不治とされた人々であったのです）、その治療法を述べ、それによって数千人の人々を救ったのです。このような透視能力をイカサマやトリックだと言う人がいるなら、ぜひ、同等の現象を示していただきたいものです。

また、依頼者の前世を調べ、前世から持ち越してきた性格や才能、あるいはカルマを指摘し、今回の人生をさらに豊かで充実させるよう導きました。キリストの奇跡や仏陀の神通力を、この時代に再現したような人物だったのです。

この章では、ケイシーがその生涯においてどのような業績を残したのか、その全体像を俯瞰(ふかん)し、さらに、それらの業績が現代に生きる私たちにどのような意義を持ち得るのかを考えてみたいと思います。

エドガー・ケイシーは、リーディング能力が発現した24歳から、亡くなる67歳まで(43年間)に、2万回を超すリーディングを行ったと考えられています。そのうち、46歳までに行われたリーディングは、メモ書き程度の記録がわずかに残されているだけです。そのため、最初の22年間に行われたリーディングについては、その正確な数はわかっていません。

しかし、リーディング中に自分の口を通してもたらされる情報を理解する必要があると考えたケイシーは、46歳(1923年)からは有能な速記者グラディス・デイビスを雇い、それ以降のほとんどのリーディングを一語一句正確に書き取らせ、記録に残すようにしました。私たちが今日ケイシーの情報に接し得るのも、その速記のおかげです。

これらのリーディングはもともと依頼主である個人(またはグループ)に対して与えられたもので、そのため研究資料として一般公開されるにあたり、彼らのプライバシーを保護する目的で、各リーディングにはリーディング番号が割り振られることになりました。

たとえばリーディング番号（294―9）は、294番の番号を割り与えられた人に対する9回目のリーディングを意味します（ちなみに、294番とはケイシー自身です）。またリサーチリーディング（後述します）などの場合は、テーマごとにリーディング番号が割り振られました。たとえばキリストに関するリーディングは5749番が、予言に関するリーディングは3976番が割り振られています。

これらのリーディングの総数は1万4306件にのぼり、現在ではその内容に従って次のように分類されています。

フィジカルリーディング……9605件
ライフリーディング……1919件
精神的・霊的アドバイス……450件
夢解釈リーディング……630件
ビジネスリーディング……746件
リサーチリーディング……956件

これらの各分野に関しては後ほど詳しく検討することにして、ここでは簡単にそれらの概要を述べておくことにします。

リーディングの種類

まず、病気の治療や健康に関して取られたリーディングは「フィジカルリーディング」あるいは「医療リーディング」と呼ばれ、これに分類されるものが全体の67％を占めます。この種のリーディングはその真偽のほどが容易に判定されますが、この分野におけるケイシーのリーディングの正確さが充分に検証されているということは、ライフリーディングなどの検証の難しいリーディングに関しても、同程度に真実であるか、少なくとも、それらを研究する価値を保証してくれます。

フィジカルリーディングに次いで主要な分野が「ライフリーディング」と呼ばれるもので、日本語では「前世リーディング」や「過去生リーディング」などと訳されることもあります。これは、依頼者の前世やカルマを調べ、それによって今回の人生をより豊かで充実させるための知見を与えるものになっています。本書では、特にこのライフリーディングを大きく取り上げることになります。

次の「精神的・霊的アドバイス」に分類されるリーディングは、私たちが精神的・霊的に成長するための具体的なアドバイスを与えたもので、瞑想法であるとか、適切な祈り方、霊的ヒーリングなどについての情報が含まれます。ケイシー自身はヨガについて何も知りませんでしたが、たとえば瞑想の準備として勧めた呼吸法は、ヨガの中に同じものが存在します。このことを見ても、ケイシーの情報が非常に普遍的な内容を含んでいることがうかがわれます。

「夢解釈リーディング」は、依頼者の夢の意味をリーディングによって解釈したもので、これらのリーディングを研究すると、夢が私たちの人生をどれほど豊かにするか、またどのように夢を解釈すればいいのかがわかるようになります。件数としては630件ですが、解釈された夢の数としては1500件にのぼります。

「ビジネスリーディング」は、ビジネスに関して取られたリーディングを集めたもので、会社の経営方針を質問した人もいれば、自分の適職の見つけ方を尋ねた人もいます。不動産や株の売買の時期を質問した人もいます。

「リサーチリーディング」は、特定のトピックスについて研究目的で行われたリーディングで、たとえばイエス・キリストの生涯や過去生についてのリーディング、アトランティスと呼ばれる超古代文明やエジプトのピラミッドに関するリーディング、あるいは世界情勢に関するリーディングなどがこれに分類されます。このうち「世界情勢リーディング」は予言リーディングと呼ばれることもあります。

　リーディングの大まかな分類を紹介したところで、それぞれの分野のリーディングの内容と現代における意義を検討してみることにします。

フィジカルリーディング

　フィジカルリーディングは、病気の診断や、美容健康に関して取られたリーディングのことで、その内容を調べると、ホクロやイボの取り方から、糖尿病、がん治療に至るまで、ありとあらゆる健康に関するアドバイスが与えられているのがわかります。人によっては、ケイシーをホームドクターのように頼り、風邪から成人病に至るさまざまな病気の治療法をケイシーのリーディングによって得ています。それほどケイシーのリーディングは的確であり、効果があったのです。ケイシー没後に行われた調査によると、ケイシーからリーディングを得た人々の95%以上が、そのリーディングによる診断が正確であったと報告しています。

　特に驚くのが、がん、乾癬、パーキンソン病、筋ジストロフィー、多発性硬化症、リウマチ、アルツハイマー、認知症、ＡＬＳ（筋萎縮性側索硬化症）など、現代医学においても原因不明であったり治療困難とされる難病に対して、ケイシーは根本原因を指摘し、独特の治療法を与え、症状を改善させたり、完治させたりしているのです。

しかも多くの場合、外科手術などの最終的な手段によらず、食事療法やオステオパシー、オイル療法など、肉体の負担のより少ない治療法によって治癒に導いています。このことは、ケイシーの情報源が、人体の治癒プロセスに関して現代医学を超えたレベルの知識を持っていたことを示しています。


またケイシーは、当時の医学に適切な治療装置や薬剤が存在しない場合、必要な装置や薬剤の製造法を述べ、その使い方を指導しました。特に、湿電池（ウェットセル）、放射活性装置（インピーダンスデバイス）、バイオレットレイなどの装置は、今日においても、難病とされる多くの疾病の治療に役立てられています。ケイシーの行った難病治療については、マリー・エレン・カーター／ウィリアム・A・マクギャリー共著による『ケイシー・ヒーリングの秘密』（たま出版）という優れた図書が出版されているので、そちらを参考にされるといいでしょう。

これらの装置や薬剤は非常にユニークであり、大学医学部や専門の研究機関によって研究されるなら、人間の治癒メカニズムについての私たちの理解を大きく前進させることが期待されます。実際、ケイシー療法を研究している治療院や個人病院も増えており、優れた成果を上げつつあります。私が聞いている範囲でも、ある国立大学医学部で湿電池が研究されているようです。

ケイシー療法に関しては、もう一つ重要な点を指摘しておく必要があります。ケイシーのリーディングをもってしても、手遅れの場合が少なからず存在しました。

しかし、たとえその病気がもはや回復の望みのないものであったとしても、その人が人間としての尊厳を維持しつつ最期を迎えられるよう、苦しみを和らげる方法を与えたり、最後まで治療努力をすることが魂の成長にとっていかに大切であるかを説いたりして、最後の瞬間まで人生を充実させ、希望を持って生きられるよう導きました。

たとえば末期のがん患者に対しては、偽りの希望を与えるよりも「この人を回復させるには我々は遅れを取ってしまった」と正直に告げることがありました。しかしながら、それと同時に、肉体の苦痛を和らげ、次の人生に向かう心構えを与えました。ケイシー療法の素晴らしさは、ここにおいても遺憾（いかん）なく発揮されているといえます。

話を元に戻して、これらのフィジカルリーディングの情報が今の私たちにどのように役立つのか考えてみたいと思います。

「なるほどケイシーの医学に関する情報は有益だったのかもしれない。しかしそれはあくまで特定の個人に対するものであって、ケイシー亡き今、それらの情報は私たちには役立たないのではないだろうか」と思われた方もいるかもしれません。そこで私たちがどのようにフィジカルリーディングを活用しているのかご紹介したいと思います。

先述の通り、ケイシーのフィジカルリーディングは、特定の個人の病気や健康問題に関して与えられました。ですから、同じ病気に関するリーディングだからといって、自分の病気にただちに適用できるとは限りません。

しかしながら、リーディング自体がしばしば「これは万人に当てはまる治療法である」とか、「すべての人にとって効果がある」などということがあったので、そのようなアドバイスについては、専門家の研究を待たなくても、私たちが容易に取り入れることができます。それらのアドバイスを私たちが日常生活に取り入れるだけでも、健康増進に大いに役立ちます。

さらに、エドガー・ケイシーのフィジカルリーディング全体を調べると、ケイシーが病気全般に対して、ある共通の治療原理を適用していることに気づきます。ケイシーの研究家たちはそれを4つの治療原理にまとめ、その頭文字を取ってケア（ＣＡＲＥ）と呼んでいます。

この原理を知っておくことは、読者の皆さんにとっても非常に有益なことだと思いますので、ここで少しページを割いて説明しておきましょう。

ケイシー療法の原理であるケアとは、次の4つの柱からなります。

C（Circulation） 体液（血液・リンパ）の循環と神経の流れ
A（Assimilation） 食べ物を消化吸収する同化作用
R（Rest/Relaxation） 休息およびリラクゼーション
E（Elimination） 老廃物などの体内毒素を排出する異化作用

ケイシーの治療概念からすると、これらの4つの機能が正常に働いているかぎり、私たちは健康を維持することができるわけですが、これらの一つでも不調をきたすと体の具合が悪くなり、病気を引き起こします。4つともが正常に機能するよう、ケイシーは具体的に次のような治療方法を勧めています。

4つの基本原理① C「体液の循環と神経の流れ」

ケイシーは体液の循環を高める方法として、マッサージ――特にオイルを使ったオイルマッサージ――を頻繁に勧めました。これは非常に手軽な療法で、家庭でも簡単に実行することができます。適量のオイルを患部に直接塗って筋肉をほぐすようにすり込みます。また背骨の両側に沿ってオイルをすり込むのも効果的です。

ケイシーが勧めた主なオイルとしては、オリーブオイル、ピーナッツオイル、ヒマシ油があります。それぞれ効能に違いがあるので、ご自分の状態に合わせてオイルを選択するかブレンドするとより効果的です。通常のマッサージではオリーブオイルとピーナッツオイルを半分ずつ混ぜたものでいいでしょう。より効果的な利用法を望まれる場合には、皮膚や唇などの粘膜系にはオリーブオイル、筋肉や関節などの筋骨格系にはピーナッツオイル、免疫系にはヒマシ油の温熱パックを使うと覚えておいて、応用されるといいでしょう。

他には首出しサウナなどが勧められています。特に、皮膚病の場合は、サウナの蒸気にウィッチヘーゼルなどの薬草のエッセンスを添加するなどの方法で治療効果を高めています。

また神経系のバランスを回復させる方法として、ケイシーはオステオパシーを非常に高く評価し、多くの人々に勧めました。

オステオパシーは、米国バージニア州生まれの医師アンドリュー・テイラー・スティル（1828〜1917年）によって創られた治療体系で、筋骨格構造をバランスよく整列させ、神経の圧迫を取り去り、血液を体の隅々に行き渡らせることによって、自己治癒力を高めることを目指します。

米国ではオステオパス——オステオパシーを専門とする治療師——は医師とほとんど同等の資格とみなされ、州によっては外科手術や投薬を含む高度な医療行為が許されています。日本でもオステオパシーに対する関心は確実に高まってきており、本格的なオステオパシーの普及に努めている団体も現れています。

4つの基本原理② A「食べ物を消化吸収する同化作用」

ケイシーは「その人の今の状態は、これまで食べてきた物と、考えてきたことの総計である」と言います。言われてみれば当然のことで、私たちの肉体は、私たちがこれまで食べてきた物によって構成されています。人間は本来、自分の欲する食べ物は、そのまま体が必要とするものでした。しかし、味覚を狂わされた現代人は、あらためて自分の意志力で食べ物を取捨選択しなければなりません。

ケイシーが提唱していた食事療法には、主に次のようなルールがあります。

●油で揚げた物を避ける

酸化した油は大敵。

●肉類を少なくする

特に豚肉は避け、牛肉も少なくする。肉類を食べるならラムや鶏、もしくは、魚介類にする。ただし、皮膚疾患のある人は、貝類、タコ、イカ、エビ、カニ類を避ける。

●新鮮な野菜を豊富に食べる

地上に生える野菜を3割、地下の野菜を1割にする。ただし、ニンジンは地上の野菜に数える。皮膚疾患のある人は、トマト、ナス、ジャガイモ、ピーマン、パプリカ、トウガラシなどのナス科の野菜を食べてはならない。食物毒素が多く、体内毒素の元になる。昼食は生野菜中心、夕食は温野菜を中心にする。

●野菜や果物を食べるときはゼラチンを一緒に摂る

野菜などに含まれるビタミンは内分泌腺に対するエネルギー源であり、ゼラチンと一緒に食べることで吸収率が7倍になる。野菜サラダの上に直接ゼラチンパウダーをかけて食べてもいいが、一度溶かしたものを固めて野菜と一緒に食べるほうがおいしく食べられる。フルーツゼリーなどもよい。

注意点として、ゼラチンは動物性の高たんぱく質であり、寒天などの植物性のもので代用することはできない。また、ゼリーという名目で市販されているものの中にも、実際には寒天などを使ったものが多くある。表示の確認が必要。

●野菜と肉類を一緒に調理しない

肉を料理したときに出る油で野菜を調理してはならない。

● **精白した物を避ける**

白米よりも玄米を食べ、パンもできるだけ全粒のものにする。パスタ、うどん類は避ける。また、同じ食事で2種類以上の穀物を食べない。穀物を2種類以上食べると、消化酵素が混乱をきたす。

● **柑橘(かんきつ)系を豊富に食べる**

ミカンやグレープフルーツなどの柑橘系はビタミンの供給源であると同時に、それ自体が緩下剤として作用する。

ビタミンは内分泌系の食物である。柑橘系と穀物を同じ食事で摂ってはならない。穀物と柑橘系を同時に摂ると、柑橘系の酸によって胃酸の分泌が抑えられてしまい、結果として、穀物が未消化物として残ってしまう。

● **コーヒー、紅茶にはミルクを入れない**

胃粘膜の負担になる。

● **生のリンゴを他の食事と一緒に食べない**

生のリンゴは、後述のリンゴダイエットのとき以外は避ける。

● **毎日1・5リットル程度（グラスに6、7杯）の水を飲む**

体内の毒素は水分によって体外に運び出される。そのために充分な水分が必要。お茶やコーヒーなどでは代用できない。

●食べ物はなるべく地元で収穫されたものを食べる

人間は暮らしている土地の波動を帯びるようになり、同じ波動を持ったその土地の食べ物を食べることで、消化吸収によい効果を得ることができる。

●怒っているときや悲しいときには食べ物を口にしない

感情が乱れているときに食事をしても、正常な消化は行われず、未消化物を増やすだけになる。また食事のときの感情の波動は食べた物に移るため、怒った状態で食事をすると、怒りの波動がそのまま食物を通して全身に運ばれることになる。

以上、ケイシーが提唱していた食事に関する基本的なルールを列挙しました。なお、他にも目的に応じて細かなアドバイスがあります。詳しくは、『エドガー・ケイシーの人生を変える健康法』（福田高規／たま出版）、『エドガー・ケイシー療法入門』（ウィリアム・A・マクギャリー／中央アート出版社）、『真実の健康法』（松原秀樹／たま出版）などを読むことをお勧めします。

4つの基本原理③　R「休息およびリラクゼーション」

ケイシーは1日8時間程度の睡眠を勧めています。現代人の感覚からすると少し長いように思いますが、睡眠中は、私たちの潜在意識や超意識が活動する重要な時間帯であり、肉体の疲労回復や修復は潜在意識によってコントロールされているので、それに充分な時間を与えることが重要なのです。

また、睡眠中の夢を通して、魂のメッセージを受け取ることをケイシーは強く勧めています。睡眠は単に肉体を休めるだけのものではなく、自らの魂との交流を深める行為でもあるのです。

4つの基本原理④　E「老廃物などの体内毒素を排出する異化作用」

4つの基本原理の最後になりましたが、ケイシー療法の中で最も重要なのが、この毒素の排泄です。私たちが何か体の不調を覚えたり、あるいは具体的な症状として病気を自覚したりしたなら、まず排泄をチェックすることが勧められます。

日常的には、食事や運動によって排泄を促すようにしますが、現代社会ではどうしても体内に毒素が蓄積されがちです。そのような場合、ケイシー療法では、ヒマシ油パック、リンゴダイエット、コロニクス（腸内洗腸）の3つの方法で徹底的に体内毒素を排出させます。

●**ヒマシ油パック**

ヒマシ油（日本では一般には下剤として使用されてきました）を使って1時間ほど患部あるいは肝臓の部位を温湿布するというもので、さまざまな疾病に対して優れた効果があります。家庭でできるケイシー療法の決定版のようなものです。詳しくは『エドガー・ケイシーの癒しのオイルテラピー』（ウィリアム・A・マクギャリー／たま出版）、または、拙著『エドガー・ケイシーが教えてくれた美しく生まれ変わるレシピ』（総合法令出版）を参考にしてください。

●**リンゴダイエット**

3日間生のリンゴだけを食べ続け（ただし水は飲みます）、3日目の晩に大さじ3杯くらいのオリーブオイルを飲むというものです。リンゴの繊維によって腸内に溜まっていた宿便を一掃します。

●**コロニクス**

コロニクスというのは、器具を使って肛門から体温程度に温めたお湯を注入して大腸を徹底的に洗い流すというものです（ケイシー療法では厳密には約2リットルのお湯に塩を小さじに1杯と重曹を小さじすりきり1杯ほど溶かした溶液を使い、最後の溶液には1リットルのお湯に大さじ1杯のグライコサイモリンという、うがい薬を溶かした溶液を使います）。詳しくは『エドガー・ケイシーの人生を変える健康法』（福田高規／たま出版）、拙著『エドガー・ケイシーが教えてくれた美しく生まれ変わるレシピ』（総合法令出版）などを参考にしてください。

以上、ケイシー療法の一般的な原理であるケア（CARE）について説明しました。より専門的な方法として、たとえば、がんならがんという特定の疾病ごとにリーディングを丹念に調べていく方法があります。そうすると特定の疾病ごとにかなり共通した治療法が述べられていることに気づきます。この原理に従って、病気のカテゴリーごとにケイシーの治療法をまとめてみると、特定の病気に対するケイシー療法が浮かび上がってきます。

ケイシー療法の成功例

乾癬

そのような特定の疾病に対するケイシー療法の中で、特に成功している例が「乾癬」という皮膚病に対するケイシー療法です。

乾癬は、かつては日本において患者数の少ない皮膚病の一つでしたが、昭和40年代以降、生活習慣の変化と共に患者数は増加し、現在の日本国内の患者数は推計でおよそ十数万人といわれています。欧米では皮膚病といえば乾癬を指すほど患者数の多い深刻な疾病で、日本のアトピー性皮膚炎に相当するくらいの大きな関心が持たれています。

この乾癬に対して、現代医学はお手上げの状態で、原因がわかっておらず、従って根本的な治療法がありません。ステロイドによって症状を一時的に緩和させるくらいで、それとてすぐにぶり返し、リバウンドとして知られる、より深刻な状態を招いてしまいます。さらには、乾癬であるために極度に内向的になったり、あるいは不治であることを知らされて悲観的になって自殺したりする人もいるくらいですから、その深刻さの度合いがわかります。

ケイシー存命中にも、多くの乾癬患者がリーディングを依頼してきました。それらのリーディングの中でケイシーは、乾癬の根本原因として小腸からの毒素流入を指摘し、乾癬を本質的に治す方法として一連の食事療法、毒素排泄療法、オステオパシーを指示しました。残念なことに、患者の多くは当時の医学常識にとらわれてしまい、乾癬の原因が小腸にあるというケイシーのリーディングに従おうとはしませんでした。そのためリーディングが保証したような治

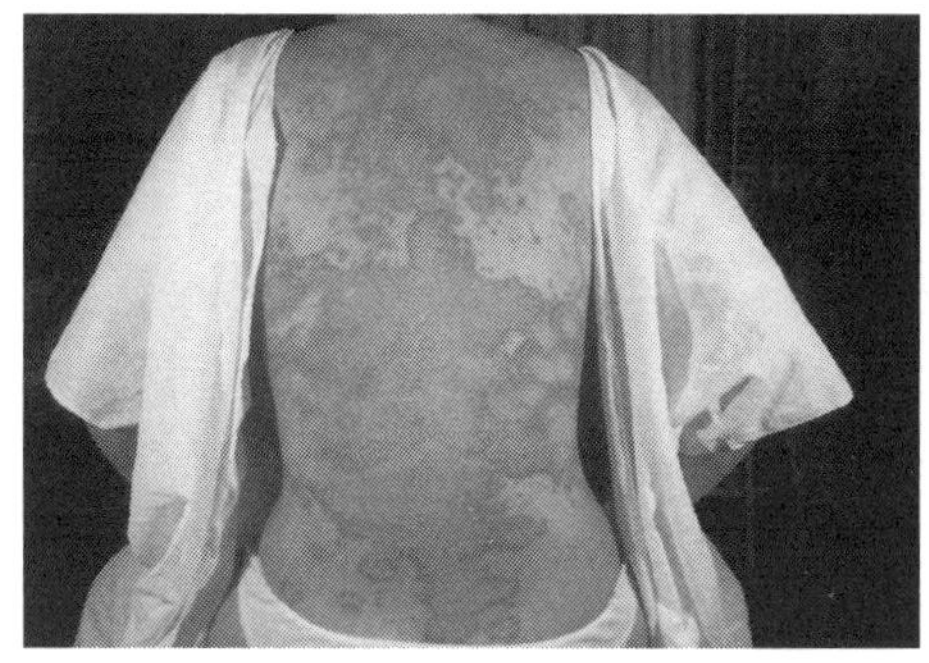

写真A

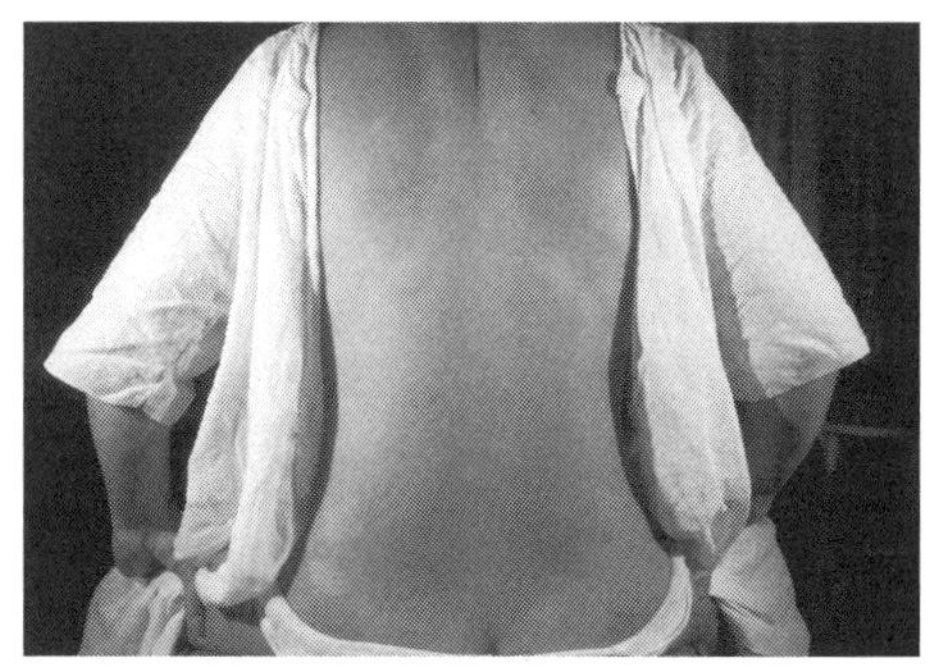

写真B

「写真A」は14歳の少女のケースで、彼女は5年間にわたり乾癬を患っていました。もちろんその間にもさまざまな皮膚科で治療を受けましたが、全く治癒には結びつきませんでした。その彼女がケイシー・パガノ療法を実行してわずか2カ月後に、「写真B」のような劇的な治癒を遂げました。彼女はその後乾癬をぶり返すことなく今日に至っています。

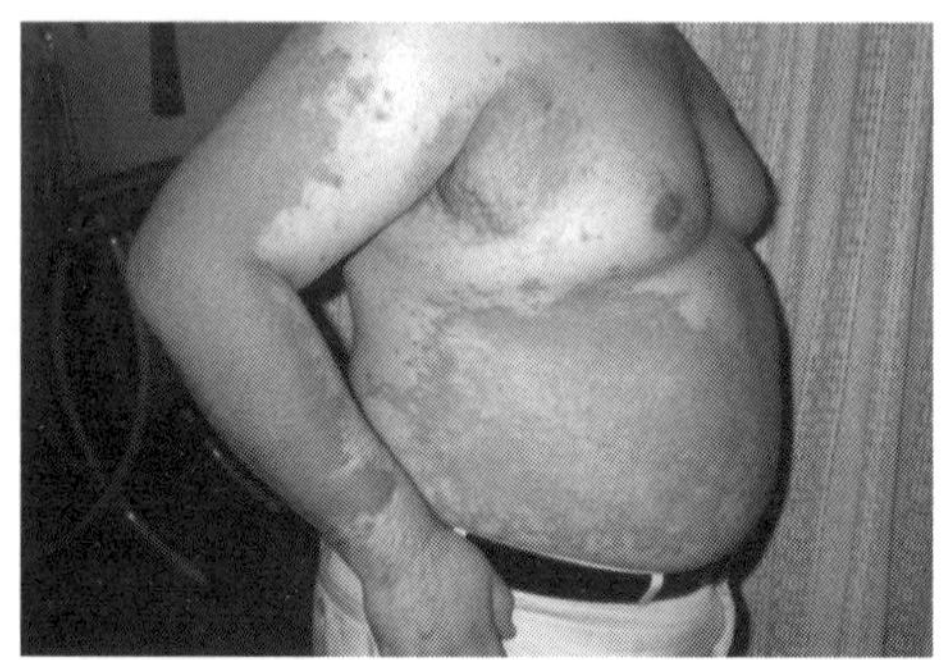

写真C

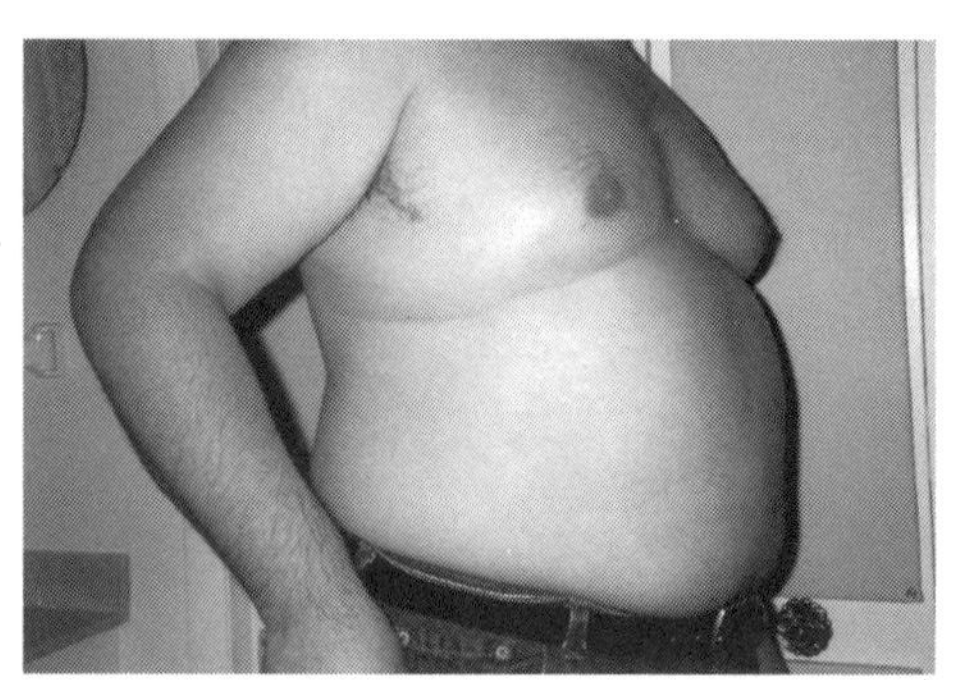

写真D

「写真C」は腹部側面の広範囲に紅斑(こうはん)が現れています。「写真D」はこの男性がケイシー・パガノ療法を始めて9カ月後のものです。

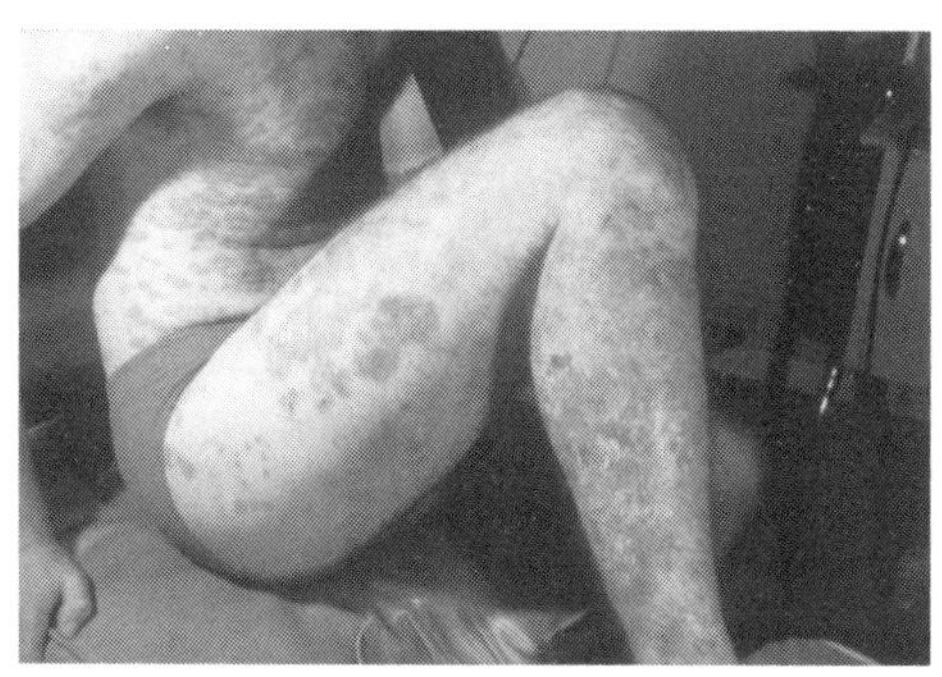

写真E

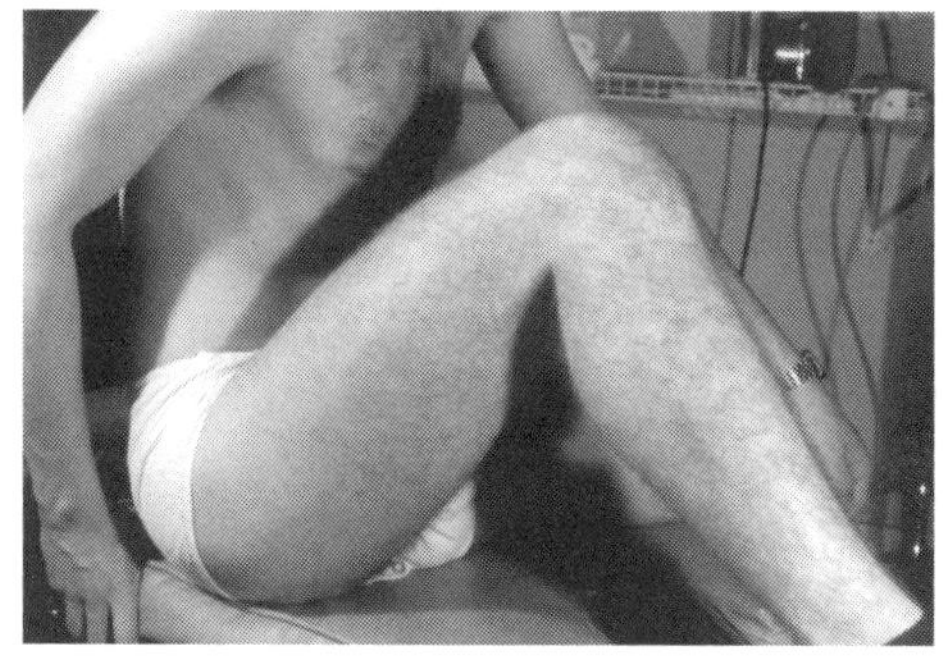

写真F

「写真E」は全身に発疹が出ていますが、特に、右足の膝から下はほとんど全面が紅斑に覆われています。「写真F」は、ケイシー・パガノ療法を始めて7カ月後のものです。

癒を実現する人は少なかったようです。

ところがケイシー没後、乾癬に関するケイシー・リーディングを徹底的に研究したドクターが現れました。ジョン・パガノ（John Pagano D.C.）というカイロプラクティックドクターです。彼は、リーディングを研究した結果、乾癬の原因を明らかにし、食事療法、オステオパシー、毒素排泄法、オイル療法を柱とする「ケイシー・パガノ療法」を体系化することに成功したのです（この治療法に関する詳細は、中央アート出版社より『自然療法で「乾癬」を治す』が出版されていますので、そちらを参考にしてください）。

その治癒効果は劇的なほどで、パガノ先生が扱った患者で治療に全く反応しなかった患者は2人しかいないそうです。実に95％以上の患者が根治しているのです。驚異的な治癒率です。パガノ先生の治療法は現在、アメリカの「乾癬患者の会」が治療法として会員に推薦していることからも、その実績がうかがえます。

パガノ先生から典型的な治癒例の写真を提供していただきましたので、その中の一部をここでご紹介しました。

これらの写真を見るだけでも、その劇的な治療効果に驚かれたことでしょう。投薬などの医療に頼らず、食事療法や毒素排泄療法などの自然療法だけで、現代医学が不治であるとしている乾癬を治癒せしめているのです。フィジカルリーディングの医学情報の質の高さを示していると言えます。

他にも、アルツハイマー、パーキンソン病や多発性硬化症、ALSなどについてもリーディングをもとに治療法が研究されています。また、統合失調症やてんかん、うつ病、認知症などに関してもかなりの研究が行われています。

もちろん、ケイシーは他の一般的な疾病についても多くの情報を残していますし、健康維持や美容法についてもかなりの件数のリーディングを行っています。それらを日常生活にうまく取り入れれば、健康増進に大いに役立つでしょう。米国バージニア州に本部のあるAREでは、ケイシーのフィジカルリーディングに基づいた治療施設を運営しています。本格的にエドガー・ケイシー療法を受けたい方は、そちらを訪れて体験することも可能です。

また、同じ治療施設で、エドガー・ケイシー療法の治療師を養成するためにケイシー／ライリースクールが運営されています。日本人もこれまで約20人の方がこのスクールを卒業され、活躍されています。

さらに日本エドガー・ケイシーセンターでは、AREとの連携の下に、AREと同等の設備を整えた治療院を国内に設立することを計画しています。すでにいくつかの治療院がスタートし、日本でも本格的なエドガー・ケイシー療法を受けられる環境が整いつつあるのです。

私自身も、健康に関するケイシーのアドバイスを日常生活に取り入れて恩恵を得ています。たとえば、私は翻訳という仕事柄、目を酷使することが多く、一時近視になりかけましたが、視力を回復するケイシーの食事療法と簡単な体操のおかげで視力が回復しました。

また、私は高校生くらいから時々強い偏頭痛に悩まされてきましたが、現在は偏頭痛の兆候が現れたところで偏頭痛に対するケイシーの治療法を行い、うまくコントロールできるようになりました。ちなみに偏頭痛の原因については、ケイシーは結腸に溜まった毒素であると指摘しています。そのため、治療法も直接的です。普通は腸内洗浄（コロニクス）によって大腸を洗浄します。私の場合、これでほとんどの偏頭痛は治ります。

抜け毛防止・育毛法

抜け毛防止、育毛法については、特にお問い合わせが多いので、ここで少し詳しく説明しておきましょう。ケイシーの抜け毛防止・育毛法には、気長に増やす方法から即効性を期待する方法まで、大きく分けて3つのタイプがあります。

①ジャガイモの皮療法（即効性小）

ジャガイモの皮をむいて、皮だけでスープまたはジュースを作り、それを飲みます。ジャガイモの皮に含まれるヨウ素が甲状腺を刺激して、頭髪を増やすのだそうです。

ジャガイモは新しいものではなく、半年以上暗所で保存しておいた古いものを使い、芽は取ります。新ジャガの皮には多量の毒素が含まれていますので、注意してください。

②ラード療法（即効性中）

ラード（豚脂）で頭皮を30分程度マッサージし、それを20％のグレイン（醸造）アルコールで洗い流し、最後にオリーブオイルシャンプーで洗髪。これを週に2回程度行います。

グレイン（醸造）アルコールとは、麦やトウモロコシなどの粒（グレイン）になる穀物から醸造された飲めるアルコールのことで、それをアルコール濃度20％にして使います。日本では度数20％の「いいちこ」がまさにこの条件を満たしています。間違っても消毒アルコールを使用しないように注意してください。

③原油療法（即効性大）

石油に精製する前の原油を使って頭皮を30分ほどマッサージし、20％の醸造アルコールで洗い流し、最後にワセリンを塗り込みます。これを週に1回から2回程度行います。

私は、ケイシー療法に必要な薬剤を製造販売しているアメリカのヘリテージ社というところから原油を取り寄せ、③の原油療法を実行しました。

私自身について言えば、原油療法の効果はてきめんでした。すぐに抜け毛が止まり、そしてしばらくすると徐々に髪も濃くなりました。

ただし、原油は強烈な臭いがするので、この療法を行っている間は、お風呂場が石油臭くなります。私などは、当時独身だったからできたようなものです。あれから30年近くになりますが、私の頭髪は健在です。

しかし、この方法には副作用があることが後で判明しました。この原油療法はあらゆる毛根を刺激するのです。

私の場合は、この原油療法を始めてから、突然あごひげが濃くなってしまいました。ひげを剃るのが面倒で無精ひげにしていたら、そのうちゴワゴワになってしまい、「キリストのできそこない」などと言われるようになってしまいました。また白髪染めをしている方は、白髪染めが落ちてしまいます。この点にご注意ください。

私の知人の中にも、原油療法を実行した人が何人かいます。そのうち6割くらいの人に効果があったそうですから、世の中に数ある育毛法の中でも、群を抜いているのではないでしょうか。

原油療法の驚くべき効果などを写真でご紹介しましょう。

次ページ右側の写真は54歳の男性のケースです。頭頂がかなり薄くなっていたため（1枚目）、2カ月間、週に1度のペースで原油療法を行いました（2枚目）。頭髪の回復が遅かったので、食事療法を追加して、さらに3カ月ほど原油療法を実行してもらいました（3枚目）。

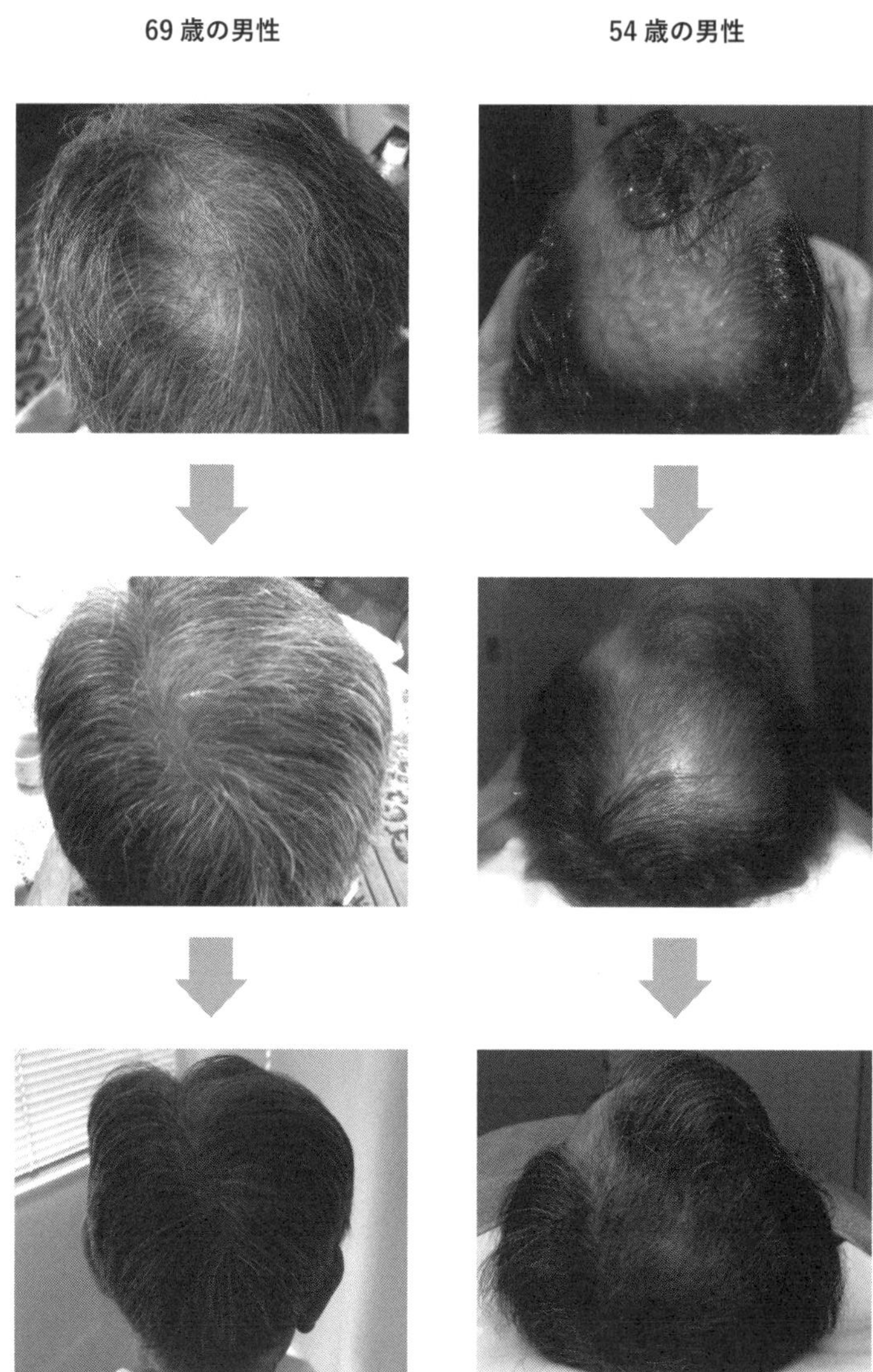
69歳の男性
54歳の男性

この原油療法は白髪にも有効です。

左側の写真は69歳の男性のケースです。原油療法開始時（1枚目）、半年後（2枚目）、1年後（3枚目）を見ていただくと、効果は一目瞭然です。

興味深いことに、この原油療法と原理的には同じ方法が、日本でも行われていたことがわかっています。沖縄では昔、抜け毛などの頭髪に関するトラブルがあると、ある土地の地層から石油を含んだ粘土を掘り出し、それを頭皮につけてマッサージしたそうです。まさにケイシーの原油療法ですね。

17年くらい前から、この原油療法の効果を確認したテンプルビューティフル社が、原油を成分に含んだ「大地の力シャンプー」を製造・販売するようになりました。

私も日常のヘアケアではこれを使用していますが、効果を実感しています。原油そのものを使うのが面倒な方は、こちらを利用してもいいかもしれません。

さらに、ここ最近は、原油療法を美容院や治療院で施術してみたいという方々が増え、そのための講習会も開かれるようになりました。この講習会にご興味を持たれた方は、巻末にある日本エドガー・ケイシーセンターにお問い合わせください。

ライフリーディング

フィジカルリーディングに次いで、ケイシー・リーディングの主要な部分を占めるのが、このライフリーディングです。約2000件のリーディングがあります。

ライフリーディングの主な目的は、依頼者の現在の人生に大きな影響を及ぼしている過去生を指摘し、それぞれの過去生で獲得した才能や長所、あるいはそれらの過去生で犯した過ちや短所を明らかにすることで、今回の人生の目的を知らせ、より豊かで充実した生き方を指導することにあります。

ライフリーディングの場合、その内容の真偽を判定することは一般に困難ですが、ケイシーの場合はフィジカルリーディングによってその透視能力が実証されているために、証明はできないにしても、その正しさを信頼するに足る実績があると言えます。

またケイシーが過去生の情報として与えたものの中で、検証可能なものに関してはそれが真実であったことは確認されており、これらの状況証拠も、ケイシーのライフリーディングの信ぴょう性を支えるものとなっています。

たとえば、ある男性は、彼の直前の過去生はアメリカ南北戦争の南軍の兵士バーネット・シーイという名前であったと告げられましたが、公文書の記録保管所で調べてみると、確かに南軍の兵士に同名の人物が存在したことが突き止められました。

またある人物は、劇作家モリエールの友人であった過去生を指摘されましたが、その中で、モリエールの本名がジャン＝バティスト・ポクランであったことをリーディングは告げました。もちろんケイシーにはそのような知識はありませんでしたが、モリエールの詳しい伝記にはその名前が記されていました。

ある女性は、過去生で古代ユダヤ教の秘密宗団「エッセネ派」の女性指導者であったことがあり、死海の近くで活動していたと言われました。

ケイシー存命中には、エッセネ派は男性だけの宗団であると信じられ、また彼らがどこで活動していたのか、その活動拠点などはいっさいわかっていませんでした。ところがケイシーが亡くなって2年後の1947年、死海のほとりのクムランという場所で、エッセネ派の保管していた古文書——死海写本——が発見され、また墓所からは女性の人骨が発掘されました。このことから、エッセネ派が死海の近くで活動し、またエッセネ派に女性が存在していたとするケイシーのリーディングの正しさが証明されました。

これら3つの例は、歴史的にケイシーのリーディングの信ぴょう性が確かめられた例です。さらにこれとは別の角度からも、ライフリーディングの信ぴょう性が裏づけられた例はいくつかあります。

たとえば、生まれてまだ数時間しかたっていない赤ん坊や4、5歳くらいの子どもに対して、ケイシーはかなりの数のライフリーディングを実施しました。

それらのリーディングは、その子どもたちが成長するにしたがって示すであろう性格や長所・短所、さらには職業的適性を告げていました。そして彼らが成長するにつれて、それらのリーディングの予測が非常に正確であったことが確認されています。

また成人に関しても、ケイシーは依頼者本人が自覚していない才能や職業的適性をしばしば指摘し、そのアドバイスに従った人たちはほとんど例外なく指摘された通りの才能を発揮しました。これらのことも、ライフリーディングの信ぴょう性を裏づけるものになっています。

前世の才能を引き出すライフリーディング

たとえば電話交換手をしていたある女性は、ライフリーディングによるとエジプトの過去生で美術の才能を高めていたため、今回の人生でも美術の分野で成功するだろうとアドバイスしました。その女性は、美術の心得など全くなかったのですが、試しに商業美術の学校に入ったところ、すぐに才能が開花し、まもなく有名な商業デザイナーになりました。

彼女は自分の才能を開花させる過程で、それまでの内向的だった性格が、積極的で外向的な性格に変わっていったと話しています。

もう一つ面白いエピソードを紹介したいと思います。

これはある青年に関するものですが、彼は14歳のときに姉の熱心な勧めでリーディングをしてもらいました。その中で彼は、フランスでの前世で王の衣装係をした経験があることが指摘され、そのため今回の人生においても衣服を扱う仕事で成功するだろうと告げられました。

しかし、彼にはケイシーの指摘が的外れのように感じられ、衣服に関する興味が湧くことはありませんでした。そして数年間、新聞社で下働きのような仕事をしていましたが、転職を考え、リーディングを再度依頼したのです。

このリーディングの中でも、彼は衣服に関する仕事を勧められました。彼は、ある意味で落胆し、その後の追跡調査の報告書でも次のように報告しています。「私はなぜリーディングが、私の興味を全く引かない衣服の仕事をくり返し勧めるのか理解できませんでした」。

それでも彼はリーディングを信頼するようになっていたので、半信半疑ではありましたが、衣服の仕事をしてみようという気になりました。そこで思いつくかぎりのアパレル関係の会社に手紙を書き、就職口を求めました。しかし彼の努力にもかかわらず3年間は何の進展も見られませんでした。

彼の人生の転機は、最初のリーディングから実に10年後に訪れます。彼の姉が、祖父の代からユニフォームを作る会社を経営している人物と知り合う機会に恵まれたのです。しかも、この社長自身がケイシーのリーディングを信頼している人でした。彼は、姉の勧めでこのユニフォーム会社の社長に手紙を出し、その中で、ケイシーのリーディングがアパレル関係の仕事に才能があると告げていることも書きました。

リーディングのお墨つきを得ている青年ということで、面接や他の推薦状も一切なく、即座に採用が決まりました。

実際、彼は衣服の仕事でめきめきと才能を発揮し、その会社始まって以来の最年少で重役に昇進します。しかしそれと同時に彼は、アパレル業界のビジネスのやり方に対して失望を感じるようになっていました。当時のアパレル業界では、当然のように取引先に賄賂が贈られていましたし、他にもいかがわしいビジネス慣行がありました。不正な取引を望まない彼としては、そのようなやりかたなどしたくない。しかし、それをやらなければビジネスが成り立たない。そんなジレンマに陥っていたのです。そこで彼は、再びリーディングに助言を求めました。

リーディングは、他人がどのように彼を扱うかが重要なのではなく、彼自身が人をどのように扱うかが重要なのだと教えました。彼は、彼自身の霊的な理想に従って、すべての人々と接するように励まされました。「他人にこうあってほしいとか、他人があなたに対してこのようにしてほしいと望むのではなく、あなた自身が日々の活動の中で、あなたの霊的理想に一致するようなやり方で、あなたの同胞を扱いなさい」と。

彼は、このリーディングによって自分の仕事に対する見方が１８０度転換することになりました。相手が手強い取引先であろうと、賄賂を使う競争相手であろうと、誰に対しても新たな意識で接することができるようになったのです。それによって彼は、賄賂を使う競争相手以上の仕事を達成し、ビジネスを何倍にも拡大することができました。彼は後にＡＲＥの熱心な支援者になります。

次もまた面白いエピソードです。

ある男性がケイシーからライフリーディングを受けました。そのリーディングによると、彼は過去生で「諜報活動」に従事していたので、今回の人生でも諜報活動および広報活動に向いているということでした。しかし本人にそのような自覚は全くなく、一笑に付すだけでした。ところが数年後、彼が入隊した軍隊で適性試験が実施され、その結果、彼の最も向いている活動は「諜報活動」であると判定されたのです。

実際、彼はその後、イギリスにおける諜報部隊に配属され、才能を発揮することになります。そして除隊後は、ラジオ放送の会社の経営者として成功したそうです。これなども、ケイシーのライフリーディングの情報の信ぴょう性を裏づけるものだと言えます。

ライフリーディングは本書の中核になりますので、次章以降でもっと詳しく扱います。

現代にも有効な精神的・霊的アドバイス

ケイシーは、私たちが地上の肉体に生まれ変わるのは、魂を成長させるためであり、それはなにも深山幽谷（しんざんゆうこく）に入って厳しい修行をしなくても、日常生活において――特に日常の人間関係を通じて――実現できることを強調しています。そして具体的に、人間関係を通じて自分の魂を浄化し成長させるためのアドバイスを多数残しています。

たとえば会社での人間関係に悩む人、夫婦関係がうまくいかず悩んでいる夫あるいは妻、親子関係のトラブルに悩む人、不倫に悩む人など、実にさまざまな人間関係の悩みに対して、ケイシーは胸に響くアドバイスを与えています。また、より美しい人間関係、より豊かな人間関係を築くためのアドバイスも豊富に与えています。

これらのアドバイスを得た人の多くは、アドバイスに従うことで魂を成長させ、人間関係を浄化することに成功しました。

そして、彼らに与えられたアドバイスは、現代に生きる私たちにもきわめて有効に働きます。たとえば会社の人間関係の問題、あるいは夫婦間の問題、親子間の問題、少年非行の問題などに関してケイシーが与えたアドバイスは、同じような状況に遭遇している人たちに対しても、示唆に富んだ解決法を提供します。それらのアドバイスを実践してみると、私たち自身の人生においても、ケイシーが約束した成果が得られるのです。

かくいう私も、これまで何度か精神的に非常に苦しい時期を過ごしたことがありますが、その度にケイシーのリーディングに解決策を求め、そのアドバイスに従うことで道を見つけてきました。また、私の知人たちも、さまざまな精神的試練の中で、ケイシーのアドバイスを実行し、ケイシーの言葉の真実を体験してきました。

ケイシーのフィジカルリーディングが現代に生きる私たちの健康問題に非常に有効であるように、ケイシーの精神的・霊的アドバイスも私たちを豊かで美しい人生に導いてくれます。

本書では、この分野についてはあまり詳しく触れませんが、関心のある読者は拙訳『神の探求』（たま出版）、日本エドガー・ケイシーセンターの提供しているＤＶＤ講座などを参考にしてください。

夢解釈リーディング

夢は私たちの魂から送られるメッセージであるとして、ケイシーは夢を人生に活かす方法を具体的に示しました。

ケイシーの夢解釈は、ユングのそれに近いことがしばしば指摘されますが、私の認識では、ユングの解釈よりもさらに幅が広く、縦横無尽であるように思います。また、ケイシー流の夢解釈のコツは、一般に流布している解釈法よりも柔軟で、実際に私たちの人生で実践した場合に、その解釈の有効性を実感することができます。

夢に関しては第8章でさらに詳しく扱うことにします。

ビジネスリーディング

ケイシーはビジネスに関しても多数のリーディングを残しています。たとえば、不動産を売買する時期を助言したり、あるいは商売の見通しなどを述べたり、株の上がり下がりを予測したりしました。健全な株取引は社会システムにとって望ましいとケイシーのリーディングは見ていたのでしょう。

本書では、ビジネスに関するリーディングは取り上げませんが、ケイシーのビジネスリーディングに流れる「精神」について、ひと言述べておきたいと思います。

多くの人が、ケイシーにビジネスで成功するためのアドバイスを求めました。それに対するケイシーの態度は一貫していました。すなわち、

「成功の度合いを収入の高低で判断してはならない。成功は、自分の才能をどれほど周囲の人々への奉仕に役立てられたか、その程度に応じて計らなければならない。お金を目的として働くのではなく、人々に奉仕するために働くことを求める必要がある。そして、自分の能力や才能を人々への奉仕に役立てているかぎり、必要なお金は神が与え給う」

現代の経済システムは、リーディングの観点からすれば病んでいます。多くの人は、奉仕ではなく、お金を求めて働いているからです。そこには労働が本来持つべき喜びが欠落していきます。このような状況が改められないかぎり、私たちの経済はどんどん疲弊していくでしょう。

これがケイシーのビジネスに関する原則です。

宇宙の摂理に反しては、いかなる組織といえども維持・発展させることはできません。私たちは、今の経済システムを癒やし、成功に対する判定基準を正し、そして宇宙の摂理にかなう形に立て直さなければなりません。ケイシーはこう述べています。

「人々に生きる希望と勇気と愛を与えるかぎり、その仕事に決して不況はない。神の仕事に不況のあろうはずがない」

なんと私たちを鼓舞激励する言葉でしょう。

リサーチリーディング

ケイシーのリーディングのほとんどは、特定の個人に対するアドバイスになっていますが、同じ興味を有する人々が集まって、特定のテーマに関してリーディングを依頼したものが約１０００件あります。

これがリサーチリーディングと呼ばれるもので、たとえばアトランティスに関して集中的に取られた一連のリーディング（３６４シリーズおよび９９６シリーズ）、キリストの生涯と前世に関して取られたリーディング（５７４９シリーズ）、瞑想と祈りに関するリーディング（２８１シリーズ）、世界情勢に関して取られたリーディング（３９７６シリーズ）などがあります。

この中で、世界情勢に関して取られたリーディングの中には、私たちの未来に対する示唆を含んだものがかなりあり、それらがしばしば「予言リーディング」と呼ばれることがあります。他には、興味深いものとして、少年非行の防止に関するリサーチリーディング（５７４７シリーズ）や、ケイシーが初めて輪廻転生の考え方に触れて徹底的にリーディングと格闘した記録（３７４４シリーズ）などがあります。

これらはテーマとしてまとまっており、それぞれの分野に対して非常に興味深い情報を提供しています。

リーディングの情報源

リーディングの情報源について、ケイシー自身は次のように述べています。

「フィジカルリーディングの場合は、患者あるいは依頼者の潜在意識から情報を得て、それ以外のリーディングに関しては、ほとんどの場合、『アカシックレコード』という霊的次元の普遍的な情報源から得ている」

ごくまれに霊的世界の住人から直接メッセージがもたらされることもありましたが、このタイプに属するリーディングはきわめて少数です。

フィジカルリーディングの情報源についてさらに検討してみましょう。

ケイシーによれば、私たちの意識は三層構造で理解することが合理的であり、それぞれ「顕在意識」「潜在意識」「超意識」と呼ばれます。これらの意識は肉体の特定の仕組みに結びついており、それぞれ脳脊髄神経、自律神経、および内分泌腺を司っています。

私たちが肉体を思い通りに動かせるのは、顕在意識が脳脊髄神経を支配しているおかげです。

一方、潜在意識は私たちの自律神経（交感神経および副交感神経）を支配しており、肉体に関するさまざまな情報（血圧、心拍、呼吸や組織の健康状態など）を把握しています。ケイシーは、自分の潜在意識を介して相手の潜在意識にコンタクトを取り、それによって相手の病気を診断したり、必要な治療方法を述べたりすることができたのです。

自分の潜在意識が他の人の潜在意識とつながるという経験は、ケイシーに限らず、私たちにも時々起きます。

たとえば、しばらく連絡していなかった誰かに電話しようと思っていると、突然その人から先に電話がかかってくるという経験はかなりの人がしているはずです。これなどは、潜在意識がつながっていて、互いに交流していることを考えれば説明がつきます。

催眠状態のケイシーは、それを意図的に行うことができ、しかもそうして得た情報を言語化することができたのです。

人間の心がつながっているということは、実験室レベルでも確かめられます。

エドガー・ケイシーの孫であるチャールズ・トマス・ケイシー氏は少年時代、デューク大学

意識	肉体との関係	機能
顕在意識	脳脊髄神経	筋肉などを動かす
潜在意識	自律神経(交感神経・副交感神経)	呼吸・心臓の鼓動・汗・消化吸収など
超意識	内分泌腺	ホルモンを血液中に分泌

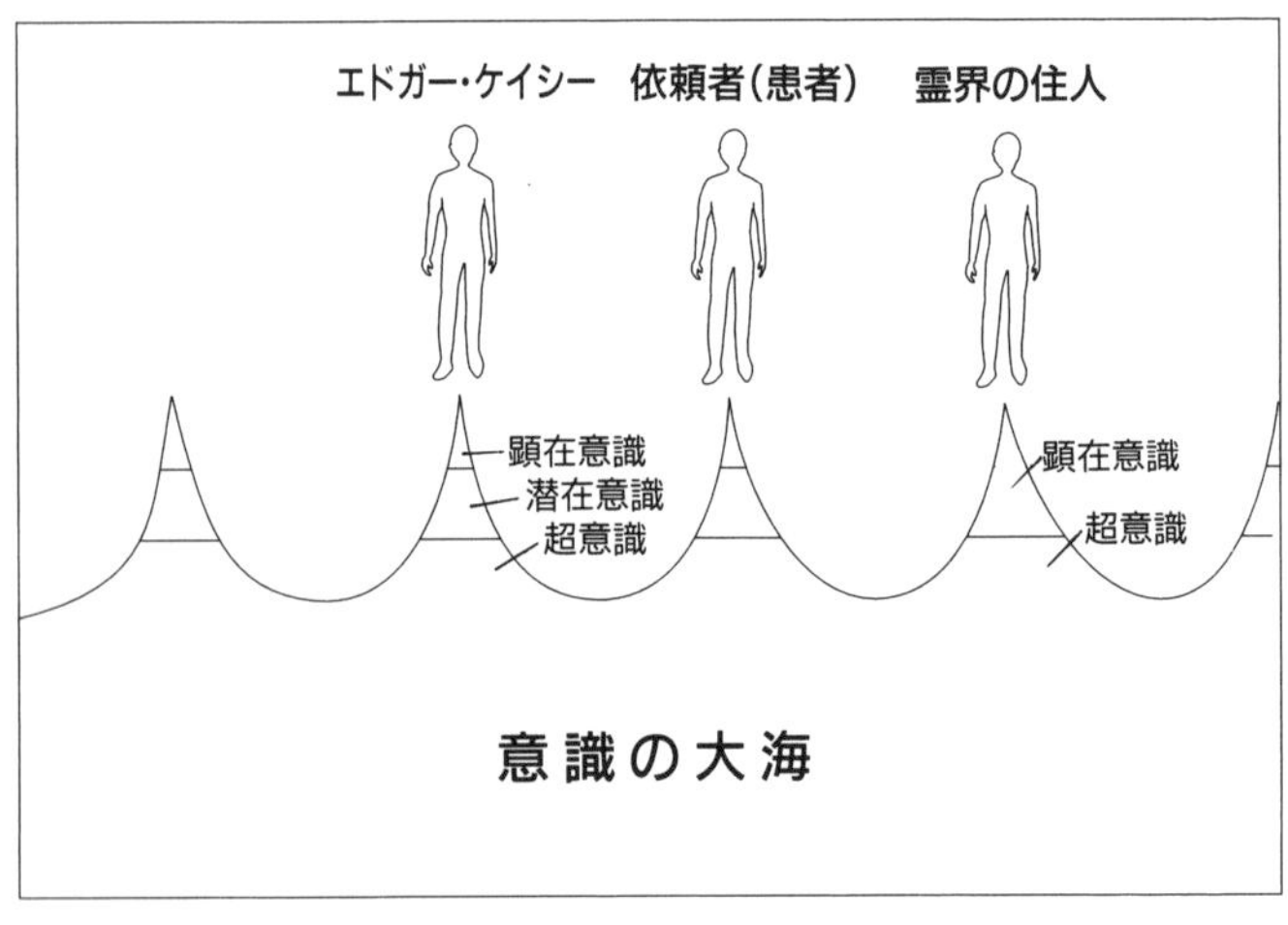

で、ある実験を受けたそうです。

エドガー・ケイシーに関心を持っていたデューク大学の研究員たちは、少年のチャールズ氏にケイシーと同じサイキック能力が遺伝しているかもしれないと考え、次のような実験をしました。

研究員たちは少年のチャールズ氏をある建物の一室に入れ、血圧や体温などを測定する装置につなぎ、椅子に座って1時間ほどリラックスするように指示を与えます。

一方、そこから離れた別の部屋には、チャールズ氏とは縁もゆかりもない第三者が招き入れられました。そして彼には10人ほどの名前が書かれた1組のカードが渡されました。実は、この名前のカードには、チャールズ氏が深い愛情で結ばれている5人の名前と、電話帳からランダムに選ばれた、チャールズ氏とは無関係な5人の名前が記入されています。

チャールズ氏が別室でリラックスしている間、その第三者はカードを混ぜると、その中から無作為に1枚取り出し、正確に5分間そこに書かれてある名前を心に強く念じるよう指示されます。そして一人目が終わると5分休憩して、同じ操作をくり返します。このときチャールズ氏は、もちろんどのような実験が行われているかは知らされていません。

実験が終わって面白いことがわかりました。チャールズ氏と深い愛情で結ばれている人の名前が念じられる時間になると、彼の血圧や体温、心拍数に変化が表れました。つまり、自分の愛する人の名前が誰かによって念じられるだけで、知らず知らずのうちに生理的な変化があったということです。

同様の実験を数百人の一般人を対象にして行ったところ、チャールズ氏と同様の結果が得られました。

このことは、私たちの誰もが心の深い部分で他の人の心とつながっていることを実証していると言えます。普通の人は、心の深い部分に届けられるそれらのメッセージを自覚することはできませんが、ケイシーは催眠状態に入ることで、自由に相手の潜在意識にアクセスし、その情報を言葉に表すことができたのです。これが私たちと違う唯一の点でしょう。

一方、ライフリーディングの場合は、アカシックレコードという魂の記録にアクセスするのだとケイシーは説明しています。アカシックレコードとなると、潜在意識ほど容易には説明できませんが、ケイシーの言葉を信用するならば、私たちは誰もが、この世に存在して以来の魂の記録を持っており、それがケイシーには1冊の本として認識されたのです。ケイシーは、自分の超意識を介して、人々の魂の記録に到達することができたのです。

アカシックレコードに到達するプロセスは、人類の魂の起源にも関連する非常に興味深いテーマですので、第7章でもっと詳しく扱うことにします。

ケイシーのライフシール

興味深いことに、各人のアカシックレコードには、その表紙にその人の魂の成長の度合いを示す絵が描かれているといいます。ケイシーはその絵を「ライフシール」と呼びました。たとえばケイシー自身のライフシールは、上図のようなものです。

このライフシールに描かれているそれぞれのシンボルは、今回の人生に大きな影響を及ぼしている、特定の過去生の重要な出来事を象徴しているといいます。

たとえば、中央に三角形で表されているピラミッドはケイシーのエジプト時代の過去生を象徴し、また井戸と椰子の木はペルシャ時代の過去生を象徴し、下部の十字架は、今回の人生の目的とパレスチナ時代の体験を象徴している……という具合です。

ケイシーによれば、ライフシールをマンダラのように使って瞑想すると、瞑想の境地が深まるということです。実際、古代エジプトの神官たちは、弟子のライフシールを読み取り、それを弟子に与えて瞑想させていたそうです。

いずれにせよ、催眠中のケイシーにはこのアカシックレコードとライフシールが実にリアリティのあるものだったらしく、リーディングの冒頭で、「なんと美しい記録だ（What a beautiful record!）」と感嘆したケースも少なからずあります。

ケイシーの主張に従うなら、私たちは誰もがアカシックレコードとライフシールを持っていることになりますが、それを美しい記録にするのも、汚れた記録にするのも、すべて自分自身です。

他の誰にも、私たちのアカシックレコードを改ざんすることはできません。

願わくは、今回の私たちの生き方によって、私たち自身のアカシックレコードが美しいものになりますように。

いつか「なんと美しい記録だ」と言ってもらえるような人生を送りたいものです。

第3章・ケイシーに語りかける魂たち

魂の実在「人は死んでも生きている」

前章において、エドガー・ケイシーの業績のあらましを見てきました。

ケイシーは幅広い分野にわたり、時代を超えた情報を残しています。そのため、没後半世紀を経た現在においても、彼の残したリーディングは、さまざまな分野で有益な情報源になっています。特に病気の治療や健康に関する情報はきわめて実用的であり、私たち自身が日常的に利用してその恩恵に浴することができます。

しかしながら、ケイシーの最大の業績を問われるなら、私にとってそれは「人間が肉体を超えた存在であること、人間の本体が永遠不滅の霊的存在であることを示したこと」です。もし、ケイシーのこの主張が現代社会において広く受け入れられれば、私たちの人生観・世界観は根底から変容し、社会全体のシステムも変容させることになるはずです。

私にとって人生で最初の哲学的な苦しみは、「人間は死んだらそれで終わりである」という現代科学の主張でした。私と同じように、こういった唯物的人生観に打ちのめされた経験をお持ちの読者は多いのではないでしょうか。

「魂の存在」を信じたくても、物理学者などがそれを科学の権威の下に否定してしまう。しかし、エドガー・ケイシーの生涯と業績は「魂の実在」を否定する科学を痛快なまでに打ち負かしてくれました。「人間は死んでも生きている」。なんと愉快な哲学でしょうか。

本章では、エドガー・ケイシーが遭遇した不思議な現象をいくつか紹介することで、「魂の実在」に対してある種の状況証拠を示したいと思います。

ケイシーが遭遇した不思議な現象①「コックリさんで現れた事故死者の霊」

エドガー・ケイシーは催眠状態で優れた霊能力を発揮しましたが、目を覚ましている普通の状態のときでも、非常に高い霊的感受性を持っていました。

その例として、ケイシーが生涯に一度だけ人前で行ったといわれるコックリさん（正確にはウィジャーボードと呼ばれる西洋版コックリさん）のエピソードをご紹介しましょう。

コックリさんというのは、日本でも昔からよく知られている降霊現象の一つです。ひらがな（西洋版ではアルファベット）と数字を書いた文字盤の上にコインを置き、そのコインに霊媒師が指を置くと、呼び出された霊がその人物に乗り移り、この世の人々にメッセージを綴ります。実際には、コックリさんを行っている人の無意識層にある抑圧された感情が文字盤に綴られることがほとんどのようですが、まれに本物の霊現象もあるようです。

ケイシーの友人や知人の中に、ケイシーの霊能力を見込んで彼にコックリさんをやってほしいという人たちが何人もいました。しかし、もともと自分の能力を面白半分に人に見せることを嫌っていたケイシーは、なかなか引き受けようとはしませんでした。

そんな中で一人だけ、ケイシーにコックリさんをさせることに成功した人がいました。彼は、ケイシーの長男ヒュー・リンの友人で、ケイシーの家に遊びに来ては熱心にコックリさんをしてくれるようお願いしていました。あるとき、ケイシーもついに根負けして、「一度だけ」と念を押してコックリさんを行うことを承諾しました。

テーブルの上に文字盤とコインが用意され、人々がテーブルを囲みます。

ケイシーが文字盤の上のコインに指を置いて目を閉じると、即座にまぶたが小刻みに震え出し、霊が降りてきた合図としての霊動が始まりました。そしてすぐに、ものすごいスピードでケイシーの指がメッセージを綴り始めたのです。

ケイシーに降りてきた霊は次のようなメッセージを綴りました。

「私は〇〇という名前の男で、数年前、近くの湖でボート遊びをしているときに誤って転落し、溺れ死んでしまいました。私の両親は自分が行方不明になって悲しんでいます。まだ湖で死んだことを知りません。どうか次の住所に住む私の両親に手紙を書いて、私の死体が湖に沈んでいることを連絡してください」

そう告げるとその霊は、彼の両親の名前と住所を文字盤の上に綴ったのです。

テーブルの周りにいたヒュー・リンの友人たちも、このメッセージにはびっくりしました。まさか、これほど具体的なメッセージが出て来るとは思ってもみなかったのです。メッセージを受けた人たちは半信半疑でしたが、とりあえず指示された住所の人物に手紙を書き、霊からの通信を取り次ぐことにしました。

それから数週間後、ケイシーの自宅に数人のダイバーを連れた初老の夫婦が訪ねて来ました。なんと、コックリさんを通じて送られた霊のメッセージは、まぎれもない事実だったのです。その夫婦には息子がおり、数年前から行方不明になっていたのです。彼らはダイバーを雇い、急いでケイシーの家を訪れたというわけです。

驚くべきことに、霊の告げた場所で、彼らの息子の死体が発見されました。

湖で溺れ死んだというその男性の霊は、生きている人間に害を与える存在ではなかったにせよ、その湖に浮遊する地縛霊のような存在になっていたのかもしれません。そして自分が霊的に救われる機会を待っていたのでしょう。ケイシーがコックリさんを始めるや、その霊力に感応してケイシーの元に引き寄せられ、こちらの世界に生きている人々にメッセージを送ってきたのです。

この例の興味深いところは、死んだ霊が生前と同じ意識を持ち、なおかつ両親の悲しみや心配をはっきりと理解し、両親の悲しみを軽減しようと働きかけていたという点です。ひょっとすると私たちの周りにも、私たちのことを見守り、あるいは心配している霊たちがいるのかもしれません。

ケイシーが遭遇した不思議な現象② 「亡き母との再会」

ある人のリーディングをし終えて目覚める途中のケイシーが、突然、一方通行の会話を始めました。周囲の人たちは、ケイシーの様子から、ケイシーが霊的世界の誰かと話をしているらしいことは理解できました。しかし、周囲の人には、ケイシーのしゃべる声しか聞こえません。誰とどんな会話が交わされているのかはわかりませんでした。

リーディングから目覚めたケイシーは、亡くなった母と会って話をしていたと、感慨深そうに語りました。母との会話の中でケイシーは、長男のヒュー・リンが、ボーイスカウトの活動で、ヨセミテ国立公園にキャンプに行っていることを知らされたというのです。ちょうどヒユー・リンが手紙を書いて、それをキャンプ場のポストに投函したところなので、まもなくその手紙が届くだろうということでした。

ケイシーと霊的世界の母との会話は、生前の母に対するのと全く同じようにできました。霊的世界での母の近況などを聞き、ケイシーにとって心なごむひとときだったようです。

それから1週間ほどして、予想通り、ヨセミテ国立公園にキャンプに行っていたヒュー・リンから手紙が届きました。その様子は、霊的世界の母から聞いた通りでした。

このエピソードから、私たちは何を考えるべきでしょうか。

まず、私たちと生前強い絆で結ばれていた人は、その死後も、霊的世界から私たちのことを見守っている可能性があるということです。同様に、私たち自身も、死後、この世に残した愛する人々を霊的世界から見守ることができるのです。死は確かに肉体的な交流を失わせますが、霊的にはなんら失われていないのです。うれしいことではありませんか。

しかし、別の視点からすると、私たちが常に見られているというある種の恐怖を喚起します。つまり、私たちの思いや行為は、どんなものであれ究極的には隠すことができないという恐怖です。

私たちはよほどの聖人君子でもないかぎり、他人には知られたくない過去や、自分の邪(よこしま)な点を自覚しているものだと思います。それが、霊的世界から丸見えだとなれば、あわててしまいます。迷信だとバカにしていた「閻魔さまの閻魔帳」が、リアリティを帯びてくるからです。

私もこの種の恐怖に捕われていた時期があります。

しかし、自分のこれまでの行為や思いがすべてバレているということを徹底的に考え抜くと、自分自身を偽ることの無意味さを思い知らされるようになりました。他人にどれだけ自分を偉そうに見せたところで、本当はバレている。少なくとも霊界に行けばみんな私の真実の姿を知っている。そう思うと、偽りのプライドも、偽りの卑下も、肩から力でも抜けるようにスーッと抜けていくのです。「どうせ真実の私の姿が知られるなら、この世で生きているときから自分に正直に生きよう」。そんな開き直りの精神が生まれてきます。虚栄のない自然体の生き方が、かえって可能になります。

ケイシーがしばしば引用した聖書の言葉に、「真実はあなたを自由にする」というものがあります。自分を偽ることの無意味さを知って真実の自分をさらけ出せるようになると、本当に心が自由になります。後は、自分に対して、そして私たちを存在せしめている大いなる存在に対して、恥じることのない生き方を心がけていけばいいのだと思います。

ケイシーが遭遇した不思議な現象③「迷える霊」

ケイシーが2階の寝室で寝ていたある晩のことです。

寝室の窓を外から「コンコン」と申し訳なさそうに叩く音にケイシーは目を覚ましました。隣で眠っていた妻のガートルードは、夫が窓を開け、誰かと言葉を交わしていることに気づきましたが、そういう不思議な現象には慣れっこになっていたので、特に気にすることなくそのまま眠り続けました。

翌朝、昨夜の訪問者についてケイシーに尋ねました。ケイシーは、以前写真館で雇っていたバンチーが助けを求めに来たのだ、と説明しました。

ケイシーはかつてアラバマ州で写真館を経営していたことがあります。その頃、アシスタントの一人としてバンチーという名前の女性を雇っていましたが、ケイシー一家が写真館をたたみ、バージニア・ビーチに引っ越したことで、彼女との連絡は途絶えていました。

実は、バンチーはその後、肺病を患い、亡くなっていたのです。

彼女は、死んでまもなく自分が〝生きている〟ことに気づくのですが、なぜか自分はまだ肺を病んでいると思い込んでいました。死んで肉体を離れたわけですから、病気からは解放されたはずなのですが、死んだという自覚が希薄なために、まだ肺病だと思い込んでいたのです。そこでバンチーは、自分の病気を治療してくれていた医者が亡くなるのを辛抱強く待っていたというのです。そしてその医者が亡くなると、バンチーは早速、霊的世界で目覚めたばかりのその医者に自分の窮状を訴えました。

「先生、私、まだ治っていません」

死後間もないこの医者にはえらく迷惑な話だったと思うのですが、それでもバンチーに治療らしきものを施し、安心させると、医者としての本分を果たすべく、彼女に死亡宣告をしました。「あなたはすでに死んでいますよ」と。

この医者の言葉によって彼女は、自分が死んだという自覚が多少深まったらしく、「そうか、私は死んだんだ。それなら死んだお父さんやお母さんに会えるかもしれない」と思うようになりました。そして自分の両親を探し始めたのです。

霊的世界では願うとそれが速やかに実現されるらしく、彼女が両親を探そうと思った瞬間に、霊界の両親の元に引き寄せられていました。

ところが、彼女の期待に反して、両親は自分たちの生活に耽(ふけ)ってばかりで、彼女のことはほったらかしです。バンチーは、両親の元にも自分の安住できる場所を見つけられないでいました。そんなとき、彼女の心に「そうだ、不思議な力を持っていたケイシーさんなら私にアドバイスをしてくれるかもしれない」と考えたのです。

しかし、バンチーにはケイシー一家がどこに引っ越したのかわかりません。そこでまず、バンチーはかつての写真館あたりをうろつくことにしました。そうすれば何かの手がかりが得られるかもしれないと思ったのです。どれくらい長くその場所にいたのかわかりませんが、あるとき、ケイシー一家がバージニア・ビーチに引っ越したということが、近所の人たちの立ち話からわかりました。

そこで、バンチーは何を思ったか、バージニア・ビーチまでヒッチハイクをしてやってきたのです（霊魂なので、念じただけで瞬時に移動ができたはずなのに）。

魂としての自覚が希薄な彼女は、ヒッチハイクという、きわめて〝この世〟的な方法でやって来ました。ただし、普通の人には見えない霊魂の状態ですから、彼女が手を挙げて車に乗せてもらったとは考えられません。おそらく勝手にトラックの助手席などに乗り込んだのでしょう。そうしてやっとの思いで、ケイシーの自宅を探し当てたというわけです。何ともまあ、ご苦労な話です。

バンチーとしては、すぐにでもケイシーの前に現れて、アドバイスをもらいたかったことでしょうが、幽霊としてのエチケットか、彼女は真夜中になるのを待って、ケイシーの寝室の窓を叩くことにしたのです。

2階の寝室の窓の外に立っている（というより浮かんでいる）かつてのアシスタントの姿を見て、ケイシーは一瞬ギョッとしましたが、すぐに状況を理解して「立ち話もなんだから」と、彼女に玄関に回るよう促しました。

そして、死んでからの身の上話を一通り聞くと、ケイシーは、彼女がまだ完全には霊的世界に戻っていないことを説明し、遠くに見える白い光に向かって歩くよう彼女にアドバイスしました。それ以来、バンチーは二度とケイシーの前に姿を現さなかったということなので、彼女は無事霊的世界に戻ったのでしょう。

それにしても、自分が死んで気がつくと、かつての患者が首を長くして待っていたなんて、お医者さんも大変なお仕事です。

実際には、このお医者さんにかぎらず、私たちが死ぬときには、私たちの生前の生き方に従っていろいろな人が「お迎え」に来てくれるようです。できることなら、愛する人々によって迎えられたいものです。有意義な人生を共有した人々に迎えられるのであれば、霊的世界に帰ることも怖くなくなります。このままでは恨んでいる人たちが手ぐすね引いて待っていそうだという方は、今から生き方を修正したほうがいいですね。

それから、ケイシーがバンチーに与えた「光のほうに向かって歩きなさい」というアドバイスは、臨死体験者が語る「光のトンネル」を彷彿とさせます。現代に生きる私たちは、霊的世界の理解が非常に乏しくなっているので、この話に出てくるバンチーのような迷える霊はますます増えているのかもしれません。

ケイシーが遭遇した不思議な現象④「戦死の予知」

これは、必ずしも死者の魂との交流エピソードではありませんが、死後に向かう先を知っておくことの大切さを教えているという点で、ここで披露することにします。

ケイシーの晩年、世界は第二次世界大戦に巻き込まれ、アメリカもついに参戦する事態に至りました。ケイシーの2人の息子も出兵し、彼らは戦地で父エドガー・ケイシーの死を知ることになります。

長男ヒュー・リンのドイツ出兵が決まった頃、ケイシーは、長男の友人で同じように各地の戦場に送られることが決まった日曜学校の若者13人を自宅に招いて、ささやかなパーティーを開くことにしました。これらの教会の若者たちもケイシーを慕っており、聖書勉強会などを通じて、ケイシーとは何年も親交を持っていました。

ケイシーは、しばらくこのパーティーで若者たちと将来などについて語り合い歓談していましたが、突然、沈痛な面持ちになると理由も告げずそのまま自分の書斎に引きこもってしまいました。パーティーが終わってから、長男のヒュー・リンがその理由を尋ねました。

ケイシーは、13人の若者のうち3人が戦死して母国に帰ってこないことを予知してしまったと言うのです。ケイシーはこれらの若者の上に死相を見たのでしょう。好むと好まざるとにかかわらず、ケイシーは、ヒュー・リンにその3人の名前を告げ、彼らに次のことを諭すように言いました。「肉体が滅んでも人間は魂として存在すること」「魂の世界にいる自分に気づいたなら光のほうに向かって進むこと」「そうすれば正しい世界に戻れること」。これを彼らに理解させるようヒュー・リンに託しました。

第二次大戦後、ケイシーの予知は現実のものとなりました。

3人の若者は、それぞれの戦地で命を落としました。このエピソードから、多くの読者は、予知あるいは予言というものに注意を引かれたことでしょう。なぜケイシーは彼らの死を知ることができたのか。また、彼らが戦死することは不可避であったのか。だとすればいったい、いかなる力が彼らをそのような苛酷な運命へ進ませたのか等々。

これは、私たちの未来を考える上でも重要なファクターとなるので、別のところでさらに詳しく検討することにしましょう。とりあえずここでは、死後の世界で迷わないために、死後の世界についてある程度理解しておくことをケイシーが勧めていたということを強調しておきたいと思います。

死後の世界に対する心構えができているのとそうでないのとでは、死後の目覚めが違うのです。

ケイシーが遭遇した不思議な現象⑤「霊界からメッセージを送る」

次はエドガー・ケイシー自身が死後、この世界に残る息子たちにメッセージを送ったという興味深い話です。

エドガー・ケイシーは、1945年1月3日に亡くなりました。自分の死期の近いことを悟ったケイシーは、出兵前の息子たちを病床に呼んでこんなことを語りました。

「息子たちよ、私が死ぬと必ずや偽霊媒師、偽サイキックが次から次へと現れて、私の名前を語って偽霊言を言うだろう。そのようなものにお前たちが惑わされないようにするために、ある言葉を取り決めておこう。もし、私が本当に霊界から通信を送りたくなったら、私はまずその言葉を語って、それが真実、私からのものだということを証明しよう」

そう言うとケイシーは、霊界から通信を送る際に使う一連の言葉を取り決めました。偽ケイシー霊言の出現に対抗するために、ある種の合い言葉を決めたのです。

ケイシーの予告通り、ケイシーが亡くなるとすぐに、「私はエドガー・ケイシーからメッセージを受けている」などと言う偽霊媒師や偽サイキックが現れるようになりました。タチの悪い霊媒師になると、ケイシーの言葉として「私は霊界に来てみて、自分が生前行ったリーディングを悔いている。どうかそれらを全部焼却してほしい」などというメッセージを持ってくる者もいたようです。

しかし、合い言葉を取り決めておいたおかげで、偽物のメッセージを簡単に見破ることができました。聞くところによると、ほとんど偽物だったようです（私はこの話をエドガー・ケイシーのお孫さんで、エドガー・ケイシー財団の前会長であるチャールズ・トマス・ケイシー氏から伺いました。ただ、話の性格上、その合い言葉をここに公表することはできません。私自身、しばしば偽ケイシー霊言をチェックする必要に迫られるからです）。

では、ケイシーからの本物の通信はなかったのかというと、ごくわずかながら本物もあったそうです。

たとえば、ロサンゼルスに住むある青年は次のような形でケイシーからのメッセージを受けました。

彼は当時、ケイシーなど全く知らない普通の青年でした。また、家族の誰一人としてケイシーのことを知りませんでした。そんな一家において、その青年が突然、意識が朦朧（もうろう）とした状態で「ケイシー、ケイシー」と口走り始めたのです。

日常生活はなんとか送ることができましたが、そのような意識状態が毎日何十分と続きました。彼の家族は、カウンセリングを受けさせたり、精神科を受診させたりしましたが、原因は全くわかりませんでした。

ところが幸いなことに、母親が治療関係の本を書店で探しているときに偶然、ケイシーに関する本を見つけました。

「ひょっとして息子がうわ言で言っているケイシーって、この人のことかしら」

本を買い求めると、すぐにその本に書いてあったエドガー・ケイシー財団に連絡をしました。母親は電話口にヒュー・リンを出してもらうと、これまでの経緯を説明し、そしてとにかく自分の息子と話をしてくれるよう頼みました。

問題の青年が電話に代わるとどうでしょう。その青年は朦朧とした意識状態で例の合い言葉を一気にしゃべったのです。そしてその合い言葉に続けて、ケイシーが語りだしました！　ケイシーは彼の口を通して、AREの運営方法についていくつか指示を出したのです。そして通信が終わったところで、その青年は久しぶりに正気に戻りました。

エドガー・ケイシーがなぜ、わざわざロサンゼルスのその青年の口を借りたのか、その理由はわかりません。その青年は、霊的感受性が非常に強く、そして純粋だったのかもしれません。いずれにしろ、彼を通してケイシーの本物のメッセージが伝えられました。

キリストの出現を体験したヒュー・リン・ケイシー

ここで紹介するのは、エドガー・ケイシーの長男であるヒュー・リン・ケイシーの体験です。彼は晩年に、キリストの出現を体験したと伝えられています。

それはヒュー・リン一家が引っ越しをしている最中に起こりました。

その日は、朝からケイシー財団の大勢のスタッフと共にヒュー・リンも引っ越しの手伝いにやって来て、リーディング資料を束ねたり、荷物を出したりしてトラックで運んでいました。

しかし、実のところ、ヒュー・リンはその前日から高熱を出しており、その日も高熱をおして引っ越し作業をしていたのです。そのことを知っていたのは、財団の重要なメンバーの一人であったエルセ・セクリスト女史ただ一人でした。彼女はヒュー・リンから固く口止めされ、スタッフの誰にもそのことを言えずにいたのです。ヒュー・リンの体を気遣って部屋で休むよう忠告しても、「大丈夫だから」と言うばかりで、彼女もほとほと手を焼いていました。

しかし、ヒュー・リンも生身の人間ですから、そんな無理は長く続くわけもありません。とうとう立っていられなくなり、スタッフに「ちょっと部屋で休んでくる」と告げると、自分の部屋に入っていきました。

部屋に入ってベッドで横になろうとしたときです。部屋の中が白い光で満たされるのを感じました。なんだろうと思って振り向くと、部屋の中央にイエス・キリストが立っておられるではありませんか！　驚いているヒュー・リンにイエスは、「何を恐れているのだ。あなたがいつも人々に語ってきたところの私ではないか。私の腕でしばし休むがよい」と言うと、ヒュー・リンを光で包みました。

どれほど時間がたったのか、ふと気がつくとあたりはいつもの部屋の状態に戻っていました。しかし、ヒュー・リンにとってキリストの出現はまぎれもない真実であり、事実、つい先ほどまで高熱を出して疲労困憊（こんぱい）していたにもかかわらず、すっかり元気になり、熱も引いていたのです。イエスによって瞬時に癒やされたのです。

あまり休まないうちに戻ってきたヒュー・リンに、セクリスト女史は小言を言いましたが、ヒュー・リンはその神秘体験については何も言わず、無愛想な顔で引っ越し作業を再開しました。

引っ越しが終わってから何年もたつまで、ヒュー・リンはこの体験を長い間誰にも話しませんでした。

読者の中には、「キリストの出現なんて信じられない」と思われた方もいらっしゃるかもしれませんが、宗教的に無所属の私でも、このエピソードには大いに慰められました。少なくとも、そのような神秘的な出来事が現代においても起こり得るというのは、私たちの心に霊的な希望を与えてくれるように思うのです。

臨死体験が示す精神的変容

本章では、ケイシーのエピソードを中心に死者の魂との交流の様子をいくつか披露しました。死者の霊が、生前と変わらぬ様子で生き生きとしているのを知るのは何と愉快なことでしょう。たとえ私たちの愛する人たちがこの世を去ったとしても、それは肉体を脱ぎ捨てただけであって、霊的世界では生き生きと存在し、この世にいたとき以上に深く交流しているのです。あるいは私たちが、愛する人々を残して死んだとしても、霊的世界から見守ることができるのです。死後も私たちの本体が魂として存続すると考えると、生きるということに対して、この世に存在するということに対して、勇気と希望、そして喜びが湧いてきます。

また、エドガー・ケイシーの話を持ち出さなくても、ここ20年くらいにおける救急医療の急速な進歩のおかげで臨死体験をする人々が増加し、彼らが垣間見る不思議な世界への関心が高まるようになりました。

医者に臨終を宣言されて数十分後、あるいは数時間後に息を吹き返した人々が、自分が死んでから生き返るまでの様子を克明に覚えているのです。そして、それらの体験は、民族や国の違いを超えて、ほとんど共通しています。これは、現代社会に生きる私たちに、死後の世界を垣間見させてくれるものです。

彼らの共通の体験によれば、彼らは死の直後、自分の肉体の上のほうに漂っていき、自分の肉体を囲んで嘆き悲しんでいる人々の思いをありのままに感じるといいます。そしてしばらくすると、闇の中に浮かぶ光のトンネルに吸い込まれるように入っていき、気がつくと驚くほど美しい世界に立っているというのです。

しかし、背後から自分の名前を呼ぶ声に呼び戻されたり、あるいはあちらの世界の住人――多くの場合は亡くなった近親者や友人――が現れてきて、肉体の世界に戻るように諭されたりして、この世に戻ってきたというのです。

霊的世界の入口というのは、実際にそのような様子をしているのかもしれません。

しかし私にとってもっと重要だと思えたのは、臨死体験者たちに共通する人生観の転換です。

彼らは臨死体験を通して、自分が死後も存在することを深く信じるようになり、かえって今の人生をより美しく、より充実させて生きようという強い意欲が、心の深い部分から湧いてきたと言います。ある人はそれまでの無軌道な人生を改め、ある人はそれまでのお金中心の人生観を改め、福祉活動に目覚めるなど、生きることの素晴らしさや尊さを実感できるようになったと言います。

これこそ、現代の私たちが必要としている精神的変容ではないでしょうか。

現代社会は、青少年の非行問題や性風俗の乱れ、凶悪犯罪の増加といった苦悩に直面していますが、これといった根本的な解決策を見いだせないでいます。

しかし、「人間の魂は不滅である」という認識が人々の間に浸透するなら、それ自体が最も本質的な解決策の一つになることを、臨死体験は語っているように思います。

そしてケイシーの生涯と業績は、臨死体験と同質の精神的変容を、私たちにもたらし得ると私は信じています。

第4章・生まれ変わりと「カルマ」の秘密

ケイシーのリーディングがもたらすもの

欧米人の友人や知人から時々、「日本は仏教国だから、日本人は宗教的に輪廻転生を信じているんですよね」と質問されることがあります。

日本人が熱心な仏教徒であればそうかもしれません。しかし、現代の日本人の大半は、輪廻転生はおろか、魂の存在すら信じていない無神論者ではないかと思うのです。かくいう私も、40年前まではその一人であったわけですが。

日本の言葉には、「袖振り合うも多生の縁」だとか、「善因善果」「悪因悪果」「因果応報」など、生まれ変わりとカルマの法則を意味する言葉が少なからず存在しています。しかしながら、それらの言葉の背景にある輪廻転生を真実のものとして受け入れている人はごく少数です。大半の人は、陳腐な迷信くらいにしか考えません。

なるほど、私たちは前世を記憶していません。前世を記憶しているという人にも、めったにお目にかかりません。また、たとえ前世を記憶していると主張する人がいたとしても、私たちは相手にしないか、変人扱いするのが関の山でしょう。

肉体のどこを解剖しても、魂を見つけることはできません。科学の主張が正しいかに見えますし、哲学はとうの昔に魂を否定する側に回りました。わずかに輪廻の思想を守ってきた諸宗教は、輪廻に関して現代人の要求する実証データを提供することができず、私たちの人生を導く思想からは大きく後退してしまいました。

それどころか、一部の仏教は「仏陀は霊魂や輪廻転生を否定された」と主張し、霊魂や輪廻転生を否定することで、さも理性的な宗教を装おうとしています。

しかしエドガー・ケイシーの出現によって、このような状況は根底からくつがえされる可能性が出てきました。ケイシーはその驚異的な霊能力を駆使して、現代人をも納得させる非常に具体的な転生の証拠を提供し、前世の情報をもとに難病を治すなど、依頼者のさまざまな現実的苦悩を救済してきました。

ケイシーのリーディングには、懐疑的な現代人が要求する実証性・客観性が備わっています。ケイシーの業績を徹底的に調査すればするほど、私たちはケイシーの説く輪廻転生の信ぴょう性に心服させられます。むしろ科学的精神によって不自然な迷信をそぎ落とされただけに、非常に洗練された輪廻転生論を、そこに見ることができます。

しかも、ケイシーの業績はただ単に人間が霊魂として輪廻転生をくり返すということを客観的に示しただけのものではありません。

ケイシーのもたらした輪廻転生の情報の最大の意義は、人間として、一つの生命として、この宇宙に存在することの素晴らしさや崇高さ、神秘を我々に啓示し、悟らしめ、決して枯れることのない「存在の希望」で我々を満たすところにあるといえます。

私たちが人間としてどれほど惨めな状況にあったとしても、宇宙を創造した「至高な存在」は私たちに働きかけ、私たちを守り、私たちに「存在の神秘」を開示し、喜びの世界に導いてくれる。私たちがそのことを深く信ずることを、ケイシーの業績は可能にしてくれるのです。

ケイシーの言葉に従って人生を生きるなら、それは日々が存在することの神秘の啓示であり、崇高さを経験する道になります。あらゆる経験が――たとえそれがカルマに由来する病気であったとしても、あるいは人間関係の苦しみであったとしても、あるいは真理探究の苦悩であったとしても――私たちの魂の成長を促す機会であることを、ケイシーのリーディングは保証してくれるのです。

本章と次章はいわば本書の中核にあたります。

本章ではライフリーディングをもとに、ケイシーの説く輪廻転生とは一体いかなるものか、またケイシーのもたらした輪廻転生の情報は私たちの人生にいかなる意味を持ち得るのか。これらのことをじっくり検討してみたいと思います。
さらに次章では、私たちが魂の成長を求める上で避けて通ることのできないカルマと、カルマの癒やしについて扱うことにします。

ライフリーディングの信ぴょう性

これからケイシーのライフリーディングをもとに、輪廻転生とカルマについて考察するわけですが、私たちはまずライフリーディングがもたらす前世の情報が信頼に足るかどうかを検討する必要があります。ケイシーの主張する前世はいかなる方法で検証されるのか、前世があるとしても、ケイシーが透視するものが真実の前世を反映しているかどうか……これらの検証から入ることにしましょう。

最近は、前世を透視するという霊能者や占い師があちこちに現れています。もちろん卓越した能力を発揮する優れた霊能者もおられますが、インチキ霊能者も大勢いるので、その種の情報の信ぴょう性は、しっかり検証しなければなりません。

私が聞き知っているだけでも、イエスの弟子ヨハネの生まれ変わりであると言われた人が3

人いますし、アッシジの聖フランチェスコの生まれ変わりであると信じている人が2人います。

このうちの誰かの前世の情報が間違っているのは確かですし、おそらくは、全員がインチキな情報を得たというのが真相ではないでしょうか。前世の情報を鵜呑みにする危険性がここにあります。

いずれにしろ、前世の情報は、何らかの方法で信ぴょう性の裏づけを取ることが大切だと思います。

エドガー・ケイシーのライフリーディングを徹底的に研究した心理学者のジナ・サーミナラ博士は、次の6つの理由を挙げて、かぎりなく真実に近いと述べています。

①人の性格分析と生活環境の描写が、数千キロも離れた場所に住む全く面識のない人についても、非常に正確であったことが確認された。

（インドやトルコやイギリスに住む人のことについて、その人たちの住所と名前と生年月日をもとに正確なリーディングがなされた）

②人の職業適性や才能・能力に関する予測が、後年正確であることが確認された。

（生まれて間もない赤ん坊から5、6歳までの多数の子どもにリーディングを行い、成長後に発揮するであろう性格や才能が指摘され、後年、その予測の正しさが確認された）

③20年の長期にわたって一貫性があった。

（時間を隔てて行われた数百のリーディングに、実際的な一貫性があった。たとえば1回目と2回目のリーディングが10年以上時を隔てている場合でも、あたかも読みかけの本の続きを読むように内容的に連続していた。また、過去生で同じ環境を共有した人々に対してのリーディングは、内容的に矛盾がなく、互いに補完し合うものになっている。これを一人の人物の想像的産物とするのは、実質的に不可能）

④一般に知られていない歴史的事項も、後で史料にあたってみると、事実であることが確認できた。またリーディングによって新しい史料が発見された。

（有名な例では、1947年にエッセネ派と呼ばれる秘密教団の残した『死海写本』と呼ばれる古文書が発見された。ケイシーは1936年の時点で、エッセネ派の活動について詳しく述べ、この古文書に記載されている内容と一致していた）

⑤ライフリーディングによる指示に従う人々の人生に、有益で大きな変化をもたらした。（たとえば、人間関係のさまざまなトラブルや苦悩に対して、ケイシーは前世の情報をもとに、きわめて実践的で有用なアドバイスを与え、そのアドバイスに従った人たちは望ましい結果を得た）

⑥ライフリーディングに含まれる哲学あるいは心理学、宇宙論的思想体系は驚くほど完璧に近い一貫性を示している。

ジナ・サーミナラ博士の挙げた以上6つの理由の他に、私は次の2点もつけ加えたいと思います。

⑦ケイシーの透視能力は医学の分野において充分に実証されており、ライフリーディングに対しても充分な信頼性を期待できる。

⑧肉体上の疾病がカルマから来ていると指摘された場合、ケイシーの言葉に従ってカルマの浄化に努めることで病気を治すことができた。

（これは、前世が実際に存在すること、そしてケイシーのライフリーディングが、正しくその前世を捉えたと考えないかぎり、現象を説明することはほとんど不可能である）

ライフリーディングの真実性に関して、ここに挙げた理由のうちいくつかは、すでに第2章で取り上げました。ここでは第2章で触れなかったもののうち、読者にとって興味深いと思われるものをいくつか紹介します。

輪廻転生の真実① ヒュー・リンのケース

第1章でも紹介しましたように、エドガー・ケイシーがライフリーディングによって前世を語り始めたのは46歳のときでした。

この前世の情報に、ケイシー本人を含め、彼の周囲の人々は大いに困惑しました。ケイシーは、悪魔が自分に乗り移っているのではないかと真剣に悩み、リーディングをいっさいやめることすら考えました。しかし、リーディングがもたらす前世の情報は一貫して説得力があり、キリストの教えとも矛盾しないことを納得するにつれて、ケイシーたちは輪廻の思想を受け入れるようになりました。

そんなケイシー一家の中で、最後まで輪廻転生の考えを拒んだ人物がいました。ケイシーの長男ヒュー・リンです。

ヒュー・リンは、かつて失明しかけたところを父のリーディングによって救われた経験があり、リーディングの真実性を、身をもって体験した一人でした。しかしその彼ですら、前世の情報は受け入れがたかったのです。彼は熱心なクリスチャンだったので、キリスト教の教義に反する前世の思想を攻撃しました。

ところがある事件をきっかけに、彼は生まれ変わりを受け入れざるを得なくなりました。

当時ハイスクールに通っていたヒュー・リンは、ケイシーにこう主張しました。

「もし生まれ変わりが真実なら、どうして私たちはそれを思い出せないんでしょう。生まれ変わりが真実であるなら、それを私に証明してください」

私たちも聞きたくなるような質問です。すると眠れるケイシーは次のように答えました。

「輪廻転生を証拠によって証明することはできない。輪廻転生は経験によってのみ、真実であると知ることができる。あなたがハイスクールを卒業して、ワシントン&リー大学に進めば、そこで過去生の多くの仲間に出会うであろう。そうすれば生まれ変わりが真実であることを、身をもって体験するだろう」

そこで長男のヒュー・リンは、リーディングの情報が正しいかどうかを確かめる目的で、その大学に入学しました。入学後、しばらくすると彼にはガールフレンドができ、また気の合う親友もできました。そこでヒュー・リンは、自分のガールフレンドと親友の前世を調べてほしいとケイシーに頼みました。

眠れるケイシーは2人の前世のあらましを述べ、ヒュー・リンとどの時代の過去生で縁があったかを指摘しました。そして、面白いコメントをふともらしました。

「この男性は、先ほどの女性と、前世で恋人同士だったことがある。この2人を引き合わせるなら、お互いに強く惹かれ合うだろう」

前世を否定していたヒュー・リンは、これこそライフリーディングの真偽を確かめる絶好のチャンスだと思い、ある日、この2人を自宅に招いて引き合わせることにしました。もちろん2人にはリーディングのことは内緒にしてありました。もしも前世で恋人同士であるならば、すぐに互いに好意を示すだろうと思ったのです。

2人を紹介してしばらく3人で歓談しました。ところがヒュー・リンのガールフレンドがちょっと席を外したところで、親友はいきなりヒュー・リンにこう言いました。

「お前、どうしてあんなブスと付き合っているんだ」

また彼女のほうも、男友達が席を外している間にこう言います。

「あなたねぇ、あんな性格の悪い人と付き合っていると、将来ろくなことありませんよ」

前世で恋人同士だったとは思えないような発言です。このことがあって、ヒュー・リンは「やっぱりお父さんの生まれ変わりの情報はウソだった」と、しばらくは実験結果に満足していました。

ところが、3カ月もしないうちに、どうもガールフレンドの様子がおかしいことに気づきました。自分に対して妙によそよそしいのです。親友との仲もギクシャクし始めます。とうとうある日、「最近、態度がおかしいんじゃないか」と、親友を問い詰めました。

ヒュー・リンにあれこれ詰問され、これ以上秘密にしておけないと思った親友は、ついに観念してヒュー・リンに真実を告白しました。実は、彼はヒュー・リンのガールフレンドと、陰で付き合っていたのです。

さらにヒュー・リンのショックを上乗せするような事実が知らされました。彼らはなんと、ヒュー・リンの自宅に招かれたその晩に、こっそりとデートをして肉体関係まで結んでしまったというのです。ヒュー・リンの前では、互いに相手の悪口を言っておきながら、ヒュー・リンの家を出るとその足でモーテルに直行したのです。

このようにヒュー・リンは、自分の親友とガールフレンドを失うという大きな代償を払って、やっとリーディングの語る前世を本物だと認識するようになりました。

輪廻転生の真実②

少年ノアのケース

次の例は、2000件近くあるライフリーディングの中で、私が最も驚いたものです。

1941年7月、4歳の男の子が叔父に連れられて、ケイシーのもとにリーディングを受けにやって来ました。非常に利発な子どもであったので、どのように育てるのがその子どもにとって望ましいのか、ライフリーディングによるアドバイスを求めに来たのです。

眠れるケイシーはまず、その少年が占星学でいうところの星の影響力をすでに超えていることを述べ、それに続けて、一つ前の過去生として彼がスコットランドの宗教改革者トマス・キャンベルであったと告げました。そしてキャンベルであったときの生涯がひとしきり説明されると、次には、その前の過去生は旧約聖書時代の預言者の一人であるエリシャであったと告げられました。その時代の生涯が一通り描写されると、さらにもう一つ前の人生が明らかにされました。なんと彼は、ノアの箱舟で有名な「ノア」本人だったと告げられたのです。

正直なところ、ケイシーの情報に高い信頼を置く私ですら、このリーディングは受け入れ難いものがありました。ほとんど伝説上の人物であると見なされるノアが実在し、しかもその過去生を持つ少年がケイシーのリーディングを受けに来たというのですから。よほどケイシーの体調がおかしくて、正しくアカシックレコードに同調できなかったか、さもなければ、この叔父なる人物に対して借金などの負い目があり、彼を喜ばせるような前世を出してやろうとでも思ったのではないか、と私はいぶかりました。しかもノア以外の2人にしても、キリスト教世界では「超」がつく有名人です。

日本人の感覚でいえば「あなたの前世は、一つ前が徳川家康で、その前が空海、さらにその前が天照大神です」と言われているようなものです。私がすぐには信じられなかったのも無理はありません。

しかしながら、こういうケースにおいても大切なのは検証することです。幸い、この少年に関しては、その後の少年の成長を記した追跡レポートが存在していました。そしてそのレポートを検証することで、私の疑いは解消され、かえって「さすがケイシーのリーディングだ」と改めてリーディングの的確さを確認することになりました。

では、何が検証されたのでしょうか。それを理解していただくには、まずノアの箱舟の物語について、ある程度知っておく必要があります。

聖書によれば、ノアという人物が生きていた時代、地上の人々は非常に邪になり、堕落した時代になっていました。その様子を見ていた神は、人間を創造したことを悔い、大洪水を起こして地上から人間を一掃することを決意します。しかし、地上にわずかばかり残っていた誠実な人々を助けるために、あらかじめ警告を発して箱舟を作らせることにしました。そのような警告を受けた一人が、ノアだったのです。

聖書はノアによる箱舟の建造を詳しく記述しています。ノアは神が「大洪水を起こして人類を一掃する」ことを知らされると、神の声に従って箱舟を作り、そこに多種の動物を雌雄で入れ、また長い漂流期間を乗り切るために、たくさんの食糧を積み込みました。

こうして箱舟ができあがると、ノアとその家族は箱舟に入りました。するとどうでしょう、地上にはいまだかつて経験したことがないほどの大雨が降り始め、地上は瞬く間に大洪水に巻き込まれてしまったのです。そして約1年間の漂流の後、ノア一家は水の引いた新しい大地に降り立ったというわけです。

これがノアの箱舟に関する聖書の大まかなストーリーですが、現代人の多くは、アダムとイブの話を作り話であると考えるように、ノアの洪水の話も、たとえその物語の基になるような歴史的事実があったとしても、まさかノアという人物が実在したとは考えません。

まして彼が箱舟を作って洪水から逃れたなどという話はとうてい信じ難いことです。しかし、ケイシーはこれが真実の物語であると言うのです。しかも目の前の4歳の少年が、ノアの生まれ変わりであると告げたのです。驚くなと言うほうが無理でしょう。

さて、前世でノアだと言われた問題の少年ですが、彼は成長するにつれてノアの特徴を示し始めます。まず、大雨や大嵐が発生すると、何の兆候もない1週間くらい前からそれを予知し、両親に防災の備えをするように警告しました。また、小学校に上がるようになると、学校の成績は抜群なのですが、大雨や大嵐の日は家に閉じこもって決して外に出なかったそうです。まさに「ノア」です。

さらに興味深いのは、彼が大学を卒業してから就いた職業です。さすがノアらしいというか、ノアにふさわしい仕事を彼は選びました。なんと、彼はスーパーマーケットに就職したのです。

ノアがどうしてスーパーマーケットに結びつくかまだ疑問な方は、ノアが箱舟にたくさんの食糧を積み込み、約1年間も漂流生活を送ったことを思い出してください。スーパーマーケットも同じように食料品に囲まれているではありませんか。

前世で食糧を積み込んだ傾向が今回の人生に持ち越され、彼は無意識のうちにノアのときの人生と同じような環境を自分の周囲に形成したのです。

しかも彼はスーパーの経営がよほど適していたらしく、あれよあれよという間に大きなスーパーを経営するようになりました。これなどは、前世がどのような影響を今生に及ぼすかを見事に示した例と言えます。

輪廻転生の真実③ 肉体の障害を治したケース

次の例は、それ自体が前世の情報の真実性を前提にしなければ説明のできないような興味深い話です。

ケイシーのもとに、11歳の少年がリーディングを受けに親に連れてこられました。彼は2歳のときから寝小便をするようになり、そのことで両親は困り果てていたのです。

少年は、幼い頃は育てやすく手のかからない子どもでしたが、2番目の子どもが生まれたときから、毎晩欠かさず寝小便をするようになります。両親は最初、下の子どもが生まれたために「赤ちゃん返り」をしたのだろうと考えました。そこで両親は、その子どもにさまざまな形で愛情を伝えましたが、寝小便は依然として続きました。

ついに子どもが3歳になったとき、両親は精神科医に相談します。しかし、1年余り治療に通いましたが、いっこうによくならず、結局治療をやめてしまいました。

その後5年間、少年は毎晩1日も欠かすことなくベッドをぬらし続けました。両親はあらゆる有名な専門医に相談してさまざまな治療を試みましたが、全く効果を上げることはできませんでした。

少年は8歳になっても、寝小便が続いていました。両親はもう一度精神科を訪れ、2年間の治療を行いましたが、結局治りませんでした。

そして、少年が10歳のとき、両親はケイシーのことを知ります。ケイシーなら原因がわかるのではないか、息子を治せるのではないかと思い、リーディングを受けに来たのです。当時の少年は、毎晩寝小便をすることで性格が内向的になり、非常に低い自己イメージしか持てませんでした。

ケイシーは、この少年の寝小便は肉体の障害が原因ではなく、彼の前世に原因があることを告げました。彼は前世において、魔女裁判が盛んであった初期の清教徒時代に、アメリカのセーラムという地方で福音伝道師をしていたのです。信仰に熱心だった彼は、魔女の疑いをかけられた少女たちを椅子に縛りつけて池に沈める刑を積極的に行ったと言うのです。

少年は、そのときの人生で犯した罪を非常に悔い、生まれ変わってからも無意識の中で、深い罪の意識に苦しんでいたのです。

こうしてケイシーは、この少年の寝小便が前世のカルマに起因することを明らかにしました。それと同時に、まだ治る見込みがあることを告げ、次のような治療法を勧めました。

少年が夜、眠りに入る5分くらいの間、少年の耳元で暗示を与えることを勧めました。暗示の内容は、少年の罪の意識に達するような、精神的・霊的内容のものでなければならないとされました。

ケイシーによれば、この種の暗示療法の有効性は11歳くらいまでが限度であり、それ以上の年齢になると、効果が薄くなるということです。

しばらく、両親は暗示を与えてくれる催眠療法家を見つけることができずにいましたが、その間にも、少年の寝小便は止まりません。ついに両親は、彼ら自身で暗示療法を試みることにしました。

ある晩、彼らはベッドのそばに座ると、子どもが眠りに入るのを待って次のような暗示の言葉を、低い単調な声で語りかけました。

「あなたは親切で立派な人です。あなたは多くの人を幸福にするでしょう。あなたはあなたが接するすべての人を助けます。あなたは親切で立派な人です」

こうして同じような意味合いの言葉を、表現をいろいろと変えながら、眠っている少年の耳元で5分間囁(ささや)きました。すると驚いたことに、暗示を与えたその晩、少年は9年ぶりに寝小便をせずに済みました。

この結果に勇気づけられた両親は、それから数カ月間毎晩この暗示を与え続けました。その間、一度も寝小便はありませんでした。そして暗示の回数も1週間に一度で済むようになり、ついにはその必要もなくなりました。少年は完全に寝小便を克服したのです。

心の深層に届ける暗示

この例には、私たちが注目すべきいくつかの興味深い点があります。

第一に、この暗示を与えた最初の晩に、9年来の寝小便がピタリと止まったこと自体が不思議であるということです。

第二の注目すべき点は、暗示が「寝小便をしない」といった直接的な類のものではなく、子どもの深い意識に向けたものだったことです。つまり、セーラムの前世から持ち越してきた罪の意識に向けられたのです。少年は自分が過去生で水浸しの刑を執行したために、今度は自分自身が寝小便という形で復讐を受けていることを無意識に認めていたのです。そしてその無意識の心に、暗示は達したのです。

暗示は心の深層に届き、彼の罪が社会奉仕などによって償えることを保証し、それ以上復讐の必要がないと伝えることに成功しました（人生のさまざまなトラブルを解決する一つの方法として「前世療法」が注目されるようになりましたが、このリーディングは、まさに前世療法の原型であると言えます)。

この少年はそれ以来、よく周囲に順応するようになり、人から好かれ、よい学生になり、優れたリーダーになりました。それまでの内向的な性格は望ましい形で矯正されたのです。

その後の追跡レポートによると、青年になった彼は他人に対してまれなほどの寛容な性質を持つようになり、特に、他人のどのような性格上の欠点に対しても、必ず相手の立場になって思いやり、相手のために何らかの弁明を見いだすような青年に成長しました。さらに、大学卒業後は弁護士になり、仕事の上でも弱い立場の人々を助ける優れた人物になったそうです。

罪の重さとカルマの関連性

さて、鋭い読者はここで次のような疑問を持つかもしれません。一つは、前世で人に拷問をした人物が、今回の人生では寝小便で仇を取られる。これは、どう考えても釣り合わないという疑問。もう一つは、寝小便という形で罪を償っていたのに、それを治してしまうと、罪を償う機会を奪うことになるのではないか、むしろ苦しむままにさせておくほうが、結局は彼のためになるのではないか、という疑問です。

これはカルマとカルマの癒やしに関する重要なテーマであり、次章で詳しく扱いますが、ここでは最初の疑問に対して次の点だけ指摘しておくことにします。

まず、2歳から11歳までの9年間寝小便が続くということ自体、決して生やさしい体験ではないということです。そのことはケイシーの「もしこのまま治療が遅れていたなら、彼の人格は破壊されてしまっただろう」という言葉に表れています。

人格が破壊される寸前まで、彼は罪を償っていたのです。また、カルマの大きさを決定するのは、行為そのものよりも動機にある点をも考慮に入れる必要があります。

少年の前世での行為は、ある意味で当時の社会的慣習に従うものでした。それゆえに行為の面からすれば大きな罪ではありましたが、普遍的な正義の観点からすれば情状酌量の余地があり、結局は寝小便（ただし9年間）という形で償うことを許されたと考えられます。

あるいはもっと前の前世で、非常に高い徳を積んでいたということもあるかもしれません。その徳がそのときの罪を減じることに寄与したのかもしれません。

なぜなら少年は人格が破壊される寸前でケイシーによって救われることになりましたが、このような幸運は、よほどの恵みがなければ起きないからです。

実用性・有用性から見たケイシー・リーディングの信ぴょう性

私は①〜③の3つのケースを詳細に解説することで、ケイシー・リーディングの信ぴょう性を示すことを試みました。個々人の人生において、ライフリーディングのもたらした情報がどれほどその人たちの人生に密着したものであったか、おわかりいただけたと思います。

しかし、ケイシーのライフリーディングの信ぴょう性を証するものはこれだけではありません。その内容の道徳的・倫理的な質の高さや実用性・有用性ということも信ぴょう性を証するものとして重要な要素です。

たとえば、「あなたは前世で○○という名前であり、そのときの記録は○○寺の過去帳に記載されている」という情報があったとしましょう。確かに事実かどうかの判定は比較的容易です。しかしそれだけでは依頼者の人生に有益な影響を及ぼし得ません。まして、そこから自分の人生に役立てられる知恵を得たいと思っている今の私たちには、全く無意味な情報です。

しかし、もしそこに人間の苦悩に対する明解な解答があり、今の私たちの人生に適用して豊かな報酬をもたらす知恵があるなら、それこそ重要なことであり、私たちが求めなければならないのもそのような情報です。それについてケイシーは次のように述べています。

あなたが生き、死に、そして祖母の庭にある桜の木の根本に葬られたということを知ったからといって、それだけであなたがほんの少しでもよき隣人、よき市民、よき母、よき父になれるというわけではない。

しかし、もしあなたが過去生において、不親切な言葉を吐き、それによって苦しんだことがあり、現在それを高潔に生きることによって正そうとするならば——それこそは価値のあることである。

正義とは何か？　つとめて親切であること、高潔であること、自己犠牲の心を持っていること、目の不自由な人の目になろうとすること、足の不自由な人の足になろうとすることである。これこそが建設的な体験である。

あなたは前世について知ることはできるであろう。なぜなら、転生は真実であるからだ。いかにしてそれを証明するか？　あなた自身の日々の生活においてである！

（5753—2）

実用性・有用性という点で、より具体的なケースをケイシーのリーディングから引用するなら、次のような例が挙げられます。

学歴による劣等感を持っている若い男性に与えられたリーディングですが、彼は自分が短期大学しか卒業していないことに強い劣等感を持っていました。そのため自分より高学歴の人々の中にいると妙に萎縮し、引け目を感じていました。ところが因果なことに（あるいはカルマの仕組みからいえば当然のことですが）、仕事柄どうしても大学教授たちと会わなければなりませんでした。否応なしに劣等感を刺激される環境にいたのです。劣等感を隠すためにがむしゃらに仕事に励み、ビジネスで大きな成功をつかむのですが、それでも学歴に対する劣等感を拭うことができないでいました。

この若い男性に対してケイシーは、次のような意味のリーディングを与えました。

「人を学歴で判断しているかぎり、学歴によって判断される。イエスは『あなたが量る同じ秤にて、量り返される』と言われた。人生において大切なのは学歴ではなく、その人の掲げる理想の高さである。イエスは誰を弟子にしたか。その当時のエリートであった律法学者であっただろうか。むしろ漁師を弟子にされたのではなかったか。自分の学歴の低さを嘆く前に、理想の低さを嘆きなさい。神の前に堂々と出せるほどの高い理想を持ち、それに向かって努力するなら、人生において何を恥ずることがあろう。神があなたを最もふさわしい仕方で用い給うであろうから」

　また、ほぼ同じような境遇の別の男性には、次のようなリーディングが与えられました。

「あなたはギリシャの前世で高い学問を積んだ。しかしながら、あなたは学問ゆえに、あなたより学問のない人を見下して人々に失望を与えた。それゆえに今生では、学歴ゆえに見下される苦悩をあなた自身が味わっているのである。今回の人生では、自分の得た知識を、あなたの目の前にある機会の中で、奉仕的に役立てるようにしなさい。そうすれば自分に対して本物の自信が育ち、そのような不安から解放されるだろう」

　同様のリーディングは他にも探すことができますが、大切なのは、これらのリーディングの依頼者はケイシーのアドバイスによって大いに慰められ、鼓舞激励され、自分の人生を一段高い視点から、非常に健全でポジティブに捉えられるようになったということです。

　さらに重要なことは、ケイシーがライフリーディングの中で与えたこれらのアドバイスは、同様の悩みを持つ現代の私たちにも等しく働きかけ、私たちをさまざまな苦しみや悩みから救い出してくれるということです。

輪廻転生とカルマが今世に与える影響

さて、いくつかのケースを検討することで、ケイシーのライフリーディングが輪廻転生を知る上で非常に信頼のおける情報源であることを示しました。

「人間は永遠不滅の魂として輪廻転生をくり返し、過去においてどのような生き方をしたかが今の人生に影響し、今の人生をどのように生きるかが次の人生に影響する」

これらのことを知るだけでも、私たちの生き方は大きく変わってきます。

しかし、ケイシーが明らかにした輪廻とカルマのパターンをもっと具体的に知るなら、私たちはそれだけ生きることの意味を深め、人生に現れるさまざまな試練にも、よりよく対処していけるようになります。

ここでは輪廻転生とカルマの法則の中でも、「慣性の法則」と呼べそうな実例、つまり、前世で培ったさまざまな傾向が今生においても継続される例を見ていくことにします。そして次の章で、より懲罰的側面の強いもの（いわゆるカルマ的なもの）を見ていくことにします。

水を吐く赤ん坊——アルコール依存症で死んだ女性

子どもを産んで間もない若い女性が、ケイシーの元にリーディングを求めに来ました。赤ん坊に水を飲ませようとすると必ず吐き出してしまうというのです。

リーディングが明らかにしたところによると、その赤ん坊は直前の過去生でアルコール中毒により死んだということでした。そのため、生まれ変わっても前世の意識が強く表れ、アルコールを欲しがっていたのです。ケイシーはユーモアを込めて「水っぽい酒は嫌いなのだ」と告げました。

赤ん坊のときに泣く（前世の記憶）

赤ん坊は「泣くのが仕事」などといわれます。しかし、時には私たちの常識では計り知れない理由で泣く場合があるようです。

ある女性は、ケイシーから「あなたは2歳になるまで激しく泣いて、両親を手こずらせましたね」と言われました。ケイシーによると、彼女は直前の前世で2歳のときに亡くなり、その記憶があるために、2歳になるまで恐怖でよく泣いたというのです。

別の女性は、「この人は、第二次世界大戦のとき、空襲で亡くなった。そしてもう一度生きたいと強く願ったために、死んですぐ生まれ変わってしまった。それゆえに、空襲で亡くなったときの恐怖が生々しく残っており、そのためによく泣いたのである」ということでした。

死んでから生まれ変わるまでの期間が短いと、過去生の記憶が生々しく残るというケイシーの説明も興味深いですが、すぐに生まれ変わりたいという願いが実現したというのも面白い話です。

キャンプ生活を求める都会人（前世の環境を求める）

ケイシーの知り合いで根っからの都会人がいました。生まれも育ちもニューヨークで、彼の兄弟姉妹も同じでした。ところがどうしたわけか、その家族の中で彼だけ、山に登ったりキャンプをしたりしたいという欲求が定期的に湧いてきました。ケイシーによれば、彼は直前の過去生がアメリカインディアンであり、そのために、時々本能的に前世の生活で馴染んでいた環境を恋しく思い出すということでした。

またある女性は小さい頃から一度も行ったことのないニューメキシコに憧れていました。リーディングによれば、彼女はニューメキシコで幸福な生涯を2回送っており、そのために今回の人生でもその土地に惹かれるのだということでした。実際、彼女は後にニューメキシコに移り住み、そこでホテルのマネージャーをして心身共に充実した生活を送ったそうです。

超然とした性格の少年——4回しか転生したことのない科学者

ケイシーによると、地球に転生している人間のほとんどは数十回以上の転生をくり返しているということですが、ごくまれに転生の回数の非常に少ない魂がいます。

ある少年は、リーディングによって「わずか4回しか転生していない」と言われました。そして、転生の回数が極端に少ないために「地球の生き方にあまり馴染んでいない。そのため人からは超然としているように見られてしまう。また実際、他人のことに冷淡になりやすい」と指摘されました。

私たちの周りにも何を考えているのか理解不能な人を時々見かけますが、私はそんなとき「彼（彼女）は転生の回数が少ないから仕方ないんだよ」と思うことにしています。

つけ加えるなら、この少年は4回とも科学者として人生を送ったので、今回の人生でも機械や電気に興味を持つだろうと言われました。そして、やはりその少年は大学卒業後、電気技師になりました。

神を否定し続ける男性——宗教に失望

ケイシーの身近に、徹底した無神論者がいました。彼の前世に興味を持った人が、リーディングにその原因を尋ねました。それによると、彼は前世で十字軍の遠征隊に加わり、エルサレムの奪回に参加した一人でした。しかし、聖地を奪回するという聖なる目的の裏で、宗教指導者たちの目に余る乱交、不道徳な行為を目撃し、宗教に大きな失望を感じ、それ以来宗教を毛嫌いするようになったというのです。

また、全く逆のケースとして、宗教的に非常に寛容な女性がいました。彼女のライフリーディングによると、彼女はキリスト教とイスラム教との間で宗教戦争がしばしば行われている時代に生まれていました。イスラム教徒の人々と接したところ、彼らが人格的にも非常に高潔で、高い道徳的な生活を送っていることを経験し、それ以来、他の宗教にも優れた点があることを認めるようになったのです。

私も時々徹底した無神論者に遭遇することがありますが、この二つのエピソードは彼らへの接し方を私に示唆してくれます。

人を信じない青年——前世でひどい拷問にあう

ある28歳の青年がリーディングを受けました。彼は非常に勤勉で勉強好きでしたが、あらゆる種類の圧迫に憎悪を持っていました。リーディングによると、彼は魔女狩りの行われていた時代にセーラムに住んでおり、魔女の疑いをかけられた人を弁護しようとしたところ、狂気に

から れた民衆によって撲殺されたか、あるいは拷問を受けたようでした。そのために、自分の本心を人に打ち明けることを怖がるようになり、また絶えず人を疑うようになってしまったのです。

男性不信の女性——十字軍時代に残された女性

容姿や物腰が非常に男性的な女性がいました。リーディングによると、彼女は二つ前の前世で、十字軍時代のイギリスに生まれたということでした。そして当時の女性の多くが味わったように、彼女も夫が十字軍の遠征に出たために、家に残され、自分の生計のために闘わなければなりませんでした。彼女は、同じ境遇にある女性の悲惨な状態を見て、勇気を奮い起こし、互いを守るための自治組織を作りました。それ以来、彼女は男性を信用しなくなり、さらに男性的で攻撃的な性格を培うようになりました。

その結果として、彼女は次の転生では実際に男性に生まれ変わります。そして今回の人生では再び女性に生まれ変わるのですが、男性に対する不信が持ち越され、なおかつ、直前の男性の傾向の多くを肉体的にも引き継いで来たということでした。

人種差別をする人――前世で黒人に撲殺される

ある農民で、黒人に対して根深い憎悪を持つ男性がいました。彼は個人的には黒人と何のトラブルもありませんでしたが、黒人全体に対して奇妙な憎悪を持っていました。リーディングによると、彼は前世において黒人に捕えられ、苛酷な労役を科せられ、最後には一人の黒人によって撲殺されたといいます。その前世以来、彼は黒人に対していい知れぬ敵意を持ち、一時期「白人主権協会」なるものを設立したほどでした。

また、非常に強い反ユダヤ感情を持っている女性がいました。リーディングによると彼女はかつてパレスチナにサマリア人として住んでいたことがあり、しばしば隣人のユダヤ人たちとひどい喧嘩をしていたのでした。その傾向が今生に持ち越されていたのです。

興味深いのは、２人とも自分の人種的偏見を表すのにふさわしい環境に生まれたということです。しかしそれと同時に、人種的偏見は彼らの精神的自由をも奪っています。もし私たちの中に説明しがたい差別意識があったとするなら、それは前世に何らかの理由が見いだせるかもしれません。いずれにせよ、差別意識を許しているかぎり、心の自由は犠牲になります。

非社交的な男性――沈黙の修行をした人

医者で、とても非社交的な人がいました。口下手で、なかなか人とうち解けて話すことができません。リーディングは、彼が前世でクエーカー（キリスト教の一種）教徒であり、宗教上の修練の一つとして、「沈黙の行」を行ったと指摘しました。過去生において無理矢理に口を使わないようにしたために、今回の人生では、思うように口が使えないというカルマが生じたのです。たとえ宗教的な修行であろうとも、建設的な目的を持たない修行は、かえってマイナスであることをこのケースは示しています。沈黙するべきことは「悪口、うわさ話」に対してであって、人を勇気づけたり、希望を与えたりする言葉は、積極的に口に出すべきなのです。

同性愛者である自分を恥じて恐れる――同性愛者を風刺（ふうし）していた

キリストの言葉に、「汝、人を裁くなかれ。汝が裁かれんがためなり」というものがあります。ここで紹介する同性愛のケースは、この言葉がいかに深い教訓を含んでいるかを教えてくれます。

ピアニストとして非常に有能な青年がいました。ピアニストとして将来を嘱望されていたのですが、彼には一つだけ恐れていたことがありました。それは同性愛に対する強い衝動があったということです。

リーディングは、彼がフランスに転生していたときの過去生に、その原因があることを指摘しました。彼は、同性愛者を、持ち前の絵画の才能を使って面白おかしく風刺し、スキャンダルとして暴露することを楽しんだのです。

「かつて他人の中に見つけた弱点を、今、あなた自身が自分の内で摘み取っているのだ」とケイシーは告げました。

今では、同性愛は人の欠点などではなく個性や特性として理解が広がっていますが、残念ながらまだ十分とは言い難いのが現実です。だからこそ、まだ周りや大切な人に打ち明けられず苦しんでいる人もいるでしょう。

同性愛にかぎったことではありませんが、人の弱点を暴き立てることは、そのまま自分の弱点になるというのです。ワイドショーなどでは、しばしば他人のスキャンダルが面白おかしく取り上げられていますが、転生とカルマの法則に照らすなら、愚かな行為と言わざるを得ません。

また同性愛の別のケースとして、転生のサイクルの中で性を変えたような場合に、しばしば同性愛的傾向が生まれることが指摘されています。たとえば女性に連続して生まれ変わってきた魂が、いきなり男性に生まれ変わると、そのときの人生ではまだ女性的な傾向が強く残っているということです。もちろん、すべての人がそうだというわけではないのですが、これは同性愛者を理解する上で、大きな示唆を含んでいるでしょう。

その人生ではその性で学ぶべき課題があることを認識することが重要なのです。

刃物恐怖症――刃物で拷問を受けた人

私たちが日常の中で遭遇する前世の影響として、いくつかの恐怖症が挙げられます。たとえば、前世で刃物による拷問を受けた人は、刃物に対して異常なほどの恐怖心を覚えますし、高いところから落下して死んだ経験のある人は、高所恐怖症に悩まされます。

ある男性は、海を非常に怖がるところがありましたが、ケイシーによるとその男性はアトランティス大陸が沈没するときに溺死し、そのために海に対する言いようのない恐怖を抱くのだということでした。

若ハゲの男性――修道士として髪を剃る

男性にとって、髪の毛が薄くなるのは肉体的な衰えを示しているようで、精神的にもつらいものがあります。もちろん、外見に対する執着を超えて堂々としている人もおられますが、多くの人は、なかなかそうはいきません。

ケイシーのリーディングを調べてみると、若ハゲの原因として非常に興味深いものがありました。

ある男性が、ケイシーに自分の髪が薄い理由を聞いたところ、生来的に甲状腺の働きが弱いのが原因である、と言われました。そこでその男性は、たたみかけるように次の質問をしました。「なぜ、私は生まれながらに甲状腺の働きが弱いのでしょうか」。するとケイシーは、彼が中世においてカトリックの修道士をしており、そのとき、宗教上の理由で髪の毛を剃っていたことを指摘しました。それに続けて「かつて髪の毛を粗末にしたので、今、それが欲しいときに得られないのだ」と告げました。

これは人間の美しさ全般に言えることですが、自分の外見に無頓着であれば、次の転生ではそれなりの容貌になってしまいます。逆に、今回の人生で自分の肉体を健全な美しさに保つ努力をするなら、その努力は、将来の転生において実を結ぶことになります。ただし、内面の美しさをおろそかにすれば、外見の美しさはすぐに色あせてしまうことも忘れてはなりません。

自信喪失――文芸評論家として人の自信を喪失させる

陸軍大尉をしていた27歳の青年のケースですが、彼はひどい劣等感に悩まされていました。リーディングによると、彼は前世で文芸評論家をしており、自分の気に入らない作品を容赦なく痛烈に批判し、多くの人々を自信喪失に追い込みました。そのカルマとして、今度は自分自身が自信を喪失することになったのです。

イエスの言葉に、「人は蒔いたものを刈り取る」という戒めがありますが、彼の場合がまさにその例でした。

私たちも人に接するときは、その人の才能を讃え、あるいは能力を発揮させるように導いてあげることが、結局は自分の才能や能力を高め、引き出すことにつながるのです。人を讃えれば、人から讃えられるようになり、人を失望させれば、今度は自分が失望させられる。さて今日は、いかなる種を蒔くべきか――。

胃弱――美食のカルマ

35歳の男性のケースですが、彼は小さいときから胃腸が極端に弱く、消化のよい物を、それもごくかぎられた組み合わせでしか食べられない体になっていました。しかも、咀嚼（そしゃく）に数時間かけなければいけないということで、日常生活にも非常な不便を経験していました。

リーディングによると、彼は連続した2回の前世で美食に耽ったのだそうです。特にルイ13世の時代に王室衣装部の顧問であった人生では、日常的に贅沢な料理に接し、美食に明け暮れました。その結果として、彼は今回の人生では食を慎まなければならなくなったのです。

これは粗食を勧めているわけではなく、過ぎたる美食、飽食を慎むことを勧めているのです。また美食は、さまざまな事情で充分なものが食べられない人々や、飢餓に苦しむ人々に対して間接的な罪を犯していることにもなります。

日本にも江戸時代末期に水野南北（みずのなんぼく）という超人的な人相見が現れましたが、南北師は、運命学を追求した結果として、食を慎むかどうかが運勢の吉凶禍福（きっちょうかふく）を左右することを見いだしました。そのため彼は弟子たちと一緒に定期的に托鉢乞食（たくはつこじき）に出ては食を慎んだそうです。現代人の特に考えるべきところです。

物事の中途で挫折する——自殺のカルマ

ケイシーのライフリーディングの中には、自殺に関するものがいくつかあります。

47歳のある女性のケースですが、彼女は今回の人生で2度の結婚を経験しました。最初の結婚では夫と死別し、2度目の結婚では結婚生活がうまくいかず、結局離婚することになりました。彼女は、自分の結婚生活がうまくいかない理由をリーディングに問いました。

それによると、彼女は前世において夫が何らかの理由で社会的な名誉を失ったときに、2人目の子どもがまだ生まれて間もないにもかかわらず、それを苦に崖から投身自殺したのでした。

リーディングは、たとえ夫が社会的な名誉を失墜した場合であっても、彼女が妻として夫を支えるべきであったこと、2人の子どもを養育するという責任を果たすべきであったことを指摘しました。そして自分の義務を放棄し、夫と2人の子どもに与えた絶望と苦しみゆえに、今回の人生では彼女自身の結婚生活がうまくいかず、現在のようなうつ状態にあることを指摘しました。

仲の悪い母と娘――一人の男性をめぐり競う

ケイシーのリーディングを調べていると、しばしば家族という単位が、前世のカルマを解消する場に選ばれているのを見ることがあります。

ある仲の悪い母と娘がおり、その理由をケイシーに尋ねました。リーディングによれば、この2人は、前世において姉妹の関係であったのですが、一人の男性を巡って争った間柄であることが指摘されました。その結果として、2人は互いを憎み合うようになり、それが今回の人生に持ち越され、あろうことか今度は母と娘の関係に生まれたのです。

通常の感覚であれば、憎んでいる相手の娘としてわざわざ生まれてくることもないと思います。しかし魂は、私たちの意識よりもはるかに高次の視点から判断するということを考慮に入れるなら、自分たちの間にあるカルマ的な憎しみを克服することを魂が望み、その結果として困難な選択をさせたのであろうことが理解されます。

実際私たちも、親子兄弟といった身近な人間関係が、前世のカルマを克服する場に選ばれていると思われるケースにしばしば遭遇します。ここで大切なのは、魂は人間関係をさらにこじれさせようとか、さらに憎しみや怒りを増大させようとして、そのような厳しい環境を選択することはないということです。むしろ前世のカルマをその人生で充分解消できることを見込んで、困難な選択をしたということを再確認すべきなのです。

名前に惹かれる魂――前世と同じ名前に生まれる

これは必ずしもカルマ的な話ではありませんが、ケイシー・リーディングの中に見られる興味深い例としてご紹介します。

あるとき、ケイシーのもとに、姓をシーイという若い夫妻がリーディングを受けに来ました。リーディングによると、夫は直前の前世の姓が同じ「シーイ」であり、その妻はかつてこの男性の娘であったということでした。そのときの前世では、この女性が子どものときに2人とも結核で亡くなりました。魂の当初の予定よりも早くに死んでしまったので、そのときの転生で学ぶべきことを完成できていなかった2人は、再び地上に生まれ変わって、今度は夫婦として人生をやり直すことを選択したというのです。その際、自分が生まれ変わってきた目的を忘れないようにするために、男性は前世のときと同じ名前に生まれることを選択し、また女性はその名前によって自分の結婚すべき相手を（魂レベルで）知ったのです。

この種の不思議な例はリーディングの中にいくつか存在し、たとえばケイシー自身、連続するある2回の人生で同姓同名であったとされます。

私たちの名前にも、魂の目的を思い出させるような何かがあるのかもしれません。また、子どもに名前をつけるとき、親は自分の選択でつけていると考えますが、実際には子どもが霊的なレベルで親の意識に働きかけ、自分の求める名前を選択させているのかもしれません。

第5章 ● 魂を磨くカルマの本質と克服

前章に引き続き、本章でも転生とカルマの様子を検討していくことにします。ここでは特に、いわゆる「カルマ」（懲罰的側面の強いもの）に相当する実例を見ていくことにします。

そしてこれらの実例を通してカルマの本質を考察し、さらにカルマを克服する方法をケイシーのリーディングに求めてみようと思います。

暴力と惨殺のカルマ

貧血の青年

子どものときから貧血で悩んでいた青年がいました。父親が医者であったためさまざまな治療が試みられましたが、ほとんど効果はありませんでした。リーディングは、5回前の前世であるペルーでの出来事に原因があることを告げました。

その青年は、ペルーでの前世において暴力的なクーデターを起こし、国の支配権を奪って統治者の地位に就いたのです。そして、多くの人々の「血」を流すことになりました。それゆえ今回の人生では、罪を償うために自分の肉体を犠牲とすることが選ばれ、「血」の足りない体に生まれついたのです。

読者の中には、多くの人を殺しておきながら「貧血」というまことに不釣り合いなカルマで終わっていることに、失望を感じた方がいるかもしれません。「人を殺したのであれば、その人自身が殺される目にあわなければ不公平だ」「犯した罪の重さに比べて刑が軽すぎる」。私もそのような心情に共感するのですが、霊的法則には、私たちの心情とは次元を異にする判断基準が存在するようです。この青年の場合も、彼自身が殺されるよりも、極度の貧血によって生涯病身であることが懲罰として適していると判断されたのでしょう。

霊的基準が懲罰に対して手ぬるいということは決してありません。私たちの内面にある精神的低劣さは、本人にとって驚くほど厳しい懲らしめを本人にもたらします。

嘲笑のカルマ

小児麻痺

リーディングを受けた当時、この女性はすでに45歳になっており、3人の子どもがいました。彼女は36歳のときに小児麻痺にかかり、それ以来、歩行不能になっていました。

リーディングは、このカルマの起源が古代ローマ時代の前世にあることを明らかにしました。この人は王族の一員で、暴君ネロと緊密に連携してキリスト教徒を迫害したのです。それゆえに、「この人は、コロシアムで猛獣と闘わされ足が悪くなった人に、嘲笑を浴びせた。それと同じことが今度は自分の身に起こっているのだ」

カルマの懲罰は手ぬるいと思っていた読者は、よくお考えになるといいでしょう。人をあざ笑っただけで、これほど大きなカルマを負うことになるということを。

嘲笑のカルマはまだ続きます。

交通事故

15歳のときに交通事故にあった少年は、交通事故の後遺症でその後の人生を車椅子で過ごさねばなりませんでした。彼のケースは、いろいろな意味でカルマについて深い示唆を含んでいるので、少し詳しく解説します。

彼の直前の前世は、アメリカ独立戦争のときの兵士であり、戦いの中に身を置いていました。その人生では、困難な状況に遭遇しても、快活さと忍耐で、最善の克服をしたと、ライフリーディングは評価しました。それによって彼は精神的にも霊的にも成長することができたのです。

彼が半身不随というハンディキャップを負うことになる前世の理由は、それよりさらに前のローマ時代にありました。彼は捕えられたキリスト教徒と闘技場で戦うことを楽しみとし、何の抵抗も示さずに屈する人々に嘲笑を浴びせたのです。

「そのために、今度は自分自身が同じ苦悩を味わうことになり、自らの苦しみを軽んじなければならなくなったのである」


リーディングはこのように説明しました。ここに、カルマの重要な側面が表れています。この男性の嘲笑のカルマは、ローマ時代に作られました。しかしその過去生から今回の人生までの間に少なくとも、もう一つの過去生があります。

「ローマ時代のカルマはなぜ直後の人生に表れず、今回の人生に表れたのでしょうか」

という男性の質問に、ケイシーは次のように答えました。

「直後の人生に表れていたなら、あなたはその重荷に耐えられなかった。それゆえに、次の人生ではカルマを償えるほどの精神力を鍛えることに費やされたのだ」

ローマ時代の直後の人生で自分の罪を償おうとしても、それでは彼にとってあまりに荷が重すぎたのです。ケイシーはこの種の状況に対してしばしば、「たとえあなたが重荷を引き受けようとしても、神がそれを許し給わない」という言葉で説明しました。

魂が成長するまで、カルマの負債は延期されるのです。何という高い配慮でしょう。

すなわち、現在の人生において何らかの身体的な障害を持っている人たちは、たとえそれが前世のカルマによるものであったとしても、それを背負うことを神に許されるほど精神的・霊的に成長した魂であるということです。

同じことが、ハンディキャップを負う子どもを引き受ける両親に対しても言えます。

ケイシーは先ほどの青年の両親に対して、そのような子どもを育てることが無目的ではないことを説き、むしろ宇宙が両親に高貴な魂の世話を信頼して任せたのだと告げました。

「あなた方は、この暗い世の中において、人々に多くのものを与えるであろう偉大な魂の養育を任されたのである」

実際、この少年のケースに関して、ケイシーは次のようなリーディングを残しています。

「彼は、多くの人々にとって祝福となるであろう。彼を群衆の中のただの一人だと思ってはならない。彼は、神がその目的と願いをご覧になり、他の人々が希望の光を見つけられるよう、自らを人々への奉仕として、希望として、与えたのである」

このリーディングを裏づけるかのように、この少年の精神は肉体のハンディキャップに屈することはありませんでした。

彼の母親は手紙にこう記しています。

「この経験（交通事故）によっても、彼の魂はいささかも挫かれることがありませんでした。彼はこれまでそうであったように、強い精神力を持ち、自分のエネルギーを常に価値のある水路に導いています。彼はユーモアがあり、人を楽しませます。彼の毎日はいつも活気にあふれています。彼は人の同情を引くことも、同情を期待することもありません。彼は自分の人生を自分で切り開いているのです」

彼は自分自身を人生の犠牲者だと見なすことは決してありませんでした。大学を卒業するとカリフォルニアに移り住み、そこで友人や仲間に囲まれながら精力的に活動しました。

母親の最後の手紙にはこうありました。

「彼は、私がこれまで接したあらゆる人物の中で、最も素晴らしい人間の一人に成長しました。彼はどのような状況にあろうと、常にそれをよい方向に導く力になっています」

結局のところ、我々の未来は、現在置かれている状況の中で、いかなる行動を選択していくかにかかっているのです。

一方、カルマが延期されるという考え方は、健常者に大きな不安を招きます。なぜなら、たとえ今、五体満足に生まれつき、順調な人生を送っていても、カルマの負債を持っていないことの保証にはならないからです。それどころか、カルマが私たちの内に潜在し、将来の転生でそれを受けるかもしれないのです。

しかしながら、ケイシーの説く輪廻転生とカルマを深く理解するなら、その恐怖すらも克服することが可能になります。なぜならケイシーのリーディングは、私たちが今回の人生を霊的な意味において有意義に送るなら、かつて犯したであろう罪を償うことが可能であり、未来の人生において請求されたかもしれないカルマの負債を、この人生の生き方によって返済することが可能であることを保証してくれるからです。

また、私たちにどのような運命が割り振られようとも、究極的な意味で私たちは宇宙の高い摂理に導かれ、守られていることを確信することができるからです。宇宙の摂理に対する絶対的な信頼は、私たちに安堵を与えてくれます。

いずれにせよ不確実な未来に怯える必要はなく、むしろ永遠の魂という広大な視点に立って、今、この人生を有意義に生きることに集中すればいいのです。どのみちそれ以外にカルマから逃れる方法はないのですから。

肥満

太りすぎに悩む18歳の女性のケースです。

最初にフィジカルリーディングが行われました。それによると内分泌腺の働きに異常があり、それが肥満の原因になっていることが指摘され、カルマ的な原因も探られました。

　彼女は二つ前の前世において有能な運動選手だったようですが、彼女ほど敏捷（びんしょう）でない太っている人々をあざ笑うことがたびたびあったのです。そのために、今回の人生では彼女自身が肥満になり、その苦しみを味わうことになりました。

　私たちは、肥満にかぎらず他人のさまざまな特性や悩みを、彼らの苦痛を顧みることなく簡単に嘲笑の材料にしてしまいます。そのような心ない行為がどのようなカルマを作るのか、これらのケースは示しています。


　この例では、太りすぎのカルマが肉体的には内分泌腺の異常として診断されました。第２章でも説明したように、魂の意識（超意識）は肉体的には内分泌腺を司（つかさど）っており、魂が持ち越してきたさまざまな障害（カルマ）は内分泌腺を通して表れます。実際、ケイシーのリーディングには、カルマが内分泌腺を通して表れているケースが、いろいろと報告されています。

　このような事例が将来的に医学的に研究されるようになれば、人間の疾病に関する理解は、さらに深まるに違いありません。

半身不随

嘲笑がこれほど深刻なカルマを招き寄せるということで、読者の中には、驚いたり、恐れたりした方がおられるかもしれません。実際、嘲笑による深刻なカルマの例は、リーディングの中に多数見いだされています。しかし同時に、嘲笑がもたらすカルマを知ると、自分自身の心の中に巣喰う邪な心、卑しい心に敏感になります。そして自ら、より浄化された心を持ちたいと願うようになります。

嘲笑のカルマの最後の例として、半身不随の少女に関するリーディングを検討することにします。

リーディングは、彼女が直前の前世においてアメリカの初期開拓者として生きたことを明らかにしました。しかし彼女の病気のカルマ的原因は、もう一つ前のローマにおける前世にありました。当時、この人は暴君ネロの宮廷貴族の一人で、コロシアムでキリスト教徒と猛獣の闘いを特等席から見物して楽しんだのです。特に、ライオンの爪に脇腹を引き裂かれて苦しむ少女をあざ笑ったのです。苦しむ少女の姿を見て、それを自分の娯楽にしたこの女性は、生まれ変わって自分が同じ苦しみを味わうことになりました。

これまで嘲笑のカルマをいくつか見てきましたが、ケイシーのリーディングを調べると、嘲笑にかぎらず、他にも人間のささいな言葉や行為が大きな懲らしめを招いている様子がわかります。このようなカルマの働きを真実のものとして受け入れるなら、私たちの生き方はただちに修正されます。

まず、これまで不親切な行為や侮蔑の言葉によって他者を傷つけてきた人は、そのような行為や言葉を改めようと努力するに違いありません。カルマを知ることそれ自体が、人間の行動を内面から矯正し浄化する力を持つのです。

また、これまで不親切な態度や侮蔑の言葉によって傷つけられてきたと感じる人々にとっては、自分が前世で蒔いたカルマを刈り取っているのだと思えれば、より積極的に耐えられるようになるかもしれません。

あるいはまた、たとえ人から不当な仕打ちを受けたとしても、宇宙がしかるべき懲らしめを与えてくれることを知るなら、心ない人々の仕打ちに復讐心を抱くことなく、耐えることができるようになります。

そして輪廻転生とカルマの理解が進むと、そのような心情すらも、より浄化された意識によって取って代わられるようになります。

すなわち、自分の人生に現れるさまざまな苦しみを、輪廻転生の大きな流れの中で捉えることが可能になり、他人の悪意に対しても、かつての罪を償う機会として受け入れ、受け流すことができ、復讐心を抱いてその渦に巻き込まれることがなくなります。むしろそのような仕打ちをなす人々の将来を思って、彼らのために祈ることすら可能になります。

どのような状況にあっても、積極的に自分の人生を高める努力ができるようになります。人生の瑣事(さじ)から解放され、生きるべき人生を生きられるようになる。これも輪廻転生とカルマを知ることの大きな報酬です。

不寛容のカルマ

人間的な弱さ

嘲笑というささいな行為が非常に深刻なカルマを引き起こすように、弱い人々に対する不寛容も大きなカルマを生みます。

これは、あるアルコール依存症の女性のケースです。

ニューヨークでモデルをするほど美しい容姿に恵まれた女性がいました。しかし、彼女は結婚相手の選択において不運でした。

夫は冷淡で愛情に乏しく、彼女はいつも寂しい思いをさせられていました。そして夫が海外に出征してからは、さらに愛情に飢え、このストレスから彼女はアルコールに手を出すようになり、盛り場に行っては酒をあおるようになりました。時には、何週間も朝から晩まで飲み続け、その時々で知り合った兵隊や水兵とベッドを共にすることが多くなったのです。

リーディングによれば、この女性の弱点はルイ14世時代のフランスの修道院で尼僧をしたときのカルマから来ているということでした。

彼女はそのときの前世では厳格で冷淡で、他人の弱点を容赦なく非難しました。聖書の言葉を文字通りに解釈し、その掟を守れない者を軽蔑したのです。結局、彼女が他人の中に見て無情に非難した弱点が、彼女自身の弱点になりました。過ちを犯す者の苦悩、肉体の欲望に負けることの後ろめたさを、彼女自身が身をもって体験させられたのです。

キリストの「汝、裁くなかれ。汝が裁かれんがためなり」という言葉を思い起こさせるケースです。

性的不能

性的不能に陥った男性がいました。妻は女優のような美人で、彼らの夫婦生活がそのような困難な状態にあるとは誰も想像ができませんでした。

リーディングはこの妻の依頼によって行われましたが、それによると、この夫婦は十字軍時代にも夫婦関係を結んでいました。そのときの前世では、夫は宗教的な情熱からというより野心的な理由から十字軍の遠征に参加し、そして、遠征に出発するに際し、妻の貞操を守るために、彼女に無理やり貞操帯をつけさせたのです。

彼女は自分が夫から信頼されていないことに憤りを覚え、強い復讐心を持つに至りました。そして20世紀に生まれ変わったときに、夫婦として再会したのです。結婚によってその前世でのカルマが動き始め、夫は自分自身が性的不能になるという形で、かつて貞操帯によって妻を苦しめたカルマを償わされたのです。

彼女の立場からすると、それはまさに前世から持ち越してきた復讐心を晴らすにふさわしい状況が与えられていたことになります。彼女は、夫の性的不能を理由に離婚を申し立て、相手に社会的屈辱を与えることもできました。それこそはおそらく前世の彼女が望んでいたことでしょう。そういう意味で、彼女の内面は大いなる誘惑にかられたはずです。

しかし彼女はついにその誘惑を克服し、夫を精神的に支えることを選択しました。仏陀の言葉にも、「恨みに対するに恨みをもってすれば恨みは永遠に止まず。恨みに対するに慈悲を報いることで初めて恨みは止む」（ダンマパダ）という言葉がありますが、彼女の取った態度はまさに、この精神を発揚するものでした。

私たちも人間関係のトラブルの中で、しばしば相手の弱点を握り、それによって相手の名誉や信頼を大いに失墜させることの可能な状況に置かれることがあります。それは大いなる誘惑に違いありません。その一撃で、相手を粉砕することができるのですから。

しかしケイシーの霊的哲学に従うなら、たとえ復讐するにふさわしい状況にあったとしても、またそれだけの正当な理由があると思える場合であっても、それを自分の復讐心を満足させるために利用することは慎まなければなりません。むしろそのような武器は神に返上し、「復讐するは我にあり」と宣言される神にすべてを委ねる態度が望まれるのです。それによって究極的には私たちに最上の益がもたらされるのです。

性的恐怖症

これもまた十字軍時代に妻に貞操帯をつけさせた夫のケースです。この場合は、男性が性的不能になって仇をとられるのではなく、妻が極度の性的恐怖症になり、そのため性交渉を持つことができないという困難を体験させられていました。前述のケースと同様に、前世で夫婦だった2人が今回の人生でも巡り会い、そしてカルマに対面させられたのです。しかし2人はこれまでの転生の中で霊的に進化を遂げ、その状況を愛と忍耐をもって克服する道を選びました。

ここで興味深いのは、同じ貞操帯にまつわるカルマであっても、先のケースでは夫が性的不能になり、こちらのケースでは妻が性的恐怖症になったということです。きっかけは同じでも、それがどのような形で出るかは人生の数だけ違うのです。

同じ性的恐怖症でも、次のようなケースもあります。

この女性は、前世でカトリックの尼僧をしたことがあり、その人生では、独身の誓いを守り通すほどには肉体の欲望を克服していなかったと告げられました。彼女は、宗教的な信条から、不自然な形で肉体の欲望を抑圧しましたが、それはかえって彼女の深い意識を歪めることになり、今回の人生では、性交を非常に恐れる女性になっていたのです。

聖書にも、もし独身を貫くことができるならそれが一番望ましいが、無理な禁欲をして欲望に身も心もさいなまれるくらいなら、健全な結婚生活を営むべきだという記述があります。リーディングの主張は、それに一致しています。

〝言葉〟で見るカルマの法則

これまで私たちはリーディング資料の中に見いだされるさまざまなカルマの実例を見てきましたが、カルマの表れ方に、ある種の法則や原理があることに気づかれたことでしょう。

ケイシーもリーディングの中でカルマを指摘する際には、しばしば聖書の言葉を引用したり、ケイシー自身の独特のフレーズを使ったりして、カルマの背後にある原理を示しました。そこで、私たちもそれらの言葉を基にカルマの法則を検討することにしましょう。

「人は蒔いたものを刈り取らなければならない」

おそらくカルマを説明するときにケイシーが引用した聖書の言葉の中で、これほど頻繁に引用されたものは他にないでしょう。人はこれまでの人生で蒔いてきたさまざまな行為や言葉、想いの結果を、自分自身で必ず刈り取らなければならない、とケイシーは主張します。場合によっては、「人は、自分の吐いた一語一句に出会う」とか「人は最後の一銭に至るまで払わなければならない」という厳しい言い方をすることもありました。

前世で誰かに対して不親切な言葉を吐くなら、それは必ず自分の身に返ってくる。表れ方としては、自分自身が誰かの不親切な言葉によって苦しめられるのかもしれません。あるいは、他人の不親切な態度に接することなのかもしれません。もしも私たちの不親切の度合いがひどければ、自分自身が不親切な人間関係の犠牲になったり、肉体に何らかの障害として表れたりする場合もあるかもしれません。

ここで考えなければならないのは、必ずしもかつての「行為」が「行為」として返されたり、「言葉」が「言葉」として返されたりするわけではないということです。重要なのは、そのような行為や言葉や想いを起こさせた「心」、あるいは「動機」にあるということです。カルマはそれらの心や動機を修正し、変容させるためにさまざまな表れ方をするのです。

前世で結婚相手に不貞をはたらいた女性は、今生では自分自身が配偶者に裏切られるという苦しみを味わうことになりました。

前世で貧困に苦しむ人々が助けを求めに来たときに、彼らの声に対して耳をふさいだある人物は、生まれ変わって耳が聞こえなくなりました。

また別の例では、親切な言葉や慰めの言葉をかけるべきときに、冷淡な態度を取った人は、生まれ変わって言葉に不自由するようになりました。

この法則は、その懲罰的な側面が目立ちますが、私たちを鼓舞激励し、希望を与えるポジティブな側面にも、目を向ける必要があります。

悲しみや失望にある人を言葉によって勇気づけたり、慰めるなら、私たちがいつか苦しい状況に遭遇したときにも、いろいろな形で勇気づけられたり慰めを得ることをこの法則は保証しているのです。

あるいは善なる行為を今の人生で行うことによって、前世で犯したかもしれない（おそらく犯したであろう）さまざまな罪を償うことが可能になるのです。

ケイシーは、「足の不自由な人の足となりなさい。目の見えない人のために本を読んだり、手を引いたりしてその人たちの目になりなさい。腕の萎えた人たちの腕になりなさい。そうすることであなたがかつて犯した罪を償うことができるでしょう」と述べています。

このような説明に対して、「それではあまりにも損得勘定でやっているようで、かえって心が卑しくなりはしないだろうか」と主張する人もいます。私はそれに対して、仏陀の教説を引き合いに出したいと思います。

仏陀は人間の霊性を高める目的で、多数の戒律を設けられ、その実践を出家者や在家信者に勧めました。その場合、戒律の守り方に3つのレベルがあることをお説きになり、それぞれ「上品（じょうぼん）」「中品（ちゅうぼん）」「下品（げぼん）」とされました。

上品のレベルとは、その人の霊性がすっかり清まり、その人が想うこと行うことがすべて、はからずも、最上の戒律に従っている境地を指します。儒教にも「その欲するところを行って法（のり）を超えず」という孔子の言葉がありますが、まさにそのような境涯です。

しかし、そこまでの境涯に達する人はまれで、そういう場合は「中品」のレベルで守ることが勧められます。すなわち、霊性はかなり高まり清まってはいますが、まだふらふらと邪な想いが表れてくる。しかし、仏陀の戒律を思い出すことで、自分を正しく律することができるという心境です。

しかし私たちのような平均的な人間となると、それすら難しい。そういう凡夫（ぼんぷ）に対して、仏陀は「下品」のレベルで守ることを勧められました。すなわち、まだまだ霊性が清まっていないのですぐに悪行に走り、霊性を高める修行も三日坊主で終わってしまう。しかしそれだからといってそのままでいいわけではない。そこで、意識としてはまだ低いけれども、よい行いをすればよい結果が得られる、悪いことをすれば悪い結果が現れるという霊的法則に納得して、努めてよい行いをし、悪い行いをやめるようにせよ、とおっしゃったのです。

私たちもとりあえずは「下品」のレベルから出発することで満足しましょう。「そんな損得勘定では心が卑しくなる」という人にかぎって、結局「下品」のレベルにすら達しないのです。「自分は将来、人から親切にされたいから今のうちに親切にしておこう」という態度でいいのです。「ここで不寛容な態度を取ると、将来、自分が不寛容の犠牲になる」という戒めでいいのです。

そうして「下品」ながら善行に励み、悪行をとどめていくと、自然にそれが身につき、いつしか中品のレベルに達していくのです。同じように、中品が長く身につけば、自然に上品に到達するのです。まあ私たちの場合は、中品を目指してとりあえず頑張ればいいのではないでしょうか。

「他人を計る秤にて、自分も計り返される」

これも聖書の言葉ですが、どのような尺度で相手を判断するにしろ、人を判断するときに使用する私たちの物差しは、そのまま私たち自身が計られる際の物差しになるということを意味しています。

この種のカルマの実例も、私たちはすでに多数見てきました。前世で同性愛者を軽蔑し、彼らの弱さを風刺した人物は、生まれ変わって自分自身が同性愛の衝動を持つことになり、世間から軽蔑のまなざしを向けられるようになりました。

前世で学歴や社会的地位ゆえに他人を見下していた人は、生まれ変わって自分自身が学歴や地位ゆえに他人から見下される苦しみを味わうことになりました。

他人の肥満を嘲笑した人は、生まれ変わって自分自身が肥満の苦しみを味わわなければなりませんでした。

人の自信を喪失せしめた人は、生まれ変わって自分自身が劣等感に悩まされました。

しかしこの法則も、懲罰的な側面だけではありません。人を讃えるなら人から讃えられ、人の才能を見つけてそれを引き出してやるのなら、自分自身の才能も人から見いだされ、用いられるようになることを保証します。

ケイシーは、「人の長所は努めて大きく見るようにし、短所はできるだけ小さく見るようにしなさい」とアドバイスしています。もし、自分はこれだけ努力しているのに他人は自分のことを正当に評価してくれない、という不満を持っているなら、それは前世で人の努力を過小に評価したカルマなのかもしれません。いずれにしろ、忍耐をもって他人の長所を大きく見て、短所を小さく見るよう努力していけば、私たちの長所や短所も同じような扱いを受けることになるはずです。これが法則というものです。

「汝ら人を裁くなかれ。汝が裁かれんがためなり」

この言葉はしばしば先の言葉とペアで使われますが、ここでは単独でその意味を考えてみたいと思います。

ここで言う「裁く」とは、別に裁判官が人を裁くということではなく、私たちが自分の基準で「あの人はいい」とか「あの人は悪い」と決めつける行為を指します。

カトリックの修道院で尼僧をしていた先述の女性は、聖書の掟を文字通りに解釈し、その掟を守れない人々を軽蔑し、厳しく罰したとされましたが、彼女は生まれ変わって内分泌腺の異常による月経過多に苦しむことになりました。

人を自分の基準で冷淡に裁くとき、その裁きは自分自身の身の上に起こるということを知らなければなりません。また、私たちは本質的な意味で、人を裁く権利を持ち合わせていないことを知らなければなりません。人を裁き得るのは神お一人であるということです。もし「神」という言葉に抵抗があるなら、「宇宙の摂理」と言い換えてもいいかもしれません。私たちが裁くのではなく、宇宙の摂理がしかるべき裁きを下されることを信頼しなさい、というわけです。

宇宙の摂理は、嘲笑というささいな行為に対してすら、大きな懲らしめを与えられるのです。私たちが他人をどうやって裁いてやろうかと心配する必要はありません。むしろ、自分自身に下されるかもしれない裁きを心配するほうが有益です。

「木は倒れた所に横たわる」

この言葉は旧約聖書の「伝道の書」章3節から来ています。実は、この言葉は現代の聖書学者をしても意味がよくわかっていません。

ケイシーによれば、この言葉は次のように解釈されます。「木が倒れる」とは人間が死ぬことを指し、「倒れた所に横たわる」とは死んだときの人格（意識）が、次の人生にそのまま持ち越されるということです。もう少し補足して訳すなら、「木（人）は倒れた（死んだ）ときの状態（意識）をそのまま（次の人生に）持ち越す」ということになります。

輪廻転生という視点で説明するなら、人間は死に際し、それまでの人格と意識を維持したまま霊界に行き、霊界で死ぬ（すなわち物質世界に生まれる）ときにも、そのときの人格と意識をそのまま持ち越して来るということです。つまり、私たちの人間性は生まれ変わりを通して連続しているということを表しています。

前世でアルコール依存症により死んだ女性が、生まれてすぐにアルコールを欲しがったことや、ノアだった少年が大雨や嵐を怖がったこと、宗教に失望した人が無神論者になったこと、ユダヤ人と喧嘩をしたサマリア人が反ユダヤ主義者になったこと、海で溺死した人が海を恐れるようになったこと、これらはいずれも前世の傾向がそのまま今生に持ち越された例を表しています。私たちはこの種の例を、自分たちの人生の中でも色濃く経験しています。

たとえばあるサイキックの人によると、私は前世で仏教経典を日本語に翻訳した経験があるということでした。確かに私は今生ではエドガー・ケイシーのリーディングを日本語に翻訳して紹介しています。さらに、そのサイキックの人は知らなかったはずですが、私は昔から仏教に大変惹かれるところがあり、現に、本書でもしばしば仏陀の言葉を引用しています。私のそうした傾向も、実はそのときの前世を反映しているのかもしれません。

以上、ケイシーがしばしば引用する4つの言葉をもとに、カルマの法則を考えてみました。次の節では、カルマの本質についてさらに詳しく検討し、カルマに対する理解に基づいて、カルマを癒やし、カルマを浄化する道を考えてみたいと思います。

カルマの理解を深める

カルマとは、今世や前世の記憶により作られる

ケイシーのリーディングの中に、カルマについて私たちの理解を深めてくれる興味深いケースがあるので、それを紹介することから始めましょう。

エドガー・ケイシーと一緒に仕事をした医者の一人に、ケッチャムという人物がいました。自分の手に負えない難病人が来ると、ケイシーにリーディングを依頼し、リーディングのアドバイスに従うことで、彼は難病人を治療する若き名医としてその地方で知られるようになっていました。その彼がこんな事例に遭遇したのです。

あるとき、アメリカ中西部に住む資産家から、妻の病気を治してほしいという依頼がありました。彼の妻は老人性の麻痺を患い、何年も寝たきりの状態でした。献身的な夫はそれだけの財力があったので、彼女を世界各地の診療所や病院、あるいは温泉などに連れていき、さまざまな治療法を試みました。しかし治癒には至らず、結局、経験を積んだ2人の看護婦を家政婦として雇い、自宅で療養させていました。そしてあるときケイシーとケッチャムの話を聞き、リーディングを依頼してきたのです。

いつものリーディングですと、患者の肉体的な状態を述べ、その後で治療に必要な食事療法であるとか、整骨療法（オステオパシー）、薬などが処方されるのですが、彼女の場合には奇妙な診断と治療法が与えられました。

まず、彼女を病気にしている原因は、彼女自身の罪の意識にあることをケイシーは指摘しました。すなわち、彼女は若い頃、強い肉体の欲求からしばしば自慰に耽り、そのことに強い罪悪感を覚えていました。その後、39歳で結婚して2人の子どもをもうけ、幸福な結婚生活を送っているかに思えたのですが、心の奥底に抑圧していたかつての罪悪感が彼女の肉体的機能をむしばんでいたのです。

この夫人の治療は、特別な配慮をもって行われました。

まず、動けない夫人を車椅子に乗せて庭に出してもらい、その近くにご主人に座ってもらいました。そして看護婦に引き下がってもらうと、ケッチャムはこの老夫婦が見守る中、ケイシーのリーディングを読みあげました。

「この患者は若い頃、隠れた秘密を持っていた。その秘密とは自慰である」

夫はケッチャムの破廉恥な言葉に腹を立て、顔は憤りでみるみる紅潮していきました。一方、それまで全く無表情だった夫人は、ケッチャムのこの言葉に一瞬顔を引きつらせました。ケイシーのリーディングの驚くほどの信ぴょう性については充分経験済みのケッチャムではありましたが、さすがにこのケースに関しては、ケッチャム自身、ある種の保証を必要としていました。そして妻のこの反応に手応えを感じたケッチャムはさらに続けました。

「この隠れた秘密は、彼女を罪の意識ですっかり参らせ、そのため婚期を逸し、39歳になるまで結婚しなかった。それから彼女は幸福な結婚をしたかに見えたが、2人の子どもを産んだ後で病気になった」

ケッチャムがリーディングを読み終わると、夫人は夫にこう言いました。

「私はもう少しこの若い先生と話したいことがあるので、2人きりにしてくださいませ」

夫はリーディングに対する失望の色をありありと浮かべながら部屋に戻っていきました。2人きりになると、夫人はこう打ち明けました。

「先生、このケイシーという人は一体どういうお人なんでしょう。確かに私は18歳から39歳になるまで隠れた秘密を持っていました。しかしそのことは、私と神様しか知らないことです。この人はどうして神様のように知ることができたのですか」

ケッチャムはケイシーの不思議な能力について彼女に説明しました。

それにしても、彼女自身、自分の病気の原因がよもや過去の自慰行為にあろうとは思いもよらぬことだったに違いありません。

そして、おそらくは夫に自分の秘密を知ってもらったことで、あるいはケッチャムに自分の秘密を打ち明けることで罪の意識から解放されたのでしょう。彼女の肉体は徐々に機能を取り戻し、リーディングの勧めたオイルマッサージなどの効果もあって、数年後には自分で歩けるまでに回復しました。

ここで私たちが注目するのは、罪の意識が病気を作り出していたということ、そしてその罪の意識を解放することで病気が癒やされていったという事実です。彼女の場合は、今回の人生で作った罪の意識が病気を生み出していたわけですが、カルマとは結局、今生で作ったか、あるいは前世から持ち越してきた、この種の記憶がその実体なのです。

ケイシーの長男であるヒュー・リンは晩年、ある講演の中で「カルマとは記憶にすぎない」

と述べました。しかし、単なる記憶ではなく、前世から続いている非常に頑迷な記憶であり、それを解放するには大きな犠牲的行為と忍耐が要求されるのです。その例を、今回の人生で困難なカルマを克服したヒュー・リン本人のケースから学ぶことにしましょう。

カルマの解放には犠牲的行為と忍耐が必要

ケイシーの伝記『永遠のエドガー・ケイシー』（たま出版）を執筆したトマス・サグルーとヒュー・リンの間には、きわめて興味深いカルマのつながりがあります。

リーディングによると、ケイシーとサグルーとヒュー・リンの3人は紀元前1万年頃のエジプトに転生していました。その時代、ケイシーはラ・タという名前の高位の神官であり宗教上の実質的なトップにありました。一方、ヒュー・リンはアラアラートという名のファラオとして政治上の権力を掌握していました。そしてトマス・サグルーは当時の名前をオエレムといい、宗教指導者であるラ・タを敬愛し、彼に仕えていました。

あるとき、宗教上のトップに君臨するラ・タを妬ましく思ったグループの人々が策略をめぐらして、ラ・タ（ケイシー）とアラアラート（ヒュー・リン）が仲違いするように仕向けました。

彼らの計画は首尾よく運び、ラ・タはアラアラートの怒りを買ってエジプトから追放されることになるのですが、そのとき最後までラ・タを守護してファラオに敵対したのが、オエレム（トマス・サグルー）だったのです。

そのときの前世以来、ラ・タ（ケイシー）とオエレム（トマス・サグルー）は強い絆で結ばれることになり、その後も何度となく同時代に生まれ変わってきました。一方、オエレム（サグルー）とアラアラート（ヒュー・リン）の間にはこのとき以来、激しい敵意と憎悪が形成されることになり、その憎しみを抱えたままその後も2回の転生で敵対することになりました。

十字軍の時代にはサグルーはイスラム教徒であり、ヒュー・リンは聖地奪回をもくろむ十字軍の兵士として生まれ変わっています。イギリスの転生では、仲の悪いカトリックの修道士として出会いました。

そしてこの時代に大学の同級生として——しかも寮のルームメイトとして！——4回目の再会を果たすわけですが、会ったその瞬間から犬猿の仲になりました。2人は寄ると触ると喧嘩腰の議論を始め、時には、顔中にアザを作るほど殴り合うこともあったといいます。ある晩などは喧嘩がおさまらず、サグルーは自分の寝具を廊下に出して、その上で眠ったというエピソードも残っています。

余談ですが、サグルーとケイシーが再会した経緯にも興味深いものがあります。サグルーはあるときヒュー・リンの父が占いで生計を立てているという話を友人から聞き、そこで、その占い師の仕事をばかにするつもりでヒュー・リンの家にやって来たのです。最初は「お前の親父の化けの皮を剥がしてやる」と息巻いていたサグルーでしたが、ケイシーを見た途端、態度が一変しました。ケイシーの人柄にすっかり心酔してしまったのです。ここにも前世の影響力を見ることができます。サグルーはかつての敬愛するラ・タをそこに見たのですから。

話を元に戻すと、サグルーとヒュー・リンは2人の間にある嫌悪の情が1万2000年以上も前のエジプトの前世から続いていることをリーディングによって知らされましたが、だからといって、すぐに前世の嫌悪が解消されることにはなりませんでした。相手のちょっとしたことで腹を立てたり、言葉の端々に無意識のうちに嫌悪の情が表れたりしました。リーディングのアドバイスに従って、無意味な憎しみを何とか克服しようとするのですが、ちょっとやそっとではおさまりません。

しかし、ついに2人の間の憎しみを浄化する機会が巡ってきます。それはサグルーの病気という形で表れました。作家としてデビューしていたサグルーが突然半身不随になったのです。

早速リーディングが取られましたが、そこにはきわめて忍耐を要する治療法が指示されました。一連のオイル療法と整骨治療の後、毎日サグルーを海岸に連れて行って砂浴をさせるというものです。

気むずかしい作家の世話など喜んでできるものではありませんが、その困難な仕事をヒュー・リンは買って出たのです。ヒュー・リンは毎日忍耐強くこの同級生を車椅子に乗せて海岸に行き、そこで砂浴をさせました。そして1年以上にわたるヒュー・リンの献身的な介護のおかげで、サグルーは半身不随から回復することができました。そして、それと同時に、2人は1万年以上続いていた憎しみを克服したのです。さらに、サグルーは闘病生活の間にケイシーの伝記『永遠のエドガー・ケイシー』を完成させることができました。

2人は、原因不明の病気という災難を、忍耐と犠牲的精神によって魂を成長させる機会に変容させることに成功したのです。彼らがどれほど豊かな報酬を得たことか。健康を回復し、伝記を完成させ、1万年来の憎しみを克服したのです。これこそカルマの癒やしの素晴らしい手本でしょう。

その後、サグルーは病気を再発しますが、そのときはリーディングに従うよりも、手っ取り早く医者の薬に頼ることを選択しました。しかし結局それが命取りになり、もはやケイシーの残したリーディングでは回復できないほど悪化し、1953年6月6日に亡くなりました。その1カ月前、死期の迫った友にヒュー・リンは、次のような手紙を送りました。

私にとって、また君にとってもそうだと思うのだが、私たち2人の関係は時空を超えたものになりつつあるのを感じる。この世は、私たち2人が共に適用してきた原理を試す場所のようであり、その原理を自分の本質の一部にすることは私たちにとって必ずしも容易なことではなかった。（中略）

言葉では私の喜びを充分に伝えることはできないが、私は君と知り合い、君と夢を共有できたことを——それは時には陰ることがあったとしても——そしてこれからも君と夢を共有できるということを心から喜んでいる。そのことを君に伝えたかった。（中略）

私の心と想いはいつも君の休んでいるベッドの傍らにあることを忘れないでくれ。

愛を込めて

ヒュー・リン・ケイシー

2人の間にはもはやカルマは存在せず、愛において結ばれた美しい関係が樹立されたことをこの手紙は物語っています。1万2000年来の仇敵（きゅうてき）は、最も美しい絆で結ばれた友に姿を変えていたのです。

カルマと「クラスタ」

さて、私たちは二つの例を通して、カルマが作られ、そして癒やされていく過程を見てきました。ここで、カルマが生じる仕組みとカルマが解消される過程をさらに理解するために、図を使って説明したいと思います。

左ページの図は、2人の人物が互いのカルマによって引き合い、互いのカルマを克服しようとするプロセスを示しています。それぞれの意識の先端部分から「顕在意識」「潜在意識」「超意識」と連なり、意識の深い部分で互いにつながっています。

まず左側の人物の意識に注目してください。この人の魂の心である超意識には、いくつかの前世の記憶が収められています。そしてそれらの前世の記憶も決して分離して存在しているわけではなく、それぞれの体験の内容に応じて複雑に絡み合っています。ちょうど私たちの今回の人生がいくつかの前世に大きく影響されているように、個々の前世の記憶も互いに結び合っているのです。そのことをこの図では前世の記憶を結ぶ線で表しています。またケイシーによれば私たちの多くは、数十回以上の転生をすでにくり返しているということですが、そのすべ

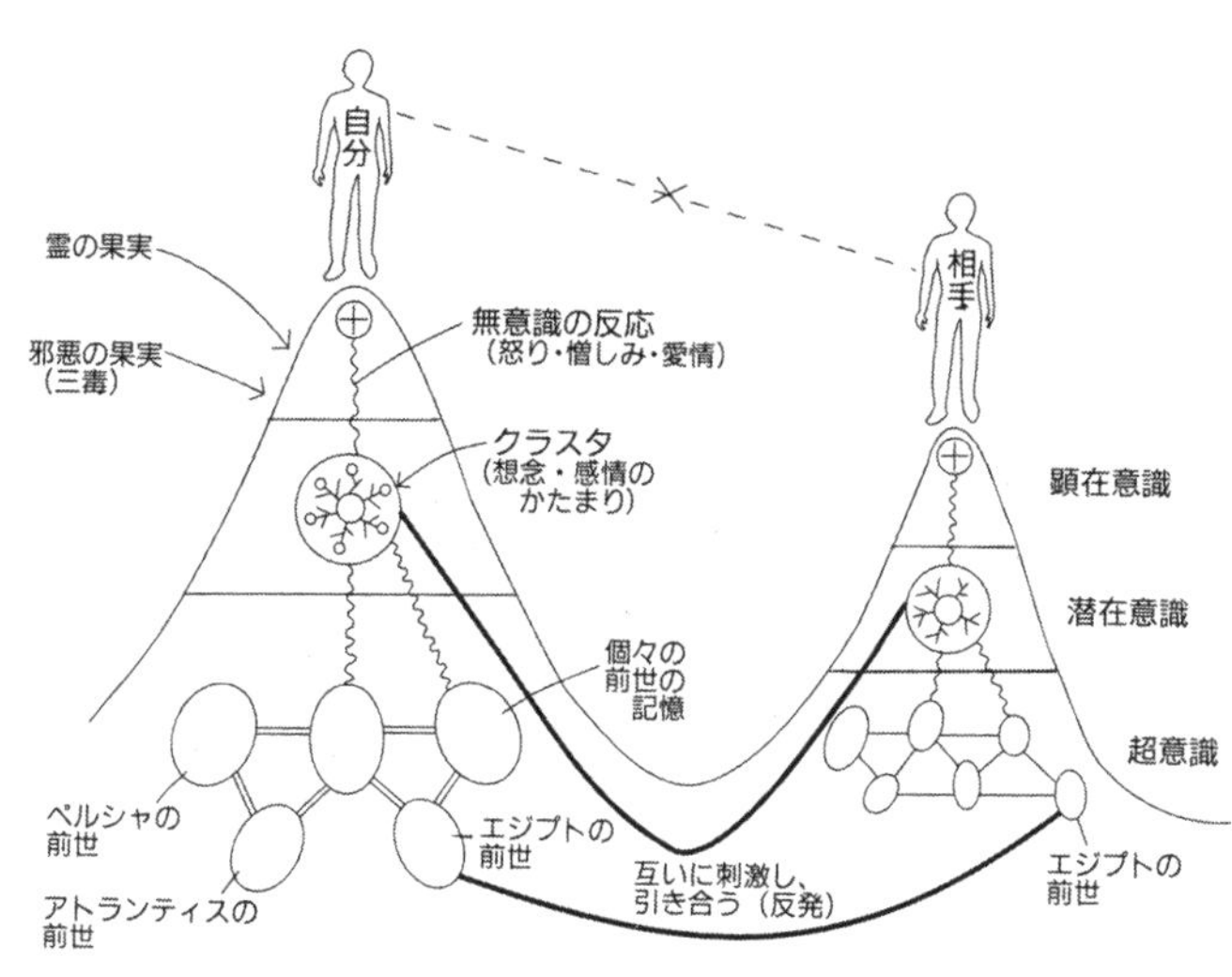

カルマの仕組みとカルマの癒やしのプロセス

てが今回の人生に影響するわけではなく、それらの中でも魂の成長に必要ないくつかの前世が優先的に超意識に表れてきます。

さて、カルマの働きを考える上で、まず理解しておかなければならない大切な原理があります。それは、カルマとは神(あるいは宇宙の摂理)がその人の過去の行為を罰するために設定された仕組みではないということです。カルマとは、その魂が自らの成長のために、自分で選んだ試練であるということです。

すると皆さんは、「魂が好きこのんで自分の人生に困難な試練を設定するとは考えられない」と反論されるかもしれません。しかし私たちは、自分の人生でも似たようなことをしているものです。たとえば太りすぎに気づいた人は、健康的なプロポーションを取り戻すために、好きな食べ物を制限したり、あるいはジムに通ってトレーニングに励んだりします。学生は、遊び時間を制限して勉強に打ち込みます。それはそのような苦痛を通して自分の目標を達成できることを知っているからです。

同じように、魂は自らを成長させるために何が必要かを判断し、それに応じた課題を人生に設定します。前世において尊大で傲慢な性質を形成してしまい、それを今回の人生で克服し、謙虚さを身につけたいと思ったなら、魂は自分の中の傲慢な性格を修正させるのにふさわしい課題や環境を人生に設定します。それには、自分自身が傲慢な人に接してその苦痛を味わうことなのかもしれませんし、社会的に弱い立場に身を置くことによって謙虚さを学ぶことなのかもしれません。

あるいは、前世において激しい怒りや憎しみによって多くの人を傷つけたり悲しませたりしたことがあり、そのような性質を克服したいと願った場合。今度は自分がそのような怒りや憎しみの犠牲になったり、自分の発した怒りや憎しみによって何かとトラブルに巻き込まれたり、怒りや憎しみの感情がすぐに肉体の障害として表れるような肉体に生まれるのかもしれません。いずれにしろ、魂は非常に高い視点に立って、驚くほど巧妙な方法で自らを高めようとします。

さて、先のページの図中、潜在意識の層に注目してください。中央に「クラスタ」と呼ばれる部分が存在しています。これは今回の人生で経験したさまざまな意識や感情が、核となる少数の意識や感情を中心に、グループを作って複雑に絡み合っている様子を表しています。

この「クラスタ」という言葉は、心理学の用語ではありません。他に適切な用語が見当たらないために私が作ったものです。いろいろな意識や感情の「塊」という意味です。ただし、固定した塊ではなく、アメーバのような有機的組織であり、それ自体があたかも意志と意識を持っているかのように、常に新たなエネルギーを吸収しつつ変化しています。

このクラスタという概念を使うと、カルマの仕組みが理解しやすくなります。そこでクラスタの形成過程と働きを理解するために、具体的な例を挙げて説明してみることにします。

「白い車」を見ると、なぜか深い悲しみの感情が湧き上がってくるという若い女性がいました。赤や青など、別の色の車を見ても反応はありません。彼女が反応するのは、白い車だけなのです。ですから、白い車が視野に入ることすら苦痛でした。しかし、それでは日常生活に支障が出て仕方ありません。そこで、心理療法を受けることにしたのです。

彼女にとって幸運だったことは、その心理療法家が催眠療法にも通じていたことです。いくつかの心理検査の後、心理療法家は、彼女の奇妙な精神障害が何らかの過去の経験に根差すものであると直感しました。そこで、年齢退行催眠によって、その原因を調べることにしたのです。

年齢退行催眠というのは、患者を催眠状態に導き、現在の年齢から過去に遡りながら、それぞれの年齢でどのような経験をしたかを思い出させる技法です。これによって自分が意識の表面から遠ざけていた、悲しい経験や忘れようとしていた経験を意識の中に引き戻すことができます。

彼女の場合は、次のような事実が判明しました。彼女は学生時代、ある男性と交際していました。その彼は白い車に乗っており、デートのときはたいてい彼の車を使っていたのです。彼女の初体験の場所もその車でした。学生時代の大半を彼との交際で費やした彼女でしたが、思わぬ結末が待っていました。ある日、彼から一方的に交際関係の解消を告げられたのです。それも車の中でした。将来彼と結婚することを夢見ていた彼女にとって、それは大変なショックでした。悲しみのあまりしばらくは食事も喉を通らず、周囲が心配するほど痩せていきました。ついに乗り物にも乗れないほど衰えた彼女は、このままではいけないと一念発起して、彼のことを心の中から徹底的に排除することにします。

それから数年後、かつての失恋を忘れ去ろうとする彼女の努力は実を結び、表面的には彼の思い出に苦しめられることはなくなっていました。しかしそれはあくまで表面上のことであり、彼女の潜在意識にはその失恋が核となってクラスタを形成していたのです。おそらくその体験を中心に、デートの思い出であるとか、初体験の記憶、失恋のショックなどが配置され、その外側に彼の白い車や、恋愛に関するさまざまな感情や意識が結びついていたのでしょう。これらがいろいろな感情を含め、一つの大きな塊を潜在意識の中に形成していたのです。

結局、失恋体験そのものは意識の中から隔離されていたのですが、クラスタを形成するその周囲の記憶までは完全には遮断されず、クラスタの末端にあった「白い車」が刺激を受けるたびに、クラスタ全体――すなわち失恋の悲しみ――が揺り動かされたのです。これが彼女にとってわけのわからない悲しみのもとになっていたのです。

心理療法家の指導のもとで彼女は悲しみの正体を理解し、クラスタを解きほぐす訓練を行いました。その結果、しばらく後には「白い車」に対する不可解な反応を克服することに成功し、心の自由を回復しました。

ここで興味深いのは、彼女は自分の不可解な精神障害の根本原因を理解することで、その状態から急速に解放されたという点です。このことは前世療法にも通じることですが、苦しみの正体を見極めることが癒やしの出発点になることが多々あります。

もう一つ、クラスタがさまざまな状況を招き寄せる例を紹介します。

私の古くからの知人に、かなり短気な人がいます。いろいろなことに熱意を持って取り組み、バイタリティーがあるのですが、その半面、ささいなことにもすぐに腹を立て、それが顔や態度に表れてしまうのです。ちょっとした人情に感激する半面、相手のぞんざいな態度には徹底的に怒ります。

彼と行動を共にすると、いろいろと不思議な状況に遭遇します。たとえば、彼を含め何人かの友人と一緒に食事などに行くと、なぜか彼の注文したものだけが忘れられる。当然のことながら、彼は店員に文句を言います。それもかなり強い調子で。これがまた結構尾を引くタイプなのです。食事が終わってレジで支払うときにも、店員に文句を言うわけです。「こんな店、二度と来ないからな！」と。

ある団体旅行で飛行機を利用したときの話ですが、予約の再確認をしたはずのチケットがなぜか彼の分だけキャンセルになっていました。結局、次の便に回されたのですが、今度は、搭乗した飛行機に彼の荷物が積載されず、別便で届けられるという不運にみまわれました。彼は当然その状況に対して怒ります。また怒るだけの充分な理由があるようにも思えます。しかし、なぜ彼だけがそういう状況に遭遇しなければならないのでしょうか。

あきらかに彼の内にある何かがその状況を招き寄せていると考えてもよさそうです。そして私は、そのような状況を招き寄せる原因の一つに「クラスタ」があると考えるのです。

おそらく彼の人生には大きな怒りの体験があり、その怒りを本質的には解決しないままに心の中に押し込めてしまったのでしょう。結果として潜在意識の中に怒りを核とするクラスタが形成されてしまった。そして、そのクラスタが自らの存在を主張するかのように、あるいはクラスタの中に押し込められた怒りの感情を定期的に噴出させる機会を求めているかのように、怒りを爆発させるにふさわしい状況に遭遇するよう仕向けるのです。ちょっとしたことで彼が激怒するのも無理はありません。なぜなら、きっかけはささいなことであっても、途方もないエネルギーを蓄積した怒りのクラスタ全体が揺り動かされるのですから。

別の見方をするなら、潜在意識は自らの中に形成されたクラスタの存在を本人に知らせたくて、そのような状況を見せているとも考えられます。

私たちは自分の外見は鏡で見ることができますが、心の中は見ることができません。そこで魂を映す鏡として外界の状況を用意するのです。心理学的には、人間関係に自分の内面が表れることを「投影」と呼んでいますが、クラスタの場合は人間関係に限定されず、一見不可抗力であるかのような偶然的な事象に関しても適用されます。自分の人生に起きるさまざまな出来事を、自分の意識の反映であると考えるようになると、私たちは自分に対する理解が一段深まります。

さて、2人の例をもとにクラスタの性質について説明してきました。このクラスタモデルを使ってもう少しカルマの性質について考えてみたいと思います。

私たちは、同じ状況に遭遇しても人によって感じ方・捉え方が全く違うということをしばしば経験します。前の例を引き合いに出すなら、失恋した彼女はそれを「悲しみ」の経験としたわけですが、人によっては「怒り」の経験にしたかもしれません。あるいは「男性不信」や「憎しみ」の経験にしたかもしれません。ケイシーのリーディングを調べても、前世で十字軍遠征時代に夫に貞操帯をつけられた経験を持つ人たちが多くいましたが、ある人は「男性不信」になり、また別の人は「復讐心」を持つに至りました。

このように、同じ体験に対しても人によってその捉え方・感じ方は同じではありません。では、いったいこの違いはどこから来るのでしょうか。

クラスタモデルの図をもう一度見てください。超意識の中にある前世の意識から、潜在意識のクラスタに向けて線が伸びています。これは、今回の人生で形成されるクラスタの性質が、前世の意識によって影響されることを示しています。あるいは前世の意識の内容が、今回の人生で形成されるクラスタの傾向を決めるとも言えます。

たとえばリーディングの中に、十字軍時代に夫に貞操帯をつけられたある女性が性に関するさまざまなことを恐れるようになったケースがありましたが、彼女は今回の転生に際し、先天的に性を恐れるクラスタを形成する傾向を持っていたと言えます。そして事実、彼女は性に関するさまざまな情報に過敏に反応し、性を恐れるクラスタをますます増大させました。他人にとっては何でもない性に関する話題が、彼女には耐え難いものに響いたのです。

このように同じ体験をしても、それに対する反応の仕方が違ってくるのは、その深層に存在する種（前世の記憶）あるいは土壌（超意識）の質がすでに違っていることに関係しています。結局、さまざまな状況に対する多様な反応は、輪廻転生の長いプロセスの中で理解することができるのです。

また潜在意識にクラスタが形成されるということは、魂の側からすれば、魂の中に抑圧された前世の意識や、歪められた感情の塊があり、それらが浄化を求めた結果であるとも言えます。たとえば、前世で魔女裁判を積極的に行った男性は、前世の罪を償うために潜在意識の中に罪の意識によるクラスタを形成し、夜尿症という形で自分が何らかの浄化を求めていることを知らせたのだと考えられます。

もう一つ、このクラスタモデルを使って説明しておきたい点があります。それは、クラスタは自らを表現するにふさわしい相手を見つけ出し、互いに刺激し合ったり、あるいは自分のクラスタを揺り動かすにふさわしい状況に遭遇させたりして、その状況の中でクラスタを発動させる性質があるということです。

たとえば、「怒り」のクラスタを持つ人は、その怒りを発散するのにふさわしい人物や状況と出会うように人生を設定します。その人がデパートなどに行くと、無意識のうちに自分をイライラさせるようなタイプの店員がいる所に行って買い物をし、怒りを爆発させるにふさわしい状況を作り出すことが考えられます。役所などに行っても、事務員の不手際で必要以上に待たされてイライラします。しかしながら、それすらもクラスタの考えに立つなら、その人と事務員の魂が深いレベルで共謀して、わざと事務上の不手際を犯すように仕向けているのだと考えられます。そして、それらの不愉快な経験を通じて、本人の魂が浄化を求めていることを伝えているのです。

また多くの場合、「怒り」などのクラスタを持つ人から感情をぶつけられる対象になった人にも、その関わりにおいて魂を向上させるきっかけが含まれています。一方的に誰かの犠牲になるということはなく、互いの魂の欠点や弱点を克服するために、お互いにとって最もふさわしい状況を設定しているのです。さもなければ、その店員や事務員はその人物のクラスタを刺激する単なる触媒としてのみ、その状況に参加したということになってしまいます。

いずれにしろ魂は、非常に創造的に状況を設定し、あらゆることが一つの無駄もなく計画されています。その中で私たちに求められるのは、それらの機会を正しく捉え、その体験によって何を学ばなければならないのかを考え、学ぶべき課題に取り組むことです。そうすればいつしかクラスタが解消され、同じようなパターンに悩まされることはなくなります。

さて、このクラスタモデルに関して、あと一点指摘しておきたいことがあります。先の例では、クラスタがその内容に従ってさまざまな人間関係や状況を設定すると説明しました。その場合、必ずしも前世で直接的な関係がある必要はありません。クラスタはその内容に従ってふさわしい相手や状況を磁石のように引き寄せるからです。

しかしながら、前世で深い人間関係を形成していた人々が、今回の人生で再会し、前世で築いた豊かな人間関係をさらに発展させたり、あるいは前世で蒔いた種を互いに刈り取ったりするというケースもかなり存在します。この点においても魂は不思議な能力を発揮するらしく、魂同士が互いに示し合わせて出会う機会——場合によってはパーティーの会場でたまたま知り合うとか、同じ乗り物に乗り合わせるなど全くの偶然の装いの中でのもの——を作るようです。クラスタモデルの図の中では、そのことが前世の意識同士をつなぐ線で示されています。

私たちは初対面の人に対して時々、「あなたとは初めて出会ったような気がしない」という感想を漏らすことがありますが、それは魂の真実を突いているのかもしれません。

親子や夫婦、あるいはごく親しい仲間などは、そのほとんどの場合が前世で強い絆を形成していることを、ケイシーのリーディングは指摘しています。前世の仲間が今回の人生で再び出会い、互いに助け合って磨き合うのです。そのような視点に立てば、私たちは親子関係や夫婦関係、あるいは友人知人との関係を輪廻転生という、より大きな流れの中で捉え直すことが可能になり、互いの人間関係に対してこれまで以上に豊かで深い意義を見いだすことができるようになります。

また、それが前世からの傾向であり、その関係をもっと豊かにできると確信できるのなら、たとえ現在はいがみ合い、憎み合う関係であっても、人間関係を改善するために、これまで以上に忍耐と寛容さを発揮できるのではないでしょうか。

本章で紹介したケイシーの長男ヒュー・リンと彼の学友であったトマス・サグルーとの関係は、まさにその典型であるといえます。

また、半身不随になったトマス・サグルーのケースからいえるのは、カルマ（あるいはクラスタ）は、絶妙なタイミングと状況で発動するということです。前世から持ち越してきたカルマは、サグルーにとっても、ヒュー・リンにとっても、最も建設的・創造的に解消できるときに発現しています。

宇宙の摂理は、彼らの魂の成熟度に合わせて、彼らに最もふさわしい機会を用意したのです。もちろん、その機会から尻込みして逃避することも可能だったでしょう。しかし、輪廻転生の法則をしっかりと理解した彼らは、その機会を正しく捉え、前世のカルマを、魂を成長させる踏み石に変えました。

カルマは、それを克服するにふさわしい時期と環境の中で現れる。これは、カルマが無慈悲・無目的に働くのではなく、ある高い配慮に基づいて働くことを示しています。たとえ大きな試練や苦難にあっても、宇宙の摂理の導きを信じられるなら、私たちはそれに建設的・創造的に取り組むことが可能になります。

ケイシーはそのことを、「神は人が耐えきれないほどの重荷を負うことを許し給わない。試練や苦難の大きさは、そのままその人に対する神の期待と信頼の深さを語っている」と述べています。私もこれまでの人生の中で、何度となく苦難の時期を通過しました。しかし、ケイシーのこの言葉が、その度に私を勇気づけてくれました。

これまでクラスタモデルを使ってカルマの本質を考えてきました。カルマがどのように形成され、私たちの人生にどのような働きをするかが納得できると、次なる疑問として、「私にはどんなカルマがあるだろうか？」「カルマをどのようにして克服したらいいのだろうか？」という問いが湧いてきます。この章を締めくくるにあたり、この重要なテーマに取り組んでみたいと思います。

自分の転生とカルマを知るために

私たちはかなりの数の転生とカルマの実例を、ケイシーのリーディングから見てきました。自分の長所や才能、短所や弱点、困難な人間関係の多くが前世によって大きく影響されているとなれば、当然のことながら、自分自身の前世とカルマについて知りたくなります。読者の中にも、もしケイシーが生きていれば、自分もリーディングを受けたかったと思われた方もおられることでしょう。

残念なことに、ケイシーは半世紀以上前に亡くなっています。しかし、ライフリーディングでなくても、私たちの人生を深く理解する上で必要な程度の、前世とカルマの様子は知ることができるとケイシーは述べており、その方法もいくつか示唆しています。

前世の影響から自分自身を知る

私たちは通常、前世の記憶を持っていません。しかしながら、ケイシーによれば、私たちは前世の影響をいろいろな形で経験しているといいます。趣味、クセ、人間関係のパターン、家族関係、才能などは前世の影響を色濃く受けているのです。そこで、まず自分自身をよく観察し、自分に対する理解を深めることが、前世とカルマの様相を知る第一歩になります。

子どもの頃にどんな趣味を持っていたか、あるいは将来に対してどんな夢を持っていたかなどは、大きなヒントになります。また、同じ家族の中で、自分だけが持つ特異な性格や傾向は、前世の傾向を反映していることも充分考えられます。たとえば、前述した定期的にキャンプ生活をしたニューヨークのビジネスマンは、家族の中で彼だけが野外生活に郷愁を感じていましたが、この特徴は彼が前世でインディアンだったことに由来しました。

ケイシーのリーディングの中には、前世の職業だったものが、今回の人生では趣味になった例もいくつかあります。たとえば前世でスポーツ選手だったある人は、今生では職業的には会社の経営者でしたが、地域の野球チームを育成することを人生の大きな楽しみにしていました。

また、ケイシーは何人かの人に、彼らが前世を過ごした場所を訪れることを勧めました。たとえば、前世を植民地時代のアメリカで過ごした人に対して、植民地時代の建物を保存したバージニア州のウィリアムズバーグという地域を訪れることを勧めました。

ケイシー自身、ケンタッキー州に生まれ、その後アラバマ州で暮らし、中年以降はバージニア州に移り住むわけですが、これは彼が直前の前世においてイギリスから移住してきたときの経路を逆にたどるものになっていました。ケイシーの説明によれば、前世ではバージニア州から入り、アラバマ州に移り住み、最後はケンタッキー州との州境に近いオハイオ州で亡くなったそうです。

私たちの中に、特定の地域に対する説明のつかない郷愁や愛着、あるいは不快感、嫌悪感があれば、それは前世との関わりを大いに暗示しています。

たとえばAREの理事で催眠療法家のリン・スパロー女史は、少女時代からフランス（それも革命時期のフランス）に、非常に恐怖を感じたそうです。彼女は、その種の理由のない恐怖や嫌悪は、その土地あるいは時代において、非常な苦痛を味わったことが大いに考えられると述べています。

私自身は、これまでこれといって特定の場所に特別な郷愁を感じたことはなかったのですが、エジプト旅行に行ったときに、ある地方に不思議な郷愁を覚えたのを記憶しています。この体験だけをもって自分の前世にエジプトでの転生があるとは言い切れませんが、それを支持するような体験が他にもあれば、かなりの精度で、私にはエジプトでの前世があると推定できます。

また、ケイシーは二つのケースにおいて、ある種の香りが前世の記憶を甦らせることに役立つと述べていました。たとえば、ある女性はパッションフラワーの香りをかぐと、アメリカの初期植民地時代を思い出すだろうと指摘されました。それというのも、彼女はその前世で、ある種の宗教行事に携わり、その儀式ではパッションフラワーが使用されていたというのです。そのため、今の人生においても、その香りをかぐと、心の深い部分でそのときの記憶が甦るということでした。

カルマに話を限定するなら、自分の人生にくり返し現れるネガティブなパターンは、カルマを理解する上での大きなヒントになります。たとえば、何事も完成間際で挫折するパターンなどは、一つの可能性として、前世で物事を途中で放棄したことが考えられます。あるいはしばしば強い自殺衝動にかられる人（またそのような状況に自らを追い込んでしまう人）は、過去生で自殺をした可能性が考えられます。

読者の身近にも、同じパターンで何度も結婚と離婚をくり返す人がいるかもしれませんが、そのような人は前世のカルマに原因があるのかもしれません。私の知っているイギリス人女性に、2度離婚した人がいます。最初の結婚は相手の男性がドラッグに手を出して破綻し、2度目の結婚では、相手がアルコール依存症になって別れることになりました。最近、新しいボーイフレンドができたのですが、この人なら大丈夫だと思っていたにもかかわらず、その彼も前の夫と同じようにアルコール上でのトラブルを起こすようになったようでした。このことがあって、彼女自身、自分の中に同じ運命を引き寄せる何かがあるのだろうと考えるようになりました。

夢による前世の暗示

私たちは眠っている間にしばしば夢を見ます。日常生活の延長のような内容の夢を見ることもあれば、現実世界では決して起きないような不思議な夢を見る場合もあります。ケイシーによれば、人は夢の状態で魂の世界と接触しているということです。そのために、夢を通して前世の記憶が時折甦ることがあります。エドガー・ケイシー自身、リーディングによって明らかにした前世の半分近くは、まず初めに夢という形で与えられました。

場合によっては前世での強烈な体験がそのまま夢に現れることがありますが、必ずしもすべてが直接的な現れ方をするわけではなく、多くの場合、ある種の象徴的な形をとります。たとえば、ある人は古代ギリシャ時代の硬貨を自分が使っている夢を見ましたが、それはその人がかつて古代ギリシャに生きていたことを象徴的に表すものでした。

夢を通して前世を知ろうとする場合、夢で前世の情報が与えられることを私たちが積極的に願うことが重要です。それと同時に、前世を知るだけの内的な理由が充分になければなりません。こちら側に準備ができていない状態では、夢もあやふやになります。

内的な理由としては、たとえば誰かと人間関係上のトラブルが生じているとしましょう。そして、その原因がどうしても今回の人生の経験に帰せられないような場合は、前世にその原因を求める充分な理由になります。また、自分の人生の使命を知る上で、どうしても前世を知りたい場合、夢がヒントを与えてくれることがあります。

ただし、暗示的な夢を一、二度見たくらいで、自分の前世を断定するのは危険です。魂は、必要があればさまざまな形で前世のサインを出してくれるので、それによって裏づけを取ることが大切です。

たとえばエドガー・ケイシーの場合、ある夢でギリシャ時代の前世の場面を見ましたが、その夢を見た同じ日、ふと手に取った雑誌の中に、その夢と同じ場面が描かれているのを発見しました。このような形で、魂はその前世の情報が正しいことを教えてくれます。

もし前世とおぼしき夢を見た場合、他にその情報を示唆するような偶然が重なったとしたら、その夢はかなり高い確率で前世を暗示していると言えます。

前世療法

前世療法とは、依頼者を深い催眠状態に入れ、彼らを生まれる以前の記憶に導いて、現在の人生で抱えているさまざまな問題の原因を前世に探る方法です。

この方法で興味深いのは、前世に起因するさまざまな問題が、その前世の記憶を甦らせて理解するだけで、多くの場合急速に解放されることです。被験者が催眠状態で述べる前世の情報のほとんどは、実際のところその信ぴょう性を確認する手だてがありません。しかし、それ以外の方法では治療できない精神的な疾患や、通常の精神療法では時間がかかるはずのものが、きわめて短期間に治癒しています。この実用的な側面を考えると、少なくとも患者のカルマ的原因に触れ、それを浄化するのに役立っているということは言えそうです。

前述した、ケイシーが夜尿症の少年を治療する際に利用した暗示も、前世療法の一種と言えます。なぜなら、病気の原因が前世にあることを指摘し、その前世の罪悪感を解消することで、それ以外のいかなる方法でも治癒しなかった夜尿症が、ただちに治ったわけですから。

エドガー・ケイシーの研究家で催眠療法を行っている精神科医のエドワード・クライン博士は、一旦、患者を深い催眠状態に入れることに成功すると、あとは患者自身の高い意識が、必要な前世の情報にアクセスするので、患者自身がもたらそうとする情報をうまく引き出せさえすれば、自動的に治癒につながるということを述べています。

その具体的な例として、ある高所恐怖症の女性は、断崖絶壁から飛び降り自殺したときの生涯をまざまざと思い出したことで、即座にそれまでの高所恐怖症から解放されたといいます。それ以前のどんな努力も、この原因不明の高所恐怖症を治すことができなかったことを考え合わせれば、一層、興味深いものになります。

心理テスト

人間の心理を探求するために考案されたいくつかの心理テストには、私たちの内面に潜むカルマ（クラスタ）を分析する上で有効なものがあります。

たとえばユング派の心理学者が行う自由連想法などは、クラスタを構成する個々の要素がどのように連結しているかを調べる上で役に立ちます。ただし、この方法は分析者に知識と経験が要求されるため、私たちが簡単に習得することはできません。

心理テストの中で私自身が試してみてお勧めできる方法は、心理学者のソンディが考案した実験衝動診断法（別名ソンディ・テスト）です。これはテストの方法自体が興味深い示唆を含んでいるので、少し詳しく解説したいと思います。

ソンディ・テストというのは、基本的には48枚の人物写真を被験者に見せて、その中から好感を覚える人物、嫌悪感を覚える人物を選び、それによって被験者がどのような抑圧意識を持つか推定するというものです。具体的には1組8枚で構成される人物写真が6組用意されるのですが、どの写真の人物もある特定の精神的疾患を顕著に示した人物であり、それぞれの疾患の人物が各組に均等に分散されるように配置されています。

そして私たちが彼らの写真を見て、好き嫌いの基準で選択する写真に自分のクラスタの性質が見事に反映されるのです。たとえば、もともと分裂妄想傾向のある人がソンディ・テストを行うと、分裂妄想の人物の写真に対して、強い嫌悪あるいは好感の情を抱きます。そしてそれら6組の結果を集計すると、その人がどのような抑圧意識を持っているかが推定できるようになります。これを本格的にやる場合は、日をおいて10回程度行います。すると、長期間にわたって一定して抑圧されている感情がはっきりと示されます。この段階で私たちは自分のクラスタのタイプを明確に知ることが可能になります。

私も学生時代にソンディ・テストを徹底的に試してみましたが、テスト結果は私が納得するような抑圧意識のパターンを示したのを覚えています。また、その抑圧意識を日々の瞑想によって克服するよう努めたところ、そのプロセスがテスト結果に見事に反映されるのを経験しました。瞑想の実用的価値を体験する上でも、非常に面白いテストだと思います。

占星術

占星術は、誕生時における惑星の位置から、その人の性格や運勢を知る方法です。一般に知られる星座占いは、その一部を取り出したものです。

ケイシーも占星術は人間をより深く理解する上で、重要かつ正当な学問であると述べています。しかしながら、現在の占星術は次の二つの意味において不完全であると主張します。一つは、現代の占星術が輪廻転生の影響を考慮に入れていないことであり、もう一つは、惑星の影響力が人間の内分泌腺を通して作用するという知識を持っていないことです。ケイシーが指摘するような欠陥を克服した占星術が将来的に完成されるなら、占星術は現在の「似非科学」という地位から正当な学問へ引き上げられるはずです。

たとえばリーディングはケイシー自身に関して、「この人は天王星から地球に飛来したために甲状腺の働きが強く、そのためにサイキック能力を発揮しやすい」という解釈をしています。このような解釈の仕方は現代の占星術では知られていません。

ちなみにケイシーはペルシャの占星術が最も真理に近いと述べましたが、ペルシャ占星術に関する文献は皆無に近く、今のところそれがどのような体系であるのか明らかになっていません。現時点でケイシーの占星術に最も近いのは、インドの占星術――俗にヒンドゥー占星術など呼ばれ、最近では「ヴェーダ占星術」とか「ジョーティッシュ」などと呼ばれることもあります――であることが、ケイシーの研究によってわかっています。ケイシー流の占星術については、次章で詳しく扱います。

日常生活で与えられるヒントに敏感になる

その人の人生にとって、前世についての情報を得ることが必要な場合、魂がさまざまな形でその情報を提供してくれます。注意していないと見過ごしてしまうような場合が多いのですが、パターンとしては、偶然訪れた場所であるとか、友人や知人との何気ない会話の中にそれが隠されていたり、あるいは、たまたまつけたテレビの番組に表れていたり、ふと手にした本のたまたま開いたページに出ていたりします。

私たちが敏感に、しかしながら冷静に観察していると、そういったサインに気づくようになります。しかも、多くの場合、たった1回起きるという程度ではなく、いろいろなパターンのものが重なって起きるのが一般的です。

カルマの解消

私たちの人生が前世の影響をかなり色濃く受けていること、また場合によってそれは「カルマ」として、私たちの肉体に深刻な障害を与えたり、人間関係を中心にさまざまな試練を招き寄せたりすることを見てきました。

では、私たちが自分の人生にカルマの影響を感じ、それを克服したいと思ったならばどうすればいいのでしょうか。あるいは、将来の転生において現れるかもしれないカルマを、未然に刈り取るにはどうすればいいのでしょう。

これらについて、ケイシーのリーディングを検討してみることにします。

まず、前述のクラスタモデルを思い出してみてください。

私たちは前世の体験に従って、またそれに呼応する今回の人生での体験を核として、それぞれクラスタを潜在意識の中に作り出します。そして一旦形成されたクラスタは、あたかもそれ自身が意志と意識を持つかのように、自分を表現する場を求めたり、自己増殖したりする体験をくり返していきます。あるいは他の魂と協力して、互いのクラスタを刺激し合うような状況を設定します。これらは、この世の常識からすればトラブルや苦難に見えるようなことであっても、究極的には自らを成長させようとする魂の創造的な働きなのです。

クラスタの中身をさらによく見ると、ある核となる体験を中心に、それと意味的に関連する体験が神経細胞のようにどんどん連結していきます。そしていつのまにか中心的な体験と末節の部分の体験は似ても似つかぬものになっていきます。その例が、「白い車」を見ると悲しくなった女性のケースです。

これらのクラスタを構成する個々の要素は、一つ一つを取り上げると、今回の人生の体験とその時々の感情や意識にすぎません。ですが、私たちの歪んだ想念は、互いに関係のない体験までも結びつけてしまい、それらを蓄積したまま心の中に歪んだ空間を作り出してしまうのです。潜在意識の中に作り出された炎症部分であると考えることもできます。これがクラスタの実体です。

たとえば「怒り」のクラスタを形成している人は往々にして、それまでの人生でクラスタを成長させる体験をいくつもくり返しています。たとえば親兄弟に対する怒りであるとか、学校の教師に対する怒り、近隣に対する怒り、あるいは仕事の同僚や上司に対する怒りなどがあるかもしれません。それらの怒りの体験は、本来は独立した体験であるにもかかわらず、怒りのクラスタを形成している場合はそれらの体験が緊密に絡み合い、どれか一つが刺激されると芋づる式にすべての怒りの体験が潜在意識の中で呼び覚まされてしまいます。

カルマ（あるいはクラスタ）を解消するとは、クラスタを構成している個々の要素の無意味な結びつきをほどいてやり、記憶の中の本来の位置に戻すことです。つまり記憶同士を結びつけているネガティブな力をほどき、そこに蓄積されていた感情や意識を解放するということです。

そもそも、クラスタの各要素を結びつけている力は何なのでしょうか。仏陀は、カルマを作る大きな力を心の3つの毒素、三毒（貪・瞋・癡）と名づけました。「貪」とは貪る心であり、何事につけ自分を優先し、自分の利益を考える利己心の表れです。「瞋」とは激しい怒りのことであり、また「癡」とは心が迷妄の状態にあり、愚痴や嫉妬など真理に暗い状態を指します。

仏陀は、この三毒を作らないように心がけるなら、カルマが解けると説いています。別の見方をするなら、三毒を作っているかぎりカルマはますます増大することになります。

クラスタモデルに則して説明するなら、三毒を心に与えないということは、クラスタへの栄養補給を根元から断つことになります。それによってクラスタを成立させていた要素の結びつきが弱くなり、ついには本来の位置に戻るわけです。

ケイシーのリーディングにも、仏陀の三毒に似た概念があります。ケイシーはそれを「邪悪の果実」と呼んでおり、「憎しみ、怒り、敵意、不正、嫉妬」を挙げています。ケイシーは、これらの邪悪の果実を自分の人生から取り除くと同時に、積極的に「霊の果実」を植えるように勧めています。すなわち、邪悪の果実を断つことでクラスタを形成している栄養を遮断し、それと同時に、霊の果実を日々の生活の中で実践することで、すでに形成されているクラスタを積極的に溶かすように勧めているのです。

「霊の果実」とは聖書の中に出てくる言葉で、「忍耐、辛抱、隣人愛、親切、優しさ、柔和」と定義されています。ケイシーはカルマ的なトラブルに苦悩している人々に対して、ほとんど常にこの霊の果実を植える努力をするよう勧めました。

たとえば、「怒り」のクラスタを持っているという自覚がある人は、「怒り」のクラスタが発動しそうなところで常に「邪悪の果実」を取り除き、それに代わって積極的に「霊の果実」を植える努力をするのです。これによって潜在意識の中にあったクラスタが溶けていき、そしてその努力が魂にまで達するなら、私たちは前世のカルマを癒やすことになります。

1万年来の憎しみを克服したヒュー・リンは、その相手であったトマス・サグルーとの人間関係において、努めて「霊の果実」を蒔くことを実践しました。そしてついにカルマを癒やすことができたのです。

私たちも人生のあらゆる局面――とりわけ困難な人間関係や状況――において、邪悪の果実を取り除き、霊の果実を植え続けるなら、ついには必ずカルマが克服されるのです。

ある難病を患っていた人に与えられた次のリーディングは、そのことを見事に物語っています。

この男性は、31歳のときにある難病にかかり、どの病院でも治らず、34歳のときにケイシーのもとを訪れました。

リーディングはこの病気がカルマから来ていることを指摘し、物理的な治療法の他に、心から憎しみや敵意を完全に取り除くよう指示しました。

1年後、この男性から再度リーディングの依頼がありました。依頼に添えられた手紙によると、リーディングの指示通りの治療を行ったところすぐに回復の兆しが表れ、最初の4カ月は順調に快方に向かっていたのですが、それからまた逆戻りして体力が衰えてきたということでした。二度目のリーディングは、彼が肉体的な治療だけを行い、精神の浄化を怠ったことを次のようなリーディングでとがめました。

そうだ、この体は前にも見たことがある。なるほど肉体的な面では徐々に回復してきた。しかし、まだまだしなければならないことがある。

前回も言ったように、これはカルマから来たものである。隣人や物事に対する本人の心の態度を変えなくてはだめだ。

機械的な手段を肉体の矯正に適用したかぎりでは、回復は表れている。しかし、本人があまりに自己満足し、あまりに自己中心的であり、霊的なことを拒否しているその態度を改めないならば――また憎しみや敵意、不正、嫉妬があるかぎり――また忍耐や辛抱、隣人愛、親切、優しさと矛盾する何かが心の中にあるかぎり、肉体の治癒は望めない。

この人は何のために病気を治したいのか。自分の肉欲を満足させるためか。ますます利己的になるためか。もしそうなら今のまま治らぬほうがよい。

もし心の持ち方や目的が変わり、言葉にも行いにも変化を表すならば、そしてその上で指示したような治療法を行うなら、本当によくなるだろう。

だが、まず心と精神と目的と意図を変えなくてはならない。あなたの目的とあなたの霊魂が聖霊の洗礼を受けないならば、あらゆる機械的療法を用いても完全な回復は望めないだろう。この忠告を受け入れるか拒絶するかは、あなたの心次第である。

あなたが償いをしないならば、リーディングをしても無意味である。これで終わる。

（3124―2）

いずれにしろカルマとは、他の誰でもない、自分の魂が宇宙の摂理の下で自分の成長のために課した試練あるいは苦難なのです。私たちはカルマを通して魂が浄化を求めているという事実をしっかりつかみ、カルマの先にはより大きな希望が用意されていることを信じつつ、それに対して誠実に取り組むことが必要です。誠実な道を歩む人の前途に豊かな恵みが待っていることを私は疑いません。

カルマを癒やすにあたっての疑問

カルマに関しては考察すべき重要なテーマがあと二つ残されています。

一つは、カルマが魂を成長させるために自分で設定した苦難であるなら、他人が救いの手を伸ばすことは、結局本人の目的が挫かれてしまい、魂のレベルではマイナスなのではないか、むしろ、他人のカルマには不干渉の態度でのぞむほうが適切なのではないだろうか、という疑問です。

もう一つは、現実に重い病気を患い肉体の苦痛に苛まれている人や、絶望のきわみにある人に、苦しみの原因は前世のカルマにあると諭したところで救いにならず、それどころか苦しみを増大させてしまう。そのような輪廻転生とカルマを伝えるのは罪でしかない、という主張です。

さて、最初の疑問ですが、これはある種の輪廻論者が陥る思考です。

実際、輪廻とカルマの思想が行き渡っているインドでは、あるカーストに生まれるのは前世の因縁によるのであり、他人のカルマには不干渉の態度を取ってきました。

ケイシーの下で霊的真理を探求していた人々も、同じような疑問をリーディングに投げかけました。

問：ある人がカルマと取り組んでいるときに、その人を助けるのはよいことなのでしょうか。

答：これに対する答えは、イエスの言葉にある。イエスは「この人が盲人に生まれたのは、親の罪か、それとも本人の罪であるか」という人々の問いに対して、どのように答えられたか。「神の御業があなたがたの前に現れんがためである」とお答えになったのではないか。カルマによる苦難を体験している人に対して、キリストのような心を持つ人々は、彼らのために祈り、彼らのために瞑想するのはもちろんのこと、彼らの人生の中で神の御業が現れんがために、次のように祈りながら、あらゆる方法で彼らを助け、支えるのである。すなわち「おお神よ、この人のうちに汝の御心が行われますように。願わくは試練の杯を私たちから遠ざけてください。しかし、我が意志にあらず、汝の御心のままに」と。

問：どのようなタイミングでその人を助ければいいのでしょうか。

答：あなたの手、心、想い、魂が為し得ると思うことを、力を尽くして行うがよい。そしてあなたの努力がどのように実っていくかは、あらゆる善にして完全なる賜物の与え主である神の御手に委ねよ。あなたの努力がすぐに実を結ばないように見えたとしても、それで心挫けてはならない。わずか1回の経験を永遠と比べようというのか。聖書にも「よい思いは決して虚しく帰ることはない」とあるではないか。この言葉をあなたは信じるか。信じるならば、あなたが人に与えたものは何倍にもなって返ってくることを知るがよい。（281―4）

人がカルマ的な状況の中で苦しんでいるときに、私たちは高所からそれを見下ろす資格はないのです。キリストはどのような状況の中でも救いの業をおやめになることはありませんでした。またケイシーも、たとえカルマに原因がある病気であってもリーディングを拒んだことは一度としてありません。苦しみ悩む人々に対して、常に救いの希望をもたらしました。

確かに私たちはキリストのような奇跡やケイシーのような不思議な能力があるわけではありません。しかし私たちの為し得ることがどれほどわずかであろうとも、宇宙の摂理は私たちの行為を通して、そこに恵みを与え給うのです。また魂は無目的に出会いを作ることはないことを考えるならば、相手の魂は私たちの為し得る程度を充分承知の上で、私たちの助けを求めているのです。それならば、リーディングの言葉にもあるように「どうかこの人のうちに神の御業が現れますように」と祈りながら、私たちに可能な助けを勇気と希望をもって差し出せばよいのではないでしょうか。そしてその結果は神の御手に委ねるのです。

ケイシーのリーディングはそのような態度を私たちに勧めています。

2番目の疑問は、現実に大きな苦難に遭遇している人には、輪廻転生やカルマの話は救いにならない。むしろ苦痛が増すのではないかというものです。

私も「転生とカルマの考え方は、人生が順調で余裕のある人には救いをもたらすかもしれない。しかし、現実の不幸に喘(あえ)いでいる自分には救いにならない。それどころか、自分の不幸の原因が自分の前世のカルマだと聞かされると、自分は何のために生きてきたのか、全く絶望的になる」という主旨の苦悩に満ちた手紙を受け取ったことがあります。

そのような心情は私にもよくわかります。私自身、大きな苦難にある人に対し、その苦しみの原因はカルマにあるかもしれないなどと、無情な説を唱えることは戒めています。

また、「神の創造過程にすら偶然が入る余地がある」とケイシーが言っているように、人生に起こるすべての現象をカルマに帰するのも、もともと誤りだと言えるのです。

しかしながら、相手の状況を考え、「この人にはカルマの話をしても大丈夫だ」「カルマを知ることが助けになる」と思えるときには、よいタイミングを見計らって、自分の信条を伝えることにしています。

おそらくは、私たちの動機が神の御心にかなうならば、神はそこに祝福をもたらしてくださる。2番目の疑問に対して、私はこのように考えています。

第6章・輪廻転生と占星術「転生占星学」

転生間惑星滞在

さて本章では、ケイシーの語る占星術――転生占星術――を紹介したいと思います。ケイシーが語るところの占星術は、私たちが「星占い」として知るものとは全く質を異にしており、輪廻転生とも密接に関連する非常に興味深い分野です。人間の神秘性、崇高さを教えてくれる重要なテーマです。かくいう私も、幅広いケイシーの分野の中でも特に熱心に研究しているテーマであり、本章を通じて、読者の皆さんにその面白さをお伝えできればと思っています。

これまで、エドガー・ケイシーが説くところの輪廻転生について検討してきました。私たちが地球に何度も生まれ変わり、その生まれ変わりを通して、魂として成長する様子を説明しました。輪廻転生が事実であるなら、当然ながら次の疑問が湧いてきます。地球に生まれ変わっていない間、私たちはどこにいるのでしょうか、またどうしているのでしょうか。

その世界を「霊界」とか「死後の世界」という概念で、単純化して捉えることも可能ですが、ケイシーは私たちの輪廻の間の存在形態について、はるかに豊富で、また興味深い情報を残しています。しかも、その間の存在のあり方が、いわゆる占星術と深く関わっているのです。占星術と輪廻転生の概念が全く矛盾することなく統合できるところが、ケイシーの転生論の素晴らしいところでもあります。

ケイシーの説く輪廻転生によると、私たちは死後、それまでの霊的成長に応じて、また、次回の転生に必要な精神的特性を培うために、太陽系内のいくつかの惑星の霊的次元に滞在します。これは太陽系内のそれぞれの惑星が、魂の成長にとって必要な学びの場を提供してくれるためです。

ケイシーによると、私たちがある人生から次の人生へ転生する期間は、人によってかなり差があるといいます。総じて考えた場合、人間の平均的な転生の周期は、そのときの地球が人間の魂をどれだけ受け入れることができるかという、地球の収容力に依存する問題であるということです。

すなわち、地球の環境が厳しく、多くの人口を養えない時期には、人間の転生の周期は長くなり、逆に地球が多くの人口を受け入れることが可能な時期には、転生の周期は短くなるのです。現代に生きる私たちは、平均すると数十年から数百年の周期で生まれ変わっているようです。ただし、これにもかなり個人差があり、地球に早く転生したいと願ったある女性などは、死後わずか9カ月で生まれ変わっています。

この数十年から数百年の転生間に、私たちは平均して4つくらいの惑星に滞在するといいます。この仕組みを、ケイシーの研究者たちはInterplanetary Sojournと呼び、日本語には「転生間惑星滞在」あるいは「星間滞在」と訳されています。ただし、ここで誤解してはならないのは、この惑星滞在はあくまで霊的次元の話であって、肉体をもって各惑星で生活しているわけではないということです。

たとえばリーディング番号115番の女性（1876年10月7日生まれ）は、今回の人生では木星、水星、天王星、金星の各惑星と、アルクツールスという恒星の影響を受けていることが指摘されましたが、これは彼女がこれらの諸天体に滞在していた事実を示唆しています。

付言するなら、アルクツールスという恒星の影響を受けるといわれる人は、多くの場合、その魂が今回の人生をもって肉体への輪廻転生を超えるほど成長したことを意味するか、あるいはすでに肉体への輪廻転生を超えていた魂が使命をもって再び地上に転生してきたことを暗示するものと考えられています。彼女の場合は、地上に生まれ変わるかどうかを彼女自身が選択できるレベルに達したのです。そして彼女が望むなら、別の次元の星系に向かう――地球を卒業する人々の多くはアルクツールスまたは北極星、あるいはプレアデス星団に向かう――ことができるということでした。

地球の輪廻転生を超える（別の言い方をすれば、肉体への輪廻転生を超える）ということ、また、すでに地上への転生を超えていた魂が再び地上に戻るということは非常に興味深いテーマですので、本章の別のところで詳しく扱います。まず、人間が魂として他の惑星に滞在する仕組みを、人間が死を迎えて再誕するまでのプロセスに従って、もっと詳しく考察してみたいと思います。

ケイシーのリーディングによると、私たちは死ぬと、まずこの世と霊的世界の中間の世界のような所――ケイシーはこれを「境界の地（borderland）」と呼びました――に向かうといいます。人によってはそこでしばらく休息をし、この世の物質的な意識を霊的世界の意識に順応させる準備を行います。この段階で、霊的世界に関する認識が希薄であった人々や、霊を否定していた人々は霊的意識への目覚めが遅いらしく、ある種の昏睡状態が続きます。ケイシーもリーディングの最中に、「何ということだ。私の近くに、死んでから2000年以上も眠り続けている魂がいる」と嘆息したことがあります。一方、生前から霊的世界に関する理解が深かった人たちは、霊的意識への目覚めが早く、すみやかに次の段階へと進んでいくといわれます。

さて、転生間に私たちがどのような惑星に滞在するかは、私たちがそれまでの人生でどのような生き方をしたか、また、次の転生でどのような精神的な特質を培う必要があるかによって決まってきます。

宇宙の摂理は、その魂にとって最もふさわしいコースを設定します。ただし、たとえば火星に滞在するとか、土星に滞在するとかいっても、実際にそれらの惑星と距離的に近い世界に滞在しているかどうかは不明です。というのも、霊的世界は時間と空間の概念が通じない世界であり、物質世界のような距離の概念が成立しないからです。

一つはっきりしているのは、霊的世界には人間のある特定の精神的特性――忍耐であるとか愛情、知性など――を学ぶに適した次元が存在し、それが太陽系を構成する諸惑星と霊的な意味で呼応しているということです。ですから「金星に滞在していた」という表現を使っていても、必ずしも物理的に金星に滞在していることを意味するわけではないことを覚えておいてください。

そのコースの設定の仕方ですが、たとえば今回の人生では異性関係がだらしなく、怠惰な生き方をした人がいたとすると、その人は金星の領域に滞在して愛情について学び直すか、あるいは土星の領域に滞在して忍耐と自制を学ぶことが設定されるかもしれません。あるいは今回の人生では冷淡さによって人々を傷つけたことがあり、それを反省し、次の転生ではもっと豊かな情感を持ちたいと思ったなら、海王星の領域にしばらく滞在することを選択するかもしれません。

肉体を離れて最初に向かう惑星は、その直前の人生の内容を大きく反映し、一方、生まれ変わる直前に滞在していた惑星は、その次の転生でどのような精神性を発揮しようとしているかを強く反映します。

たとえばケイシー自身は、直前の転生を終えると土星に向かい、そしてケイシーとしての人生に入る際には天王星から飛来したことが告げられています。実際、直前の転生ではケイシーはギャンブラーとして賭博場に出入りし、稼いだお金を酒食(しゅしょく)に費やして放蕩三昧(ほうとうざんまい)の生活を送っていました。それゆえに土星行きが必要だったのです。またエドガー・ケイシーとしての生涯では、サイキック能力を善用するか悪用するかどうかの試験が与えられなければならなかったために、最後の惑星滞在にはサイキック能力を強める天王星が選択されたのです。

こうして惑星滞在によって次回の転生に必要な精神的特性を充分に獲得すると、自分の次の人生にふさわしい環境を求めて再誕の機会をうかがいます。もちろんこれらが霊的成長という観点で行われるために、この世的な感覚では苦労が多いと思えるような人生であっても、あえてそこに飛び込むことを選択するのです。

両親から受け継ぐ遺伝的な特徴や、家庭環境、社会状況、両親との前世でのつながりなどを考慮に入れて、自分の必要に最も見合う両親の下に生まれるのです。ただし、子どもの魂が一方的に両親を選択するというわけではなく、両親の側にも子どもの魂を受け入れるかどうかの選択が可能なようです。そして霊的なレベルで双方の合意がされて初めて、その家系に生まれることができるのです。そういった意味で、反抗期の子どもが親に言う「頼んでもいないのに、あんたが勝手に産んだ」という理屈が成り立たないのと同様に、「そんな子に産んだ覚えはない」という親の反論もまた、成り立たないことになります。

これが死から再誕までのおおまかな流れですが、では、それぞれの惑星滞在で私たちはどのような精神的特質を培うのでしょうか。各惑星に関するケイシーのリーディングを引用しながら、その特性を述べてみることにします。

「水星」にいた人は？

伝統的な占星術でも、水星は知性の星であるとかコミュニケーションの星とされますが、ケイシーの解釈もそれらとほぼ一致しています。

ケイシーによると、転生間に水星に滞在した人は、それが建設的な方向に現れる場合、高度な知的能力、精神的能力、分析力、思考力、陽気さ、数学的才能、機敏な反応、秩序、他人の心を見抜く能力、優れた記憶力などに恵まれます。ただし、それらの能力がネガティブに発揮されると、不正を許さない性質、批判力、他人の欠点を見いだす力、考えすぎ、精神の不安定として表れます。

直前に水星に滞在した人は、たとえば土星や火星、金星、天王星、冥王星や月にいた人よりもはるかに容易に知力を伴う知識を得ることが可能である。だが、これらは何を意味するのか。このような力は善にも悪にもなるということだ。（945―1）

水星は高度な知力を招く。それは魂の発達を招くこともあれば、利己的興味の満足に振り向けられることもある。

というのも、この実体は、高度の能力を持つ人々が多数転生していた時代（アトランティス時代のこと――著者注）に生まれた一人だからである。彼らは今、意志力を正しく活用すべき、またそうしなければ太陽と水星の力に秘められた能力がかえって障害となる時代を通過しようとしている。（633―2）

ここで「実体（entity）」という言葉が出てきました。実体とは、生まれ変わりを通して経験を積んでいく魂の本体を指す言葉として、ケイシー・リーディングでは頻繁に登場します。また、人間が肉体に入っていないときの状態を特に指す言葉として、「魂的実体（soul-entity）」という表現がされることもあります。ケイシー独特の用語として理解してください。

「金星」にいた人は?

伝統的な占星術でも金星は愛の星であるとされますが、ケイシーのリーディングも金星の特性を愛情に関連させている点で一致しています。

ケイシーによると、金星に滞在した人は、それが建設的な方向に現れる場合、優しさ、愛情、美しいものに対する鑑賞力、友情、社交性、穏やかな言葉遣い、芸術的才能、気さく、率直、愛される性格、若々しさ、性的魅力などに恵まれます。しかし、これらの能力がネガティブに表現されると、怠惰な性格、ルーズな異性関係、肉欲的、官能的、無頓着などの弱点になります。

この実体は、金星領域での滞在から得た力を通して、美、それも特に歌を愛する者となっていることがわかる。

この人は、肉的感情に訴えるようなものではなく、讃美や感謝の気持ちの中で声を使うような知識に心を開き、練習と才能の育成を計るべきである。自然であれ、歌声であれ、芸術であれ、美しい方法で表現する人間の能力に関わるすべてのことが、この実体の興味の対象となっているのはこのためである。（1990—3）

金星に見られるこれらの力がオープンで率直で、愛情深い性質をこの実体の中に作り出している。ほとんどどんな世界の人とでも友人関係を作ってしまうのもこのためである。このような性質が誠実さの上に基礎づけられていれば、楽しい人間関係が築かれるが、あまりに楽しみのほうに向かい過ぎて霊的な生活をないがしろにするようなことになれば、やはり破滅を招く。

霊的、建設的な面を動機として行動し続ければ、これは有益な力となる。というのも、今のこの実体の人生に表れているように、この実体の誠意と親密な人間関係からは誰もが益するからである。（1442―1）

「火星」にいた人は？

地球から見ると火星は赤く血の色に見えたために、古代から「戦いの星」と見なされ、火星が強く輝く時期には地上に戦争が起きると考えられていました。

ケイシーによると、火星に滞在した人は、それが建設的な方向に現れる場合、エネルギッシュで情熱的、活動的、自信に満ち、決断力などに恵まれます。しかし、これらの能力がネガティブに表現されると、激怒、憎しみ、口論、争い、敵意、貪欲、暴力などの欠点になります。

火星の影響で、この実体は人生の中に怒りや敵意、貪欲といった破壊的活動に向けられる力が生じている。（1797―1）

火星とバルカンの中に見られる力については次のことを警告する必要がある。すなわち、火と火器、また爆発的性格には注意が必要である。自分の中で激怒や対人関係における激しい怒りから形作られる怨恨には気をつけよ。むしろ自分を愛の力に合わせ続けるべきである。（1735―2）

後半のリーディングは、二つの点で興味を引かれます。まず、人間に影響する惑星として「バルカン」という聞き慣れない名前が出ていますが、これは発見される以前の冥王星を指すためにケイシーが使っていた言葉です。ケイシーは場合によって「セプティマス」と呼ぶこともありました。これは語源的に考えれば「セプト」、すなわち地球から数えて「7番目」に遠い外惑星を意味していると解釈されます。いずれにせよ、天文学が発見していないうちから正しく冥王星を占星学で使用していたことも、ケイシーの情報の普遍性を示す一つの証拠であると言えます。

もう一つ、この人は火星に滞在していたために火や火器に気をつけるように警告されていますが、この種の忠告は西洋占星術よりもインドのヒンドゥー占星術に多く見られるタイプで、この辺りにもケイシーの占星術とヒンドゥー占星術の類似性を見ることができます。

「木星」にいた人は？

木星は人を高貴にしたり指導力を与えたりする力があり、ヒンドゥー占星術でも大吉祥星とされています。

ケイシーによれば、木星に滞在した人は、それが建設的な方向に表れる場合、誠実さ、広大な意識、寛容、平和主義、優れた判断力、統率力、教師、人の心をなごませる能力、政治的手腕に恵まれます。しかし、これらの特質がネガティブに表れると、誇大妄想、ほら吹き、権力欲、物質主義などに陥ります。

> 木星からは人々の大きな集団との関係で発揮される愉快な人柄を伴った能力が来ている。この実体は、戦闘的な意味でのリーダーとは決して見なされてこなかったが、むしろ好判断を通して人々や集団を支配し、それが世俗的、物質的な生活に関することであれ、集団の精神的傾向や姿勢を支配することであれ、人や集団を上手にその方向に動かす傾向と才能を持っている。

そこで指導者や教育者として（人の苦しみを軽減させる意味でそれが好ましいが）、あるいは大きな動きを支配する政界でのそうした仕事がその人の名を高め、自分に適した場所となるだろう。あるいは肉体の病を軽減するような治療家になってもいい。そして、このような衝動はすべて、木星の影響力から来ているのである。（３０９―１）

占星学的なアスペクトから判断すると、この実体は木星の力を不利に受けて生まれているが、同時に天王星、土星、金星の力も生まれながらに持っており、これらの惑星が来年以降「合」を形成する。このことは次の10年間で、物質的地位においても、この実体に寄せられる人からの信頼においても、その地位のみならず世俗的手段によって得られる物質的権力においても、この実体に大きな発展をもたらすはずである。だが、そのような機会に伴い、同時に試練期もやってくることは避けられない。

そしてもし、このことが真理の精神、奉仕の精神によって、神の栄光を、助けと理解と兄弟愛、友愛と信仰と希望という栄光を、人々の心の中に表そうという願いによって動機づけられないなら、人生の後半に至ってすべてを失ってしまうことになるだろう。（８２６―２）

後半のリーディングに出てくる「アスペクト」と「合」という言葉は、占星術に固有の用語で、占星術に関心のある方には、このリーディングがトランジットのアスペクトに言及している点で非常に興味深いものになっています。ただし、ケイシーが言及するアスペクトは必ずしも従来の占星術が定義するものとは一致せず、ケイシーが説くところの占星学理論の構築が現在も熱心に研究されているところです。

「土星」にいた人は?

土星は従来の占星術では一般に凶星とされますが、「忍耐」という人間に最も理解しがたい美徳を養うという点で、ケイシーの占星術でも試練を暗示する惑星とされます。

ケイシーによれば、土星に滞在した人は、それが建設的に表れる場合、忍耐、辛抱、持続力、変容などの美徳に恵まれます。しかし、これらの能力がネガティブに発揮される場合は、衝動的な行動、突発的な変化、秘密主義、陰謀などの形で表れます。

我々の見るところ、土星には性急な、または激しい変化がある。それらは徐々に形成される種類のものではなく、物質的な意味で環境が変わったり、表面的には他人に関わることでありながら、彼らとの人間関係ゆえに自分自身に降りかかってきたりするような形で引き起こされる。今はこの実体の忍耐と持久力、まったき真理と調和と聖霊への愛が試される期間なのだ。

この星が天王星と結びつくために極端な性格が表れる。物質的にも精神的にも極端な状況が予想できる。キリスト・イエスにおいてのみ、極端を克服することが可能であることを覚えよ。しばしば次のように自問するがよい。「イエスは私に何をさせ給うか？」主イエスは、求める者をつまずかせない。（1981—1）

「天王星」にいた人は？

天王星、海王星、冥王星については、従来の占星術による解釈とケイシーのそれとは隔たりが大きくなってきます。近世以降に発見されたこれらの惑星については、伝統的な占星術がまだ充分な経験を積んでいないことの表れなのかもしれません。

ケイシーによると、天王星に滞在した人は、それが建設的な方向で表れる場合、非常に強い意志力を発揮することが指摘されています。また、几帳面さ、整理整頓好き、直感力、サイキック能力、オカルトに関する興味なども、この惑星の特質に帰せられます。ただし、この能力がネガティブに発揮されると、極端さ、強情、自己中心性、わがまま、怒りなどになってしまいます。

天王星の力が、この実体を極端なまでに整頓好きな性格、自分が特に興味を寄せているものに几帳面な性格にする傾向がある。そのために、自分から見て人の行動が几帳面さや率直さに欠けていると、叱りつけたくなる。（282―2）

水星からの影響力がこの実体の知力を強めているが、天王星領域におけるそれは極端さも助長している。つまり、この実体は、時によっては非常に親切になったり、非常に横暴になったり、非常に利己的になったりする。このような自己中心性や横暴さをこの実体から完全に一掃し、「霊の果実」によって置き換える必要がある。（3656―1）

後半のリーディングに出てくる「霊の果実」とは、前章で説明した通りです。

私がここで強調したいのは、ケイシーのリーディングでは、占星術という神秘学の中においてすら、ある精神が一貫していることです。このリーディングにも、私たちの霊性・精神性を高め、鼓舞激励する精神が浸透しているのがわかります。

「海王星」にいた人は？

海王星とは誰が命名したのかわかりませんが、ある種の啓示を受けて命名したのではないかと思うほど、その名の示す通り、この惑星は海や水に縁があります。

ケイシーによれば、海王星に滞在していた人は、それが建設的な方向に表れる場合、芸術的傾向、霊能力、神秘主義的傾向、水に関する縁、人間の心を理解する能力、人を思いやる性質などに恵まれます。しかし、これらがネガティブに発揮されると、オカルト的傾向が過度に強まったり、感情の浮き沈みが激しくなったりします。

この魂がこの地球にやってくる直前に滞在していた世界は、あのはるか彼方の海王星である。長い間、この実体が他の人々から風変わりな人間だと思われ、なかなか理解されなかったのはこのためである。だが、この実体は霊的洞察力をこの世界で開発できる人であり、またこの実体と接することによって他の人々は益を受けるだろう。この世界でたくさんの人たちを育成することに力を尽くす人である。

この実体の最大の長所は、霊的な力に関してほとんど理解していない地球の住人たちにとっては神秘的と思われることに、他の人々を育成できることにある。

この実体の霊力はかなりのレベルに達しているので、この実体に接しながら、その霊力を土足で踏みつけにするような人は、そうすることによって彼ら自身の魂を損なうことになるだろう。このような事例はこの実体の生涯にはよくあったことである。この実体が受けている占星学的な影響力について言うと、海王星の影響力と木星の影響力と、双子座の太陽光線が加わって、この実体に高貴な優れた力を与えている。

（2553―8）

海王星の中には水の力、水に関わる力が見られ、この実体の創造的表現力、物に生命を与え、助ける才能もここから来ている。そのために、この実体が栽培する植物は何でもよく育つことだろう。自然の中から摘み取ってきた花も、この実体の近くに置いておけば満開になってよりよい香りを放つだろう。

（2641―1）

前半のリーディングにも出ていますが、地球から距離的に遠い惑星――天王星、海王星、冥王星から飛来した魂は、変人であるとか風変わりな人に見られやすいようです。これは、遠方の惑星から飛来する人の数がもともと少ないために、その他大勢の人々からは理解しがたい精神的な特徴を持っているためです。

私たちの周りにもしばしば理解不能な奇人・変人がいますが、その人たちはひょっとすると天王星より遠い惑星から飛来した魂なのかもしれません。「奴は宇宙人だ」などと評される人は、実際に遠い星から来た人なのかもしれません。また、そのように理解すると、他人の奇妙な性格や風変わりな行動も、ご愛敬で許容しやすくなります。心当たりの人物がいるなら、心の中で次のように呟くといいでしょう。「彼（あるいは彼女）はきっと海王星から来たんだ。だから仕方ないよ」と。そうすれば、苦笑しながらも寛容に接することができるはずです。

「冥王星」にいた人は？

2006年に惑星から格下げになった冥王星ですが、ケイシーのリーディングにおいても、冥王星の影響を受けるとされた人はごくまれです。それだけに、冥王星から飛来した人にとって地球での生活は苦痛だと言えます。

ケイシーによると、冥王星は個人に影響を及ぼすよりも、社会全体や人類に対して影響を与えるものだといいます。そしてその影響力は今後、ますます強まってくるようです。

冥王星は、今、宇宙の中で、地球周囲の星系の中で起こりつつある進歩に関係している。

一般にいわれているのとは違い、冥王星の力は徐々に広がっていくものである。それはゆっくりと成長していくものであり、従ってそれは、今後霊的な心を帯びた外部からの影響力に向かって人類が進歩していくときに明らかにされていくことになる力の一つである。

今のところ、この力は気づかれ出したばかりにすぎない。しかし、今後100年、200年のうちには人間の進歩の上に一大影響力を及ぼすようになる。それは地球の活動に一番密接な影響を与えるものだからであり、今は展開中であり、まだ定まっていない影響力だからだ。（1100―27）

「アルクツールス」を通る人

アルクツールスは牛飼い座の主星であり、春にオレンジ色をした星として見ることができます。ケイシーのリーディングでは、太陽系の転生を修了した人々が通過する領域の一つとして、ごくまれに現れることがあります。

アルクツールスはこの宇宙の中心と呼べる星であり、魂はそこを通過するときに、この太陽系に戻ってくるか他の星系に移り住むかの選択が与えられる。これは（太陽系を卒業する魂にとって）ごく普通の進み方ではあるが、（太陽系を卒業すること自体は）まれなことである。

（5749―14）

アルクツールスがこの実体を地球の物質界に再び送り込んだ中心力として、この実体のチャート（ホロスコープ）に現れている。この星は太陽系から出ていく道でありドアの役割を果たしているが、この実体は目的をもってそこから今生へと戻ってきたのである。

アルクツールスから飛来してきた今生においては、今後起きてくる変化からも明らかになっていくことだが、その力は実に変化に富む現れ方をしている。

この実体が個人の普通の体験ばかりか、地域、州、国家、国際的な政策の変化に関係し、また今後関係することになるたくさんの人々と何らかの形で関わりを持ち、協力関係を作ることが予想されるというのはこのためである。というのも、これらはこの実体が今生で大きく貢献することになる普遍的な、より広大な意識の一部をなしているからである。

（2454―3）

ケイシーによると、アルクツールスは太陽系内の輪廻転生を卒業する場合の通過地点の一つであるということですが、それと同時に、進化した魂が何らかの使命をもって地球に誕生するときにも、多くの場合、この星を通過するようです。イエスが誕生したときに夜空に燦然と輝いたといわれる「ベツレヘムの星」も、実はこのアルクツールスのことであるとケイシーは述べています。

「太陽・月」にいた人は？

惑星滞在と同じ意味で太陽あるいは月に滞在することはきわめてまれです。むしろ太陽と月は、それぞれ人間の肉体面、精神面に影響を与えます。

太陽は黄道上の位置によって影響力が変化します。一方、月は、黄道上の位置だけでなく、月齢によっても影響力が変化します。一般に太陽の影響が強い人は、意志が強く、肉体的にもパワーがあります。人々の中心になって物事を推進しますが、悪くなると独善的で自己中心的になります。月の影響を受ける人は、内向的で物事を深く考える傾向を持ちます。ネガティブに出ると心が不安定になったり、感情的になったりします。

これまで転生間に滞在する惑星の特徴について述べてきましたが、ケイシーによると、惑星

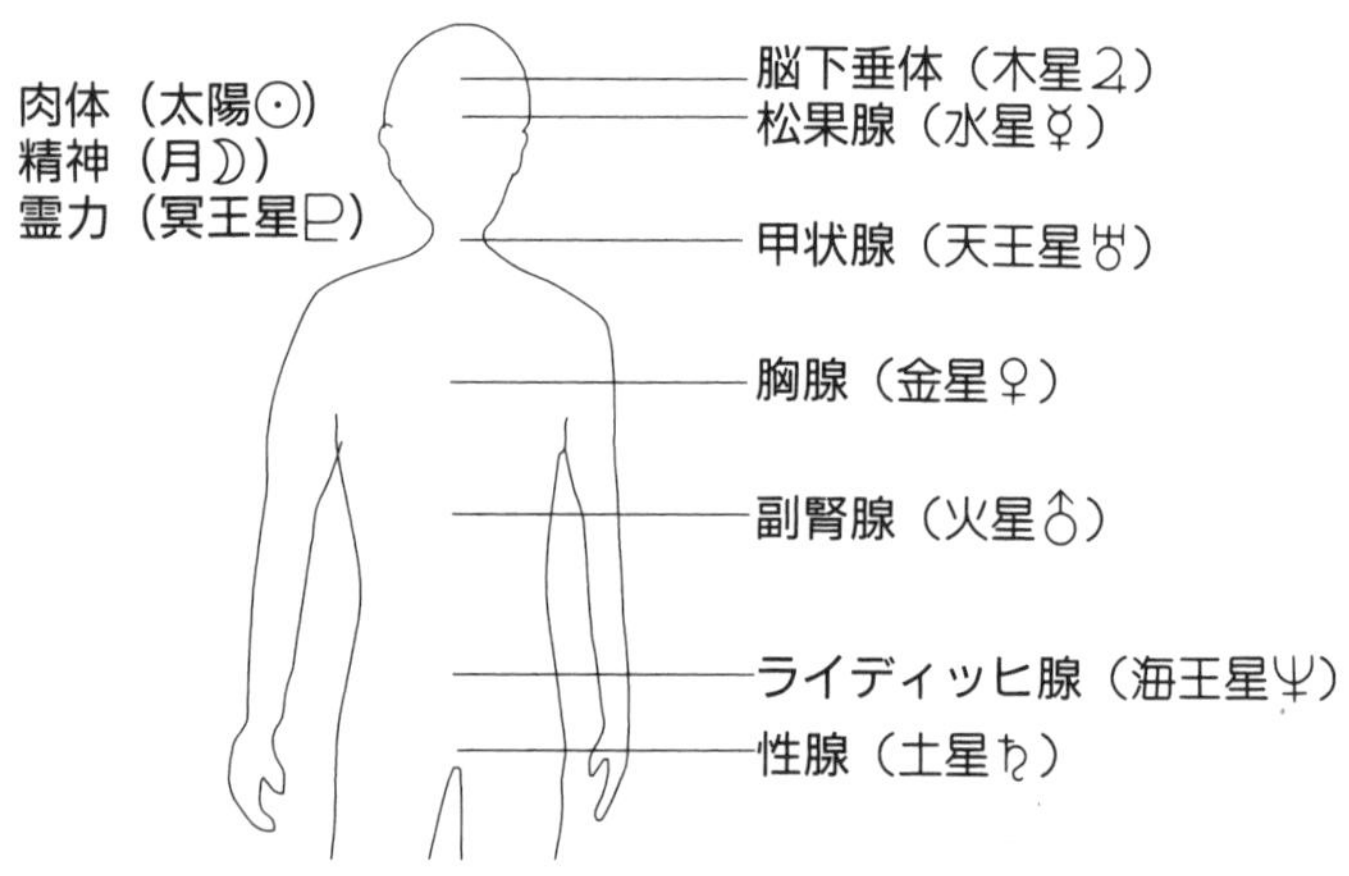

人体と惑星の対応

滞在で獲得した特徴は、私たちの内分泌腺を通して肉体次元に表現されます。その対応を示すと上図のようになります。

この対応から次のようなことが推定されます。たとえば転生間に火星に滞在した人は、副腎の働きが他の人に比べて活発で、アドレナリンが分泌されやすく、怒りの精神衝動が他の人より強く現れます。これが建設的な形で表現されれば、その人はエネルギッシュになりますが、逆にネガティブな形を取ると、ちょっとしたことで腹を立てるようになります。

同様に、たとえば土星の影響を受ける人は忍耐と衝動が、金星の影響を受ける人は愛情と妬みといった精神衝動が他の人に比べて表現されやすくなるのです。ただし、この図の中で冥王星、太陽、月という3つの天体については内分泌腺との対応がありません。その理由は、ケイシーの占星理論に従えば、太陽と月はそれぞれ人間の肉体面と精神面全体に作用する星であり、また、冥王星は個人的なレベルというよりも、社会全体に対する作用が強いためだといえます。

ケイシーの転生占星理論によれば、私たちは自分の中の精神的特性のネガティブな面を浄化し、それを建設的に表現することを学ぶことで霊的な成長が促進されることになります。その最高の模範がイエス・キリストであるとケイシーは言います。

イエスは、忍耐（土星）、誠実さ（海王星）、熱意（火星）、愛（金星）、意志力（天王星）、知性（水星）、指導力（木星）、霊力（アルクツールス）のいずれにおいても最高に完成され、私たちの模範であるとケイシーは主張します。

では、私たち自身の惑星滞在の様子を知る方法、あるいは惑星滞在に起因する精神的特性を知る手だてはあるのでしょうか。

ケイシーによれば、ホロスコープを作成することがその一つの手段になり得るといいます。ただし、ケイシーの占星術理論によるホロスコープ解釈は、従来の宮（サイン）と室（ハウス）と座相（アスペクト）を重視する解釈とはかなり質を異にします。むしろフランスの統計心理学者であった故ミッシェル・ゴークランの発見した科学的な占星理論とよく一致しています。

ゴークランの占星理論

興味深いことに、ゴークラン博士——フランスの心理学者——が占星術に手を染めるようになったきっかけは、巷に流布している占星術が全く信用できないものであることを証明しようと、占星術のさまざまな原理をコンピュータで統計的に解析しようとしたことにあります。博士の予想通り、従来の占星術原理（ハウスやサインを重視するやり方）は次々に統計的に否定されていきました。そして博士の研究が九分通り完成しようとしていたときに、全く別の事実が浮かび上がってきたのです。その当時の様子を、博士自身の著書『The Scientific Basis of Astrology』（Stein & Day Pub）から引用してみることにします。

それまで私は、占星術というものは科学的根拠が全くないということを統計的手法により証明しようとしてきた。それがことごとくうまくいき、まさに完成されようとしていたある日、私は次のような非常に奇妙な事実に気づいた。

私は576人の医学アカデミー会員を含む、ある一群のホロスコープを調べていた。

その調査の中で、私はある特定の惑星がある特定の位置に頻繁に現れるのに気づいたのである。それはとても偶然という言葉では片づけられるようなものではなかった。事実、その結果については、いかなる統計学者といえども「著しく有意」という判定を下さざるを得ないようなものであった。その法則は従来の占星術のいかなる法則にもないものであったが、あまりにも顕著であるために、無視するわけにはいかなかった。

私が見つけたその法則とは、「後年、傑出した医者になるような人々は、誕生時において火星もしくは土星が東の地平線を上昇していたか、あるいは南中していた」というものである。一方、一般の人はどうかというと、こういった占星学上の特徴を決して持っていなかった。そのことがまた不思議なことであった。私は一般の人々を選挙人名簿からランダムに注意深く選んだが、これらの一般の人々については、誕生時に火星や土星が上昇したり南中したりしているという傾向は見られなかった。著名な医者には奇妙に振る舞う運命の円も、一般の人々にはごく当たり前に振る舞うようであった。

医者の誕生データから発見された新事実に刺激された博士は、他の職業分野に関しても、その分野で成功を収めている人々のホロスコープを調べ、その結果、次のような非常に興味深い事実を得ました。

火星………個人プレーのスポーツ選手・会社重役
火星 or 土星…科学者
火星 or 木星…兵士
木星………チームプレーのスポーツ選手・俳優・ジャーナリスト・劇作家
木星 or 月……大臣
月…………政治家・作家

この対応を見て面白いと思うのは、たとえば火星の影響を受けている人々の職業を見ると、確かにこれらの職業は副腎の働きが活発でないと務まらないようなものばかりだということです。個人プレーのスポーツ選手や兵士、会社重役など、エネルギッシュで体力がないと務まりません。

一方、大臣になるには、社会を指導するだけの先見性と遠大なビジョンが必要ですが、それはまさに木星滞在者が有する資質です。また、インスピレーションを必要とする作家に月の影響を受けている人々が多いのも、ケイシーの転生占星理論からうなずけます（私がゴークランのこの本を最初に読んだのは高校生のときでしたが、そのとき、早速日本の著名な作家のホロスコープを作って調べてみたのを覚えています。誕生時刻がはっきりしている作家として、芥川龍之介、川端康成、三島由紀夫の三氏の作家を調べてみましたが、驚いたことに3人とも月が上昇しているか南中していました。ここでも私は占星術の的中率に心服させられました)。

ゴークラン博士はこうして、従来の占星術のいいかげんさを証明しようとしたことがきっかけで新しい占星術理論を見つけたのですが、ケイシーも魂に強い影響を与える惑星は東の地平線に上昇する惑星か、または南中の位置にある惑星であると述べており、ゴークラン博士の見いだした事実と見事に一致しています。また、ケイシーは占星術の活用法の一つとして、職業選択を挙げていましたから、ゴークランのアプローチはこの点においても非常に的を射たものであったと言えます。

残念ながら、ゴークランが解析を行った職業の中には、水星や天王星、海王星などに強い相関を示すものはありませんでした。これをケイシーの転生占星理論をもとに推し量るなら、たとえば水星の影響を受ける人であれば学者や評論家、数字を扱う経理事務などに適性があると考えられますし、天王星であれば強い意志力を必要とする職業や新しいアイデアやひらめきを必要とする職業に向いていると考えられます。

また海王星であれば、芸術や宗教的な事柄に適性があるかもしれません。まれなことですが、冥王星の影響を受けている人については、その直感力を生かしてサイキックカウンセラーなどが適職かもしれません。

ホロスコープで見る転生間の惑星滞在

では私たちは、実際のホロスコープからどのようにして自分自身の転生間惑星滞在の様子を求めればいいのでしょうか。エドガー・ケイシーのホロスコープと筆者のホロスコープをもとに、具体的にそれを試みることにします。

ケイシーは1877年3月18日午後3時3分にケンタッキー州ホプキンスビルに生まれました。従ってケイシーのホロスコープは、次ページの図のようになります。

これはケイシーの転生占星理論をもとにした解釈について一般的に言えることですが、まず私たちが注目しなければならないのは、東の地平線の位置および南中の位置に来ている惑星です。その次に、西の地平線の位置および北中の位置に来ている惑星を調べます。もしこの位置に惑星があれば、かなりの精度でそこに滞在していたことが推定されます。もしこれらの四隅のいずれにも惑星がない場合は、滞在惑星を簡単に割り出すことはできません。ケイシーの転生占星術を研究している人たちの現時点での見解では、ヒンドゥー占星術のシャッドバーラ

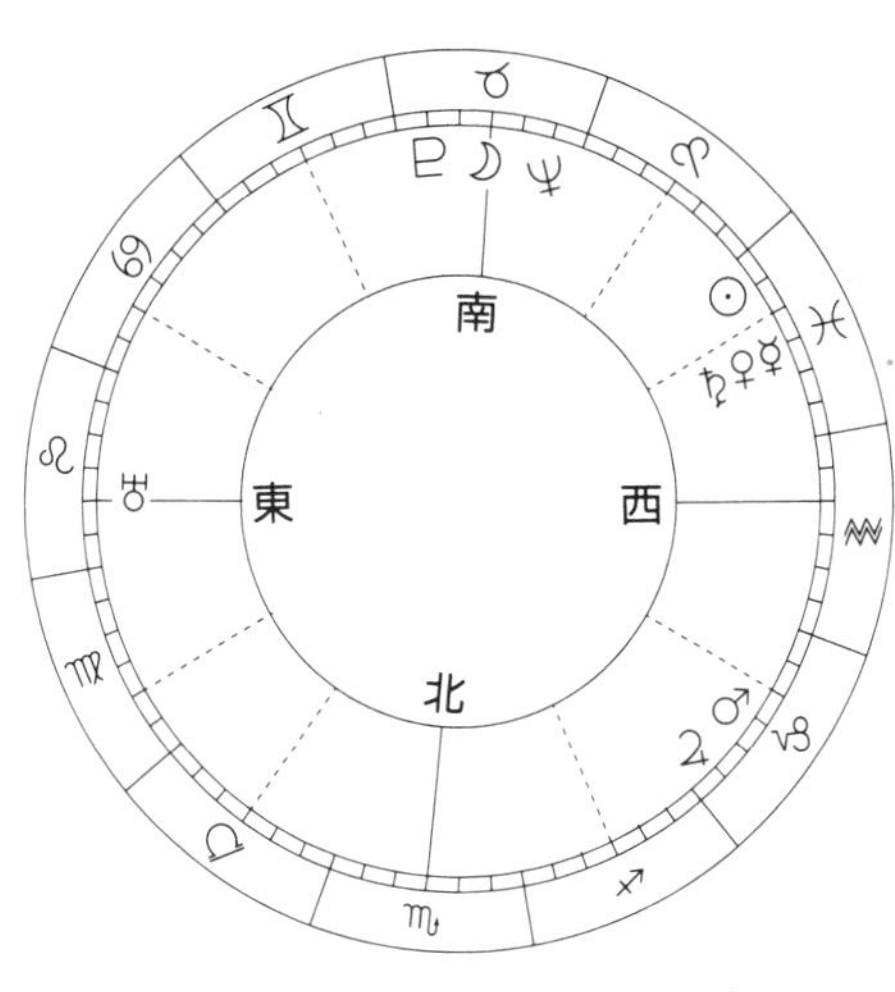

ケイシーのホロスコープ

(Shad Bala) と呼ばれる技法が、最も有望だということです。このシャッドバーラでは、ヒンドゥー占星術独特のハウスおよびサインにおける惑星の強弱と、惑星同士の相互作用による強弱を数値化し、それらを総合して惑星の影響力の強さを計算します。ただし、この技法を説明することは本書の範囲を超えていますので、他の専門書に譲りたいと思います。

さて、ケイシーのホロスコープを見ると、天王星（♅）が東の地平線上に上昇中であり、また月（☽）が南中の位置にあることがわかります。従ってケイシーの転生占星理論からすると、ケイシーは天王星もしくは月に滞在した可能性がきわめて高く、これらのいずれか（もしくは両方）の惑星の影響を強く受けることが予

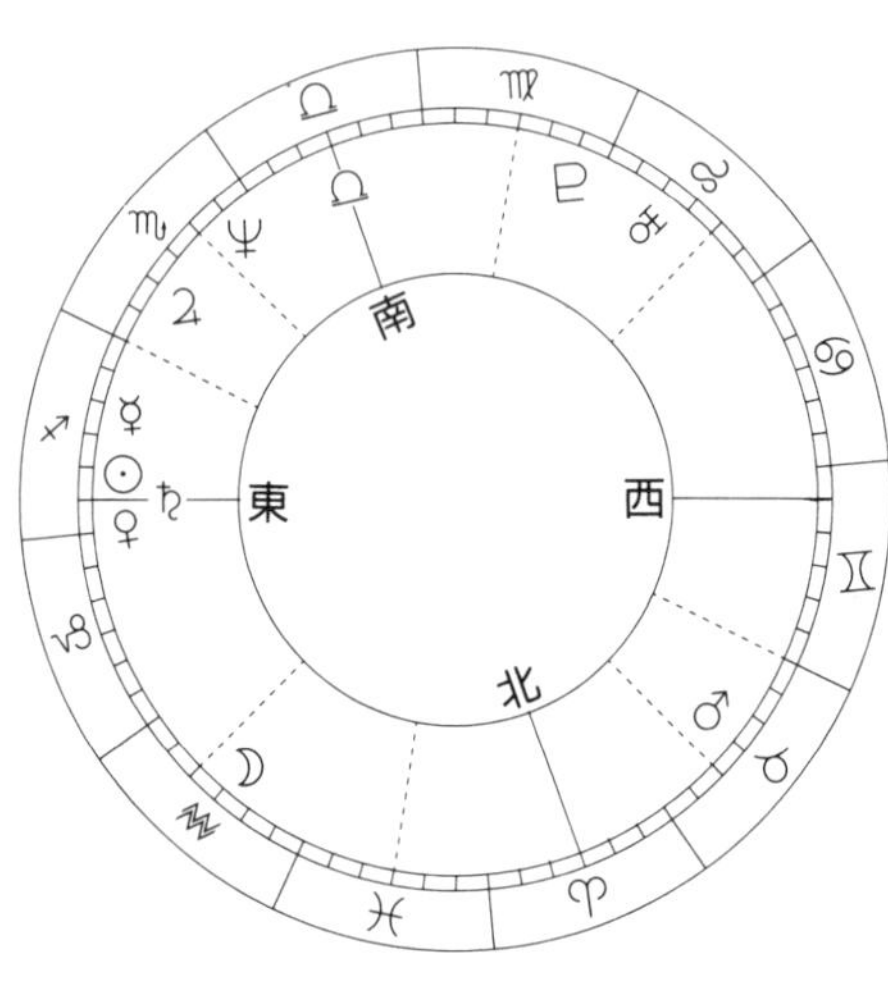

著者のホロスコープ

想されます。実際、ケイシー自身のリーディングによると、彼は直前の転生間にいくつかの惑星に滞在しましたが、その最後の滞在が天王星であり、地上への誕生に際しては天王星から飛来したと述べています。またケイシー自身、彼の霊能力を天王星に帰していることも興味深いことです。

次に筆者の場合です。私のホロスコープは上の図のようになります。

このホロスコープから、私は土星（♄）もしくは金星（♀）に滞在したことが推定されます。実際、自分自身を振り返ってみても、確かに自分の中には土星の特徴である忍耐と衝動性が同居していることを認めないわけにはいきません。また自分では金星の特徴も持ち合わせているという気がしています。従って、今回の人生における私の課題は、土星および金星に象徴されるポジティブな面を伸ばしつつ、その逆のネガティブな面を矯正することにあります。なお、先ほど言及したヒンドゥー占星術のシャッドバーラを使うと、私の場合、次に影響する惑星として水星（☿）が浮上してきます。何事にも合理的な説明を求めてしまう私の性格は、この水星の影響かもしれません。

肉体の輪廻を超えた人々

本章の前半で私は、今回の人生をもって肉体への転生を卒業するであろうとケイシーに指摘された人々について触れました。この重要なテーマをここで再考したいと思います。

ケイシーのライフリーディングを受けた人は延べ２０００人になりますが、正味の人数は約１２００人です。この１２００人のうち、今回の人生をもって肉体への転生を卒業する可能性があるとされた人が18人います。これらの人々は、太陽系内の惑星滞在を超えて、もっと高い次元の星系に進むことが可能であると言われました。そしてその通過地点にアルクツールスという恒星があるのです。

仏教では、仏道修行の究極の目的は解脱（げだつ）すること――つまり、肉体への輪廻転生から脱出すること――であるとされますが、仏教的な感覚で言えば、これらの人々は解脱した人々（輪廻を超えた人々）であると言えます。

この１２００人中18人が、転生を超えるとされたことが多いか少ないかは別にして、ここに仏教とケイシーの転生占星術をつなぐ一つの接点が見いだせます。また、ケイシーの占星理論を媒介として、キリスト教と仏教とのつながりをも見いだすことができます。

これら18人のライフリーディングを調べると、彼らに際立った精神的特徴があることがわかります。すなわち、彼らは徹底した奉仕の人であり、愛によって自己中心性を克服した人々であったということです。衝動性は忍耐へと高められ、怒りのエネルギーは情熱へと昇華され、情動は思いやりのエネルギーへと変容されているのです。『地球卒業者18人の過去生』（バイオレット・シェリー／中央アート出版社）に詳しく解説されているので、そちらを参考にされるといいでしょう。

この18人のうちの一人は現在もご存命で、社会福祉活動家としてさまざまな活動をしています。あるとき、ＡＲＥの前会長であったヒュー・リン・ケイシーがこの女性に「リーディングで輪廻転生を終了するだろうと言われたとき、どんな気持ちがしましたか」と尋ねたことがあるそうです。それに対する彼女の答えは、まさに転生卒業者の名にふさわしいものでした。

彼女はただちに、「私にとって重要なのは私の輪廻転生ではなく、今、この社会に存在する苦しみや社会的不公正を正すことです」と言って、逆にヒュー・リンに彼女の新しい社会福祉運動に参加するよう求めたそうです。

また、人数的にはさらに少数になりますが、すでに肉体への輪廻を超えていた魂が、地球の人々への奉仕のために、あえて肉体に転生してくるケースもあります。仏教的に言うと、菩薩道ということになるのでしょう。

転生間惑星滞在で時代を知る

さて、これまではもっぱら個人レベルにおける占星理論を述べてきました。しかし、この理論は個人レベルにとどまらず社会全体、あるいは世界全体を視野に入れることが可能です。

たとえば世界情勢に関するリーディングの中で、ケイシーは1941年4月29日から太陽、月、木星、天王星、金星のすべてが黄道上の1カ所に集合することを指摘し、そのために地上に混乱と紛争が起こると予言しました。さらに、これと同じ天体上の現象が800年前および1600年前にも起こり、地球は同じような暗黒の時代を過ごしたことを指摘しました。実際、1941年4月末から5月上旬にかけて第二次世界大戦は激しさを増し、大戦中を通してドイツがイギリスに行った爆撃のピークがこの時期に重なっているのも、決して偶然ではないでしょう。おそらくは惑星の力が人々の無意識に働きかけ、狂気へと駆り立てていったのです。ちなみに、800年前の暗黒時代とは、十字軍の遠征が行われた時期を指します。

このように占星理論を活用することで、私たちは来たる時代がどのような精神衝動によって影響されるかを、前もって知ることが可能になります。また、私たちの歴史理解に対しても、別次元の視野が与えられることになります。

「魂は宇宙に飛翔する」と考えられれば、しがらみから解放される

長々とケイシーの転生占星理論を解説してきましたが、従来の根拠の不明確な占星術に比べて、理論的にもスッキリとしたのではないでしょうか。

しかし、私はケイシーの占星理論を、いわゆる「当てもの」として紹介したいわけではありません。私の目的はむしろ、ケイシーの占星理論を通して、人間の魂がどれほど崇高な存在であるかを示すことにあります。輪廻に束縛されている魂ですら、太陽系内を飛び回るのです。

古代の神秘家は、人間は大宇宙を反映する小宇宙であると喝破しましたが、私たちは自らの内に太陽系、あるいは太陽系を超えた領域までも収めているのです。

肉体に宿っているときには、自分の魂が宇宙大に拡大しているという遠大なビジョンを忘れがちです。しかし、ひとたび自らの崇高さ、神秘性を思い出せたなら、私たちは日常生活に付随するせせこましい事柄や、人間関係のもつれに囚われている自分から、ただちに自分の意識を脱却させることが可能になるのではないでしょうか。この世の心配事も悩みも、永遠不滅の霊的存在としての自分自身と比べるなら、即座に影を失っていくはずです。

自分の惑星滞在を知る

自分の惑星滞在を知る最も簡単な方法は、その人の性格を充分に観察することに尽きます。惑星が持つ性格をしっかり理解していると、その人を観察するだけで、おおよその惑星滞在の様子は見当がつきます。

他には、前述のヒンドゥー占星術のシャッドバーラを利用して惑星の影響力の強度を計算する方法がありますが、これはあまりに専門的すぎて、なかなか手を出せません。

そこで次善の策になりますが、ヒンドゥー数霊術を使った方法を紹介することにします。

数霊術とは、生年月日を構成する数字をもとに、その人の性格なり運勢を推定するという技法ですが、いろいろな文化圏でそれぞれ独特の数霊術が発達しました。その中でもインドで発祥したヒンドゥー数霊術（別名ヴェーダ数霊術）は、ケイシーの語る数霊論と一致することが多く、ケイシー研究家らが着目しています。

具体的には、生年月日から「霊数」・「運命数」と呼ばれる一桁の数を導き出します。

①霊数は計算が比較的簡単で、生まれ日の数字から算出します。

・生まれ日が一桁の人は、誕生日がそのまま霊数になります。

たとえば5日生まれの人は「霊数5」に、7日生まれの人は「霊数7」になります。

・生まれた日が二桁の人は、それぞれの桁の数を足し合わせます。

たとえば18日生まれの人は「1＋8」から「霊数9」に、25日生まれの人は「2＋5」で「霊数7」になります。ここで29日生まれの人は「2＋9＝11」になるわけですが、再度「1＋1」を計算して、最終的には「霊数2」になります。

②運命数は生年月日の数字をすべて足し合わせます。

たとえばエドガー・ケイシーの場合、1877年3月18日生まれですから、「1＋8＋7＋

7＋3＋1＋8」を計算して「35」になります。二桁なので、これを再計算して「3＋5」から、最終的には「運命数8」が導き出されることになります。
結局、ケイシーの場合は霊数9で、運命数8という組み合わせになります。

③霊数と運命数から人生に影響していると思われる惑星を割り出します。
ヒンドゥー数霊術では、数字と惑星には次のような対応があると考えられています。

1＝太陽　6＝金星
2＝月　7＝計都（天王星）
3＝木星　8＝土星
4＝羅睺（海王星）　9＝火星
5＝水星

ヒンドゥー数霊術が生み出された頃のインドでは、まだ天王星より外側の惑星は発見されていませんでした。そのため、4数と7数には想像上の星である羅睺と計都が割り当てられています。ケイシーの占星理論に当てはめて考えると、羅睺は海王星に、計都は天王星に相当する性質を持ちます。

たとえばケイシーの場合は、霊数が9で運命数が8ですから、火星と土星の惑星滞在が考えられますが、これはケイシーのライフリーディングに一致します。

ただし、これは確実な方法ではありませんので、あくまでも参考程度にとどめておいてください。ヒンドゥー数霊術に関心を持たれた方は、『ヒンドゥー数霊術』（ハリシュ・ジョハーリ／明窓出版）を参考にされるといいでしょう。

第7章 ●「魂と宇宙の創造」から見る生き方の哲学と輪廻転生の検討

魂と宇宙創成の神秘

これまでケイシーのライフリーディングをもとに輪廻転生の様子を見てきました。この章では、輪廻転生に関するまとめとして、輪廻転生を魂と宇宙の創造という、より大きなスケールから捉え直します。そして、輪廻転生の哲学が、私たちの人生にどのような意味を持ち得るかを検討してみることにします。

輪廻転生を自分の生き方の哲学として受け入れるようになると、遅かれ早かれ、人はある解決しがたい大きな難問に遭遇します。それは私たちの霊的起源と究極的な未来の存在形態に関する疑問です。

ケイシーの情報を信用するならば、私たちの本性は永遠不滅の霊的存在であり、私たちは霊的成長のために生まれ変わりをくり返してきたことになります。しかし、そうであるならば、その輪廻転生を過去に向かって限りなく遡っていった先にあるであろう、私たちの霊的起源とはいかなるものなのでしょうか。

私たちの魂はどのようにして存在を得て、そしてまた、なぜ地上の肉体に入ったのでしょうか。私たちはなぜ、カルマを作ることになり、またカルマの連鎖はどこから始まったのでしょうか。

宇宙物理学によると、宇宙は今から150億年ほど前のビッグバンによって誕生したといわれています。そして、考古学によれば、人類が地上に登場したのは、今から400万年ほど前だといわれています。そうであるとしたら、私たちの魂はいつ誕生したのでしょうか？

同じ思考を未来に向けたときにも、同様の難問が表れます。

私たちは輪廻転生を通して成長し、いつか肉体の輪廻を超えたより高い次元に進むともいわれています。そうであるのなら、成長を続けた終局では、どのような存在になるのでしょうか。

ケイシーの存命中にも、真理の探究に情熱を持つ人々が、これらの難問にチャレンジしました。

そしてケイシーは、私たちの理解の及ぶ範囲で、魂と宇宙創成の神秘を開示してくれました。当時のリーディング記録を読むと、ケイシーの宇宙創造理論に魅せられた人々が、次から次へと自分たちの疑問をリーディングに問い合わせ、眠れるケイシーの口から語られる豊かな、そして時には、私たちの想像を絶するような情報に魅せられた様子がうかがえます。

こうして彼らは、リーディングをもとに、壮大にして神秘的な宇宙創造論を整備していきました。ケイシーが語る宇宙創造論は、世界の諸宗教が持つ創造理論や各文化圏に存在する創造神話と比べても非常に精緻で一貫性があります。また同時に、宇宙物理学や考古学、人類学の最新の知見とも優れた整合性を示しています。そういった意味で、現代人に納得し得る新しい神話であると言えるのです。

神話学者のジョセフ・キャンベルは、かつてテレビのインタビューで「神話は我々に人間の出自を思い出させる。そして人の心を癒やし、人を善に導く力を持つ」と述べていました。ケイシーの語る宇宙創造論は、このような真理を探究している人々にとって、深いインスピレーションの源泉となることでしょう。

ここに紹介するケイシーの宇宙論は、私たちの理解力に合わせてもたらされたということを認識しつつ、私たちがより高次の星系に進んだときに、さらに壮大で精緻な宇宙論が示されることを楽しみにして、とりあえずは地球レベルで有効な、魂と宇宙創造の物語を検討することにしましょう。

宇宙を創造した「至高の存在」

ケイシーは、この無限なる宇宙の起源に関して、宇宙を創造せしめた、ある《至高の存在》の実在を高らかに宣言します。その存在をケイシーは、抽象的に「普遍的力（Universal Force）」と呼ぶこともあれば、「創造の諸力（Creative Forces）」「創造エネルギー（Creative Energy）」と呼んだり、あるいはアリストテレス風に「第一原因（First Cause）」「第一原理（First Principle）」と呼んだりすることもありました。しかし、最も一般的には「神」という言葉を躊躇なく使っていました。

そこで私たちも、この《究極の存在》が実在することを大前提として受け入れ、その存在を「神」という言葉で表すことにします。

鋭い読者は、この「神」そのものの存在の本質を究明しなければ、思想としての完璧さが損なわれると批判されるかもしれません。確かに、宇宙の創造を神に帰するのは最も安直な仮定を選択しているとも受け取れます。しかし、ケイシーのリーディングは、私たちよりはるかに高い次元に立って、それでも神が存在し、神が万物を創造されたことを宣言するのです。

神の問題は、いわば宇宙物理学でいう宇宙創成時の特異点問題に比せられるべきものであり、三次元の思考では究明できない謎に属します。哲学的厳密さを追求しても不毛なので、私たちは、その謎の解明は、より高次の世界に転生するまで棚上げにするとして、ここではケイシーが描写するところの神なる存在を受け入れて物語を進めることにしましょう。

宇宙の神秘をたかだか人間の頭脳ですべて解明できると思う方が不遜なことであり、私たちの進化の先に、宇宙のさらなる神秘が開示されると納得するほうが、精神衛生上もはるかにいいはずです。

さて、宇宙に時間と空間が出現するはるか以前のこと。宇宙には神だけが存在していました。物理的宇宙はいまだ姿を現さず、霊的次元に神のみが存在していました。神は、自らの能力に目覚めながらも、静かに自らのうちに沈潜(ちんせん)していました。

その神が、ついに自己表現を求めて動き出します。

神は、自らを自らの中心に凝集させ、そこから光り輝く大いなる精神として沸き返りました。そして私たちの感覚でいうところの仲間を欲せられ、神は自らの内より宇宙と魂を一斉に投射しました。物質次元には宇宙を、霊的次元には人間の魂とその他の生命を投射されました。すべての被造物は神の一部であり、全体と調和し、神の属性を反映していました。そして創造の初めより進化の計画を内蔵し、それらは私たちが変化とか成長と呼ぶプロセスを経て進むようになっていました。

ケイシーの語る宇宙開闢(かいびゃく)のストーリーは、宇宙が今から150億年前にビッグバンによって創造されたと主張する、宇宙物理学の理論に比されるべきものかもしれません。

また非常に興味深いことに、理論物理学によると、物理的宇宙がこれほどの多様性と進化の可能性を持つためには、きわめて精巧なバランスの上に宇宙の創造が開始されなければならなかったと述べています。もし宇宙がデタラメで無目的に創成されたなら、宇宙は瞬く間に崩壊したであろうといわれます。

宇宙が安定して存在すること自体が、宇宙が偉大なる知性によって創造されたことを証しているのです。

神は、最も単純な水素原子の中にすら、それらが組み合わさって最終的にはより大きな原子・分子に進化し得る可能性を与えました。そして宇宙は、神の計画通り、法則に従って諸元素を生み出し、それらを集めて銀河系を創り、そしてその中に、複雑な分子の発達できる惑星を誕生させました。

ケイシーによれば、人間は、神の体の中の必須の部分として、またさまざまな経験を経た遠い未来において、神の共同創造者となるべく神の内より投射され、自らの霊性を自覚する「魂」と、魂の力を形にする「精神」と、そして自らの行動を選択する「自由意志」とを与えられました。この自由意志に関してケイシーは、人間だけが完全な自由意志を持ち、人間だけが神に反逆し得ると述べています。それほどの完全な自由意志が、人間には付与されたというのです。

人間の魂は、過去において一斉に創造されたのであり、起源としてはすべての魂が同一であるとケイシーは主張します。そして魂としての存在を得た後も、私たち魂は、しばらく霊的次元にとどまっていたのです。

産み落とされたばかりの生命が、安全な所にじっとしているように、私たちの魂もしばらくは霊的次元にとどまり、自らの存在の可能性に驚きつつも、神の大いなる想念の中にとどまっていました。個我(こが)の核を持っていながらも、まだ自己を意識することはありませんでした。

しかし時間がたつにつれて、いくつかの魂は自己を意識し始め、自分というものの可能性を外に向けて試したくなりました。そして意志力を発揮して、自らを試し始めるようになりました。

しばらくの間、魂の活動は神の創造目的からそれほど逸脱するものではありませんでした。

しかし、自らの能力に対する興味は徐々に強まり、それにつれて神の目的からも大きく逸脱するようになっていきました。

地球の物理次元に降下する魂

私たちの魂は、それでもまだ霊的次元にとどまっていましたが、ちょうど魂の目覚めと並行するようにして、物質世界では物理的宇宙が形を整え始め、いくつかの恒星系には惑星が出現するようになっていました。そして長い年月のうちには、そこに原始的な有機生命体が発生し、そこからさらに植物や両生類、ハ虫類などが出現するようになりました。

物理的宇宙で生命が展開し始めるのを霊的次元から眺めていた魂たちは、それぞれが思い思いの銀河と恒星系に引かれるようになります。

おそらく、私たちの住むこの銀河系に縁を持った魂たちは、霊的次元からたまたまこの銀河系に意識を向けていたのでしょう。そしてその中でも特にこの太陽系に強い興味を持った一群の魂たちが、この太陽系の周囲に霊的次元で降り立ち始めました。

最初は、おそらく太陽系全体を眺めていたことでしょうが、その中でも地球で進行していた生命の進化に大いに魅せられ、ついに、今から1000万年前に、好奇心旺盛な一部の魂たちが地球の物理次元に降下することを決意しました。

ケイシーは、その魂の数すら明らかにしています。それによると、最初に地球に飛来した魂の数は1億3000万であったということです（このことは逆に、ほとんどの魂はそれ以降の時期に物質界へ降下したことを意味します）。

彼らは自らの利己的な好奇心を満足させるために、最初は岩や海などの無生物の中に紛れ込み、その状態を体験しましたが、そのうち、植物、あるいはハ虫類などの生物に意識を重ねて、それらの存在状態を楽しみました。

しかし、このときにはまだ、霊としての自覚意識を失うことはありませんでした。ちょうど地球における生物の進化を、彼らは意識として体験したのです。

そのうちに地上には動物が登場し、地上に降下した魂たちは、動物の生殖行為に多大な興味を持つようになりました。そして動物たちの肉体に一時的に憑依（ひょうい）しては、彼らの生殖行為を間接的に味わうことを覚えていきました。動物の生殖行為に魅せられた彼らは、彼ら自身が直接的に生殖行為を楽しむことを強く求めるようになっていきました。

その結果、彼らは自らの想念の力を使って彼らの願望を具現する動物を実体化させ、そこに自らの魂を投入するようになりました。こうして実体化された動物を、ケイシーは「想念体（Thought Form）」と呼びました。

魂が肉体にもつれ込む（エンタングルメント）

魂たちの利己的な願望は、とどまるところを知りません。

自らが本質的に神と同じ属性を与えられた、神聖にして高貴なる霊的存在であることを忘れ、自分の利己的願望を充足するために、魂の偉大な創造力を使って動物を投射し始めたのです。

しかしながら、もともとの神の計画に従って進化してきた生物とは異なり、想念体として投射された動物は、魂の利己的な願望を反映したグロテスクな存在として誕生しました。

鳥のような翼と、馬のような足がほしいと思えば、そのような複合体が出現したのです。そして魂たちは肉体の快楽を直接味わうために、自らの魂をその肉体の中に埋没させました。

常識的な感覚では、このようなことが実際に起きたとはとても信じられませんが、リーディングのもたらす情報を受け入れるなら、かつての魂はまだ神の属性を充分に発揮することが可能であり、宇宙のエネルギーを使ってそこから物質を創造することも可能であったと主張します。

私たちはアインシュタインの「E=mc2」という方程式から、エネルギーと物質は等価であることを知っています。しかし、それでも物質をエネルギーに変換したり、その逆にエネルギーを物質に変換したりすることが自由自在にできるわけではなく、原子核反応のような、ごく限られた状況でしか実現することはできません。魂が想念の力を使って物質化現象を起こしたということは、現代物理がまだ理解していない、エネルギーと想念と物質の三者の相互作用の存在を示唆しているのかもしれません。

また、ケイシーによれば、世界各地に存在する神話の中にしばしば現われる怪物――半人半馬のケンタウルスや人魚、一角獣など――は、実際にそれに近いものがその時代に想念体として存在し、そのことを人間の深層意識が記憶していて、神話という形に書き残したのだといいます。

こうして地上には、魂たちが自分たちの利己的な欲望を満足させるためのグロテスクな動物が出現するようになりました。

しかし、ここに魂たちの予想していなかった事態が生じます。それは、自分たちが創造した肉体の中に自らの魂を投射するうちに、魂が肉体にもつれ込むようになってしまったのです。それまで、生物の体に一時的に憑依しては、そこから自由に離れることができたのですが、動物の肉体に自らを投射するようになると、肉体に魂がからめ捕られ、そこから抜け出せなくなってしまったのです。このプロセスをケイシーは、肉体への魂のもつれ込み現象（エンタングルメント）と呼びました。

エンタングルメント（entanglement）とは、もともと毛糸などがもつれて解けなくなる状態を意味する言葉ですが、肉体と魂が絡み合い、そこから分離できなくなった様子がこの言葉によって非常にリアルに描写されています。

そして肉体にもつれ込んだ魂たちは、ただ単に魂の自由が利かなくなっただけでなく、魂としての意識すら失っていったのです。いわば、肉体の中で魂が昏睡状態に陥ったのです。魂は肉体に入っているけれども意識がないという、眠っているときの私たちの状態によく似ています。

さて、これら一群の魂たちが地上の肉体に次々と捕えられていく様子に気がついた別の魂たちがいました。彼らは、自分たちの仲間が次々に肉体に捕えられていくことに驚き、仲間の魂たちを救済することを決意します。

そしてそこから、崇高にして壮大な救済計画が立てられることになったのです。

魂を救うために種を進化させる

グロテスクな肉体に捕えられた魂たちを救済するために、一群の魂たちが霊的次元から大挙して地上に降下しました。これらの魂たちを指導し、かつ先陣を切ってリーダーとして降りてきたのが、イエスであったとケイシーは主張します。

リーディングは明示的には述べていませんが、その中には後に世界の霊的指導者になった人々が大勢いたということですから、仏陀であるとか、孔子や老子、あるいはクリシュナなども、そこに加わっていたのかもしれません。そしてそれらの指導的な魂に率いられて、きわめて大勢の魂が地上に飛来することを選択したのです。

彼らは、肉体に捕えられた魂の意識を回復させるために、まず、その当時地上で最も進化していた猿人を選び、彼らの進化を加速することにしました。猿人の周囲に魂たちが集まって、猿人の内分泌腺を通して彼らの肉体に働きかけたのです。

このプロセスについて、リーディングはかなり詳細な情報を残しています。

まず、救済の魂たちは猿人に想念を送り、それまで木の上で生活していた猿人を地上に降ろし、二本足で直立するように仕向け、余分な体毛と尻尾を落とし、そして脳の容積を飛躍的に増大させました。そして火や道具を使い、言葉によって意志を疎通させることを覚えさせました。

これらのことを、通常の進化のプロセスからすれば、突然変異でも起こったかのような急激な速度で行ったのです。もちろん、一世代の猿人でこれらのすべての進化が行われたわけではなく、数百年あるいは数千年の長きにわたり、何世代もかけて種の進化が行われたのですが、自然な進化の速度からすれば、急激な変化でありました。

興味深いことに、現代の人類学においても、人類の脳の容積に急激な増大があったことが確認されています。たとえば、人類の最古の先祖といわれる猿人（アファール猿人）の脳の容積は、チンパンジーやゴリラとほぼ等しい400cc程度でした。対して旧人（ネアンデルタール人）や新人（クロマニョン人）になると、いきなり1500ccに増大しているのです。これは人類進化の大きな謎になっています。

また、原人から旧人、新人に至るまでの中間的な種が存在しないことから、進化の連鎖がそこで分断されることになります。そのため脳容積の急激な増大はしばしば、「ミッシング・リンク（失われた連環）」と呼ばれることがあります。これは明らかに強力な「進化の駆動力」

が存在したことを示唆しており、この人類進化上の謎を、ケイシーの創造論は矛盾なく説明することができます。

ケイシーによると、これらの原人の進化の加速は、地球の5カ所でほぼ同時期に行われ、それが5人種の始まりであるといいます。ちなみに、最初の白人はコーカサス地方とカルパチア山脈、およびペルシャに現れました。黄色人種は現在のゴビ砂漠に、黒人はスーダンとアフリカの北西部に現れ、赤色人種はアトランティス、そして褐色人種はアンデスとレムリア大陸に現れました。

こうして人間の魂を宿らせるにふさわしい肉体が完成されると、次にはグロテスクな肉体に捕えられていた魂たちを、その新しい肉体に移し替えることが長い年月をかけて行われました。そのため一時的には、奇妙な動物たちと、新しい完全な肉体を持った人間、そして魂の救済にあたっていた霊的存在たちが共存することになりました。

さて、イエスを指導者とする救済の魂たちの当初の計画では、人間の魂を宿らせるにふさわしい肉体を完成させ、そこに彼らの魂を移し替えるなら、彼らは自然に高い意識に目覚め、霊的世界に戻るであろうと予想されていました。しかし、実際に彼らを新しい肉体に移してみると、彼らは目覚めた意識でさらに利己的な心を起こし、宇宙の創造原理を歪め、いよいよ物質性に捕えられていきました。

肉体の魅力、肉体の束縛力はそれほど強かったのです。

救済の霊たちは、肉体に捕えられた魂たちを救い出す道をさまざまに検討し、その結果、完全な霊的意識を持った魂があえて肉体に入り、肉体を通して霊的意識に戻るための道筋をつけることが、霊的法則に最もかなった方法であることを見いだしました。

しかし、その方法を実行することは救済の魂たちにとっても非常に危険なことでした。なぜなら、彼ら自身も肉体に捕えられ、カルマの連鎖に巻き込まれ、彼ら自身が物質の中に取り込まれてしまう可能性があったからです。

しかしながら、最終的には仲間の魂たちを救済しようとする願いが、危険をあえて冒す道を選ばせました。イエスを先頭に、多くの魂たちが肉体に入り始めたのです。そして、彼ら自身が予想していたように、救済に入った仲間たち自身も、その多くが肉体の欲望に捕えられ、カルマに巻き込まれ、霊的意識を失う目にあいました。それでも、何万年という長い時をかけ、そして数十回の転生を通して、ついに一人の魂が霊的世界へ帰還する道を完成させました。この魂以前にも、多くの霊的指導者が霊の世界に帰る方法を説きました。ただし、それらの方法は肉体に捕えられている人々にとってははなはだ厳しく、ごく一部の恵まれた魂だけが実践できるような性質のものでした。しかし彼は、すべての人に可能な道を備えたのです。その魂こそイエスであり、イエスは約30回の転生を通して万人のための道を整備し、そしてイスラエルにおけるイエスの生涯において完全に肉体を霊性に従わしめ、肉体意識を宇宙の創造原理に一致させ、最後に十字架を受けることで全人類に可能な道を完成させたのです。

ケイシーのリーディングは、イエスの御業をこのように説明しました。

霊性進化の道「〝自己〟と〝愛〟」

では、霊性進化の道として、どのようなものが用意されたのでしょうか。

ある人が、かつてケイシーに「キリスト教の説く原罪とは何ですか」と質問したことがあります。それに対してケイシーは、ひと言「自己である（Self）」と答えました。ケイシーのリーディングに従うなら、すべての罪の起源は「自己」にあります。霊的次元にいた魂たちが肉体に捕えられたのも、もとはといえば利己的な願望を充足させようとしたことに原因がありました。

私たちの人生に降りかかるさまざまな苦悩やトラブルも、この自己が引き起こしているのです。この自己が克服されないかぎり、私たちは永遠に肉体の輪廻とカルマに囚われることになります。

たとえば、仏教の説く「貪」「瞋」「癡」の三毒を考えてもそのことがよくわかります。人はなぜ貪るのか。それは自分だけがお金や名声、人気、快楽を獲得したいからです。もし私たちの心から「自分だけ」という意識がなくなるなら、自然に「貪」は消えていきます。人はなぜ怒るのか。それは、自分がばかにされたり、軽んじられたり無視されたと思うからです。しかし、もし「自分が」という意識がなければ、ばかにされたり無視されたりして怒る自分はもはや存在しません。人はなぜ真理に暗いのか。それは、真理が自己に対する執着を捨てさせようとするからです。しかし、もし「自分が」という意識から解放されるなら、真理をそのままに受け入れることが可能になります。

そしてこの自己を克服する普遍的な道として、イエスは「愛」の道を説かれました。愛は利他であり、自己への執着と対立する力です。そしてイエスが生涯をかけて愛の行為を完成させたがゆえに、愛は霊に至る普遍的な道となりました。あたかも武道の創始者がさまざまな技を完成させて弟子に伝えるように、イエスは愛の型を完成させ、それによって自己を超える型を残されたのです。

私たちがイエスの愛を真似るとき、キリストの力が私たちの内に宿ります。そのことをケイシーは、「イエスは型であり、キリストは力である」という言葉で表現しました。

ただし、ここでいう「キリスト」とは普遍的なキリストであり、宗教宗派の枠を超えて存在する普遍的な力です。ケイシーはそれをしばしば「キリスト意識」という言葉で呼びましたが、別の言葉で呼びたければ「仏陀意識」でも「クリシュナ意識」でも構わないのです。

たとえ私たちがどのような信仰を持っていようとも、道に倒れた人に私たちが愛をもって手を差しのべるなら、私たちの内に不思議な力が湧いてきます。目の不自由な人のために愛をもって本を読み聞かせるとき、私たちの心に不思議な喜びが湧いてきます。悲嘆に暮れる人に慰めの言葉をかけるとき、私たちの言葉には不思議な力が宿ります。他人から酷い仕打ちをされようとも、それを愛をもって耐えるとき、私たちの内に不思議な忍耐が湧いてきます。

いったい、この不思議な力はどこから来るのでしょう。

ケイシーのリーディング哲学に従えば、この不思議な力は、私たちの内に発動された小さな愛が、宇宙にあるキリスト意識の愛と共鳴し、そのキリスト意識の愛が私たちを支え、私たちを通して流出しようとすることの証しです。そしてその愛が、そのまま私たちを霊の意識に引き上げるのです。愛はイエスによって普遍的なものとして完成され、神の元に帰還する道として完成されたと、ケイシーは大胆に宣言します。すなわち、私たちが愛するという行為によって霊的世界に帰還するとき、私たちはイエスによって完成された道を歩むことになるのです。

霊的成長の先にある魂の未来

さて、これまで私は魂が肉体に降下していく過程と、そこから上昇する過程を述べました。では、私たちの魂はこれから先、どこに向かっていくのでしょう。私たちの霊的成長が進むと、私たちはいかなる存在になるのでしょうか。

ケイシーは、魂の究極の目的を非常にシンプルな言葉で表現しました。「自分自身でありながら、全体と一つである（Be yourself and yet one with ALL）」と述べています。自分が自分であるという意識を持ちつつ、宇宙全体――神――と調和し、一体であるという状態だと言います。どのような状態を指すのでしょう。

これはケイシーのリーディングからのものではありませんが、同じような概念について、シルバー・バーチが素晴らしい比喩を使って説明していましたので、それを紹介します。

すなわち、魂は一人一人が個性に合わせて楽器を与えられたような存在である。魂は最初、自らに与えられた楽器に魅せられて、いろいろな音を試すようになる。しかし、まだ力量がないので彼らの出す音は雑音のようなものであったり、あるいは全体の調和から外れた不協調な音しか出せなかったりする。いろいろ練習するけれども、しばらくはギー、ギーという音である。しかし、そのうち宇宙の音楽を指揮している偉大な存在に気づき、そのタクトに合わせて音を出すことを学ぶようになる。そしてついに、長い練習の末に私たちは、宇宙の奏でるシンフォニーの一部を演奏するようになる。私たちはあくまでも自分であるという意識を保ちつつも、宇宙のシンフォニーの中における自分の役割を知り、喜びをもって自分の楽器を奏でるのだ。

このシルバー・バーチの比喩を借りるなら、私たちが練習の過程で出す不協調な音は、私たちが作り出すカルマであり、その結果を私たちは苦しみやトラブルとして体験し、それらの体験を通して、素晴らしい演奏家に成長することになります。

そして宇宙と一体になるといっても、それは私たちの個人の意識が消滅するのではなく、私たちの低位の自我がより高次の自己のうちに一つの無駄もなく吸収され、そして神の振るタクトに合わせて、喜びをもって偉大な創造活動に参加するようになるのです。

なんともワクワクするストーリーではありませんか。

宇宙創造論と旧約聖書

ここで視点をガラリと変えて、ケイシーの宇宙創造論と旧約聖書の関係について少し触れたいと思います。

新約聖書はまだしも、旧約聖書を一般の読み物と同じ感覚で読もうとすると、とてもではありませんが、興味が持続しません。

しかし、ケイシーのリーディングを通して読むと、この旧約聖書がとても豊かな内容を含んだ書であることを実感するようになります。本書は、聖書の読み方を教える本ではありませんので詳しくは触れませんが、本章に関連するところだけを手短に紹介してみたいと思います。

旧約聖書の巻頭にあるのが創世記です。その冒頭に「初めに神、天と地を創りたまえり」とあり、「神が光あれよといわれた。すると光が生まれた」という記述があります。そして神が6日間で天地を創造されたことが述べられるわけですが、たとえば3日目は野に咲く花や植物を創られ、5日目になると海と川に棲む魚を創られた。最後、6日目に陸に棲む動物と人間を創られたとあります。これだけを読むと、「なんだ、旧約聖書はくだらないことを書いている」と思うのです。合理的な知性で旧約聖書を読むと、宇宙を1週間で創造したなんてバカバカしいと思ってしまいます。ところがケイシーを通してこの部分を読むと、これがまた面白くなるのです。

たとえば「神が光あれよといわれた」の「光」とは、私たち一人一人の魂のことだとケイシーは言います。そうすると、今まで全然関係ないと思っていた聖書が、いきなり身近になります。それだけではありません。神による1日目から6日目に至るすべての創造を、私たちは日々体験しているというのです。神の創造の過程を体験しているなんて、「そんなバカな」と思います。しかしそれには、次のような深い意味があるのです。

本章で解説した魂の地上への降下プロセスを思い出してみてください。これは創世記の語る神の創造プロセスと順序が一致しています。

鋭い読者はもう気づかれたことでしょう。これは宇宙創造のプロセスであると同時に、魂が物質を体験した順序でもあるのです。魂は岩や水などの無機物から体験し始め、そして植物、動物へと移りました。そしてそのことを、私たちの霊的意識は記憶しているのです。

生物学に反復説という学説があります。これは世紀を代表する生物学者の一人であるエルンスト・ハインリッヒ・ヘッケル（1834～1919年）が唱えたものですが、この学説の主張はしばしば、「個体発生は系統発生をくり返す」という言葉によって要約されます。

意味の説明のために、人間の胎児の発生過程を例にとりましょう。受精後32日前後の胎児は、頭部の両側に鰓裂（さいれつ）（えらの後方にある裂け目）を持ち、魚の形態に似ていますが、この時点ですでに胎児の内部には肺が生じつつあります。この段階で私たちは、魚類からハ虫類への進化を追体験しているのです。

さらに受精後36～38日頃になると、胎児の目は正面を向き、むきだしの鼓膜の外に外耳が形成され、二次口蓋（こうがい）が発生します。これはハ虫類からホ乳類への進化で見られる体の変化だといわれます。こうして胎児は受精後30日を過ぎた頃から10日ほどの間に、魚類からホ乳類まで4億年近い進化の歴史を一気に駆け抜け、現在の人間の姿に近づいていくというのです。

このヘッケルの「個体発生は系統発生をくり返す」という原理を、私たちは霊的な意識においても行っています。すなわち、睡眠の過程で深い意識に入っていくときに、私たちはかつて霊的に体験した進化を逆にたどり、また、睡眠から覚めるときにこの進化を順にたどっているのです。

これが、創世記の冒頭を日々に体験していることの意味です。

また、創世記のこのプロセスは、ケイシーがアカシックレコードに到達する際の体験内容にも表れています。

ケイシーはリーディングを行うようになった頃、自分がどのような体験をしているのか全く記憶がありませんでした。催眠から目覚めても、自分が何をしゃべったのか、何を体験してきたのか全然覚えていなかったのです。

しかし晩年のケイシーは、自分のリーディングのプロセスをある程度記憶することができるようになっていました。それによると、ケイシーがリーディングを開始すると、まず真っ暗闇の中に小さな光が現れるといいます。遠くのほうに白い光が見えるのだそうです。そして、自分はあの光のほうに行かなければならない、もしもそこに行かなければ自分は迷ってしまう、と直感します（ほんの数回ですが、実際に迷ったことがあります。そのときはリーディングを中止しなければなりませんでした）。

自分の直感に導かれて、光の点のほうに近づくとそこが上方に向かう光のトンネルであることに気づきます。そしてそれと同時に、周囲の風景が徐々に鮮明になってきます。

光のトンネルといっても入口は薄暗いらしいのですが、最初はゴツゴツした岩などが見えます。ちょうど創世記の中に出てくる地球の最初の状態をケイシーは見るのです。

光のトンネルに従って上昇すると、周囲の風景も次第に変わっていきます。岩の風景の次には、草が生えている状態を見ます。そして草原から海が見えてきます。それからグロテスクな動物の姿が見え、彼らのうめき声も聞こえてきます。魂たちが昔想念の力を使って作り出した動物たちです。

最終的に人間の姿が見えてきて、そのトンネルを抜けると、そこに寺院があるといいます。ケイシーはリーディングのプロセスをこのように描写しましたが、おそらく私たちも同様のプロセスを、日々の睡眠時に体験しているのだと考えられます。

創世記の冒頭にもう1カ所興味深いところがあるので、それを紹介することにしましょう。創世記第1章11〜12節、および21節には次のような記述があります。

神はまたいわれた。「地は青草と、種をもつ草と、種類にしたがって種のある実を結ぶ果樹とを地の上に生えさせよ」。そのようになった。地は青草と、種類にしたがって種をもつ草と、種類にしたがって種のある実を結ぶ木とを生えさせた。神は見て、良しとされた。

（創世記第1章11〜12節）

神は海の大いなる獣と、水に群がるすべての動く生き物とを、種類にしたがって創造

し、また翼のあるすべての鳥を、種類にしたがって創造された。神は見て、良しとされた。（創世記第1章21節）

さて私たちは、これらの記述を読んだときに奇妙な言い回しに気がつきます。神による生物の創造に対して、なぜか「種類にしたがって」というフレーズがくり返されています。気にしなければ見落としてしまうようなことですが、実はここにも大いなる霊的秘密が隠されているのです。

魂のもつれ込み（エンタングルメント）を説明した所で、私は魂たちが思い思いに動物を投射したことを述べました。ケイシーによると、それらの動物は性行為ができても、実際に子孫を残すことはできなかったといいます。ちょうど遺伝子操作によって生まれた複合（ハイブリッド）種がその世代だけで終わるように、彼らもまた、一世代限りのものだったのです。

創世記の冒頭で、神の創造が「種類にしたがう」ものであったと強調しているのは、このような魂の想念による創造と、神の創造の違いを鮮明にするためだったのです。ケイシーによると、かつての魂は確かに想念の力によって生き物を投射することはできましたが、それらの生き物が自らの生殖行為によって子孫を殖やすようにすることだけは不可能だったのです。ここに神の創造力と魂の創造力の決定的な差が表れます。生殖行為によって自分と同じ種を殖やし続けられる生物は、神にしか創造できないのです。

また救済の魂たちが、想念によって完全な肉体を持つ人間を投射したのではなく、その当時最も進化していた猿人の進化を加速したのも、ここに理由があります。神の創造による動物の進化を加速する以外に、生殖可能な人間を創ることができなかったのです。

ここに示した例はわずかなものですが、ケイシーのリーディングを通して聖書を読むと、そこに深い霊的意味をくみ取ることが可能になることが、おわかりいただけたのではないでしょうか。

ケイシーの輪廻転生

これまでは、非常に大きなスケールで魂の起源から未来の状態について考察しました。このような大きな視点はそれ自体の価値を持ちますが、個人の転生にそれが具体的にどのように反映されているのかを知ることも意義があります。

そこで、リーディングの中で最も詳しく過去生が解明されている人物、エドガー・ケイシー自身について、彼の輪廻転生の様相を調べ、輪廻転生の具体的な様子を見てみましょう。それによって、自分自身の転生についても、よりはっきりとした見通しを得られるようになることでしょう。

先に展開した魂と宇宙創造の物語に当てはめるなら、ケイシーは、イエスらと共に地上に降り立った一人であり、そのときの転生では肉体には入らずに霊的実体として地上で活動しました。それははるか昔のことであり、ケイシーはまだ性を意識することなく、地上の様子も現在とはずいぶん異なっていました。そしてしばらく地上で活動した後に、彼は霊の世界に戻っていきました。

ケイシーが次に地上に降りたとき、人間の時間感覚からすれば気の遠くなるほどの時間が経過していました。ケイシーはアサファという名前で紀元前5万年頃のエジプトに降りました。リーディングによると、アサファは太陽から飛来したということですから、そのこと自体、アサファが傑出した能力を地上で発揮するように運命づけられていたことを示唆します。

アサファは両性具有であり、半霊半物質の状態にありました。アサファの中には魂の伴侶としてのアファが存在していましたが、彼らはまだ一つだったのです。アサファはまだ神との一体性を自覚しており、それによって地上における霊的進化を導くことができました。しばらく地上に滞在した後で再び霊的世界に戻りました。

このときのケイシーはまだ地上の肉体には捕えられておらず、地上と霊的世界を比較的自由に行き来することができました。次にケイシーが地上に降りるのは、紀元前1万3000年頃のアトランティスの末期のことでした。ケイシーは水星領域から地上に入り、アクツィーヌという両性具有体に宿りました。ただしこのときは、ケイシーの中の魂の伴侶であるアシュール(アサファ時代のアファ)が意識の前面に表れ、アクツィーヌはどちらかというと意識の背後に回っていました。

当時のアトランティスは非常に混乱した状態にあり、神の法則を守る側——ケイシーは彼らを「一者の法則の子」とか「光の子」と呼びました——と、利己的な願望の充足を求める人々——ケイシーは彼らを「ベリアルの息子」とか「暗黒の子」と呼びました——とに分かれ、社会は荒れていました。アシュールは両性具有者の数少ない生き残りとして、人々の霊的成長を指導する立場にありましたが、両性具有を妬む人々の罠に陥り、ついにアシュールは性的誘惑に負けてしまいます。その瞬間、それまで一つであったアシュールとアクツィーヌが男性性優位の魂と女性性優位の魂の二つに分かれ、それ以降の転生を二つの実体として送ることになったのです。

ケイシーによれば、現在の地上に生きる人々は、もともと一つの魂であったものが、地上の肉体に降下する過程で男性性優位の魂と女性性優位の魂の二つに分かれたと主張します。そして魂は決してそれ以上に分裂することはありませんでした。紀元前1万年頃には、すべての魂がペアに分かれたとされます。この関係をケイシーは、「ツインソウル（双子の魂）」と呼びました。ケイシーのリーディングに従えば、私たちは誰でもツインソウルを一人持つことになります。

このツインソウルは互いに密接な関係を維持しつつ、地上での輪廻転生をくり返すといいます。あるときは夫婦として、またあるときは親子として、あるいは兄弟として、友人として、互いの人生に影響し合います。もちろん、すべての転生でツインソウルと出会うとはかぎらず、別々の時代に、別々の人生を歩むこともあります。ツインソウルの他の例としては、イエスとその母マリアがそうであるとケイシーは主張します。いずれにしろ、魂の創造に関する非常に神秘的な概念です。

話をケイシーの輪廻転生に戻すと、ケイシーの次の転生は比較的早く来ることになりました。紀元前1万年頃のコーカサス山脈のあたりに、ラ・タという名前で転生しました。彼は再び太陽から地上に入りました。そのため誕生のときから神々しい容貌を備えていたといわれます。しかし、その容貌があまりに人間離れしていたために、人々はかえって気味悪がり、結局、ラ・タは母親らと共に今のトルコに追放されることになってしまいます。

幸いなことに、ラ・タの一行は流浪先のアララトで温かく迎えられることになりました。その土地でラ・タは霊能力を飛躍的に高めるのですが、あるとき、宇宙からの啓示を受けます。それは、近い将来、当時大西洋に存在したアトランティス大陸が最期の崩壊を迎え、地上に物理的な大変動が起こるというものでした。ラ・タは、この地球大異変に備えて、多くの人々を引き連れてエジプトに移住することにしました。

間もなく、ラ・タが予知したように地上には大変動が起こり、アトランティス大陸は1日のうちに海底に没してしまいました。多くのアトランティス人たちは高度な科学文明を携えて世界各地に散らばり、その一部の人々はエジプトにも移住してきました。ラ・タはそのようなエジプトにおいて、人々の精神的指導者として崇敬され、高度な文明を発達させることに貢献しました。

しかし、エジプトの地にも、ベリアルの息子たちの血を引く人々が移住してきました。彼らはラ・タの地位と人望を妬み、ラ・タを失脚させる機会をうかがいました。最終的に彼らが採った方法は、当時エジプトのファラオのお気に入りであった女性をラ・タに近づけ、2人が性的な関係を持つように仕向けることでした。そうすればファラオがラ・タを処刑するだろうと考えたのです。彼らは言葉巧みにラ・タに取り入り、イスリスという美しい女性との間に子どもをもうければ素晴らしい子どもが生まれるに違いない、それは後世の人々にとって救いになると、ラ・タを誘惑しました。

そしてついにラ・タも素晴らしい子孫を残すという甘言に惑わされて、当時すでに妻子がありながら、イスリスという女性との間に子どもをもうけるに至りました。生まれた子どもは女の子でイソと名づけられました。そして驚くべきことに、イソはケイシー自身のツインソウルだったのです。

邪悪な人々の計画通り、この事実を知ったファラオは激怒し、ラ・タは捕えられてしまいます。しかし、ラ・タは指導者として民衆の尊敬を受けており、すでにオエレムという人物を中心とするラ・タの親衛隊が反乱を起こすまでになっていました。そこでファラオはラ・タをヌビアという土地に流刑に処すことで、事態の解決を図りました。

話の途中ですが、ここで一つ、読者の注意を喚起しておきたいと思います。私は今、ラ・タの生涯に関してかなり詳しく記述していますが、これには理由があります。エドガー・ケイシーの生涯が、ラ・タのときの前世に大きく影響されているからです。

ラ・タの生涯を調べると、ケイシーの生涯の意味がより鮮明に見えてくるのです。ケイシーの能力も、そしてケイシーの弱点やカルマも、その多くがこのときの過去生に起源を持ちます。そのような伏線があることを知りつつ、ラ・タの生涯を眺めてください。

さて、ヌビアに流刑にされたラ・タは、その土地で新しい社会の建設に努力します。そして前にもまして瞑想に励み、宇宙の霊的導きを求めました。そして霊的法則を現実の社会集団に適用していきました。その結果、ヌビアは次第に精神的にも物質的にも豊かになり、その成功はエジプトの地にも知られるようになりました。

一方、ラ・タを失ったエジプトは急速に精神性を堕落させ、社会の混乱はますます大きくなっていきました。ついに神官たちの進言で、ファラオはラ・タを流刑地から帰還させることを考えるに至りました。そしていろいろな人々のとりなしによって、ファラオとラ・タは関係を回復し、ラ・タは9年ぶりにエジプトに帰還することになるのです。

そしてエジプトに帰還するや、すぐに人々の精神性を回復する仕事に着手し、宗教儀式を整えました。

また、ヌビアで獲得した霊的英知を後世に残す必要性を認めたラ・タは、それを収める記念碑を建造することにしました。こうして建造されたのがエジプトのピラミッドであり、スフィンクスであるというのです。ラ・タは人類のその後の霊的成長に大きな影響を及ぼすような功績を残して地上を去りました。ラ・タは霊的に充分な進化を遂げていたので、死後、ただちにアルクツールスの星系に向かいました。

さて、転生間惑星滞在を説明した前章で、アルクツールスという星系は、魂が肉体への輪廻転生を超えたことを示すと説明しました。実際、リーディングによれば、このときのケイシーはすでに輪廻を超えており、より高次の意識世界に向かうことが可能であったといいます。しかし、ケイシーは他の星系に向かうにはあまりに地上の人々を愛しており、結局、再び地上に戻ることを選択しました。そして魂の周期からすれば比較的すみやかに、次の転生に臨んだのです。

次の転生でケイシーは、ペルシャにユールトという名前で金星から転生しました。金星から飛来したということ自体、ユールトが愛の人であることを示しています。事実、ユールトはペルシャのある部族の族長に生まれ、彼の指導の下に部族は平和と調和を長きにわたって享受しました。

しかしあるとき、ユールトが部族を留守にしている間に、彼の部族が新興勢力のギリシャによって急襲されてしまいます。ユールトの部族はほとんどが惨殺され、また急報を受けて旅から戻って反撃に転じたユールトも瀕死の重傷を負って砂漠の中の椰子の木の下に倒れてしまいます。

椰子の木の下でユールトは、満身創痍の状態で三日三晩、肉体の激痛に苦しめられることになりました。その間、肉体の苦痛から逃れるために、ユールトは肉体と魂を分離することを必死に試みました。そして3日目に、ついに幽体離脱に成功するのです。こうして肉体の苦痛から解放されたわけですが、瀕死の肉体がそこにあることには変わりません。もしそのまま放置されれば、確実に死が待っています。

ここで、ユールトの身に運命の不思議な力が作用します。

彼が瀕死の重傷を負って倒れている所に、近くに住む支配者の娘が通りかかったのです。そしてユールトを見つけると、彼を自分の家に連れて帰り、看病にあたりました。

彼はこの娘に助けられたわけですが、この娘の過去生の連鎖をたぐると、彼女自身がかつてエジプトでラ・タとイスリスとの間に生まれたイソ——そう、彼自身のツインソウル——であったのです。宇宙の法則の霊妙な働きには、全く驚かされます。

彼らはいつしか愛し合うようになり、2人の愛によって、男の子が誕生しました。彼はゼンドと名づけられましたが、驚くべきことに、彼こそはイエス・キリストの前世の一つであると、リーディングは告げるのです。リーディングは続けて、もう一つ驚くべきことを明かしました。それは、ゼンドの子どもがペルシャでゾロアスター教を創始したゾロアスターであったというのです。読者にこの物語を信じろというのは無理な話かもしれませんが、ケイシーはそのように告げるのです。

しかしこのときの過去生では、ケイシーは大きな過ちを犯します。自分の部族を滅ぼしたギリシャに対して激しい憎悪と敵意を抱くようになったのです。ケイシーのユールトとしての体験を考えれば、彼がギリシャに対して激しい憎しみを持ったことも充分正当であるように思えるのですが、宇宙の摂理に照らしてみるならば、それは結果として彼を輪廻転生に巻き込むカルマになってしまいました。そしてそのことは、直後の転生に表れることになります。

ケイシーは次に、トロイ戦争で有名なトロイという都市に、ゼノンという名で生まれました。ここで私たちが興味を引くのは、ユールトとしての人生でギリシャに対して強い憎しみと敵意を持ったケイシーが、次の転生では、ギリシャと戦っていたトロイに生まれ、そして兵士としての人生を選択したということです。私はここで、ケイシーの「心は形成者であり、現実はその結果である」という霊的法則を思い出さずにはいられません。死のときの意識が、彼の次の転生の様相を決定したのです。

この転生で、ケイシーは兵士として鍛えられ、上官の命令をすみやかに実行するという特質を獲得しました。それはケイシーの一つの美徳になりました。しかし、このときの転生では、ギリシャから送られたトロイの木馬に騙され、結局、ゼノンたちが守っていた砦は落とされてしまいます。そして、炎上する砦を見たゼノンはトロイの敗北を悟り、自殺してしまいました。この自殺のカルマは、エドガー・ケイシー自身のうちにしばしば自殺衝動として表れることになりました。

ケイシーは次に、イエスと同時代のクレネという町に、ルキオという名前で生まれました。叔父のルカと共に、聖書にその名前が登場します。

ルキオはイエスの伝道に触れ、その奇跡を目の当たりにして、イエスに強く感化されます。そして自分もイエスの伝える福音を宣教したいと願うようになります。非常に情熱的であり、初期のキリスト教会においても重要な役職に推されましたが、彼には一つ弱点がありました。この弱点のために、晩年になるまでルキオは教会の中で正当に評価されませんでした。その弱点とは、彼は正妻の他に愛人を持っていたのです。これはまさしく、ラ・タの時代に作ったカルマであり、ルキオは同じ弱点を抱えていたのです。そして晩年になってやっと、ヨハネの推挙によって、ラオデキア教会の司祭に任命されました。

このルキオとしての生涯には、いくつか興味深い点があります。それは、ルキオとしての前世については、ケイシーが晩年になるまで明かされなかったという点です。ケイシーがこの点について質問したところ、リーディングは「もっと若い時期にルキオの前世を告げていたなら、ケイシーは自惚れてしまい、霊的な意味でマイナスになったからである」と答えました。ここにおいてもリーディングの高い倫理性が感じられます。そしてケイシーが、少年の頃から聖書を愛読し、将来はキリストのように悩める人を救いたいと思った、その情熱の起源は、このときの過去生にあったのです。

ルキオは死後ただちに火星領域に進みましたが、このことは、ルキオがどれほど情熱的な人物であったかを示しています。

次に影響力のある転生は、ケイシーの直前の過去生です。そのときのケイシーは、ジョン・ベインブリッジという名前でイギリスに生まれ、アメリカでの成功を夢見て移住してきた初期開拓移民の一人でした。

ベインブリッジは生まれつき霊能力に恵まれていましたが、そのことは彼の人生にとって必ずしも祝福にはなりませんでした。というのも、ベインブリッジはその霊能力をギャンブルに利用し、トランプやさまざまな賭け事に使ってはお金を稼ぎ、それらのお金を酒色にしたからです。彼は自堕落な生活を送り、ほとんど流浪者のような人生であったようです。リーディングもこのときのケイシーは霊的に退歩したことを指摘しています。このときの人生では霊能力を利用してお金を稼ぎ、それを浪費したために、今生においてケイシーはお金が身につかないというカルマを作ることになりました。そしてケイシーとしての人生で、その過ちを償う機会を与えられることになるのです。

ベインブリッジは、死ぬと土星領域に進みました。

リーディングによれば、ケイシーは天王星から飛来しました。そのことは、ケイシーの人生が両極端になることを物語っていました。極端によいか、極端に悪いかのどちらかになるよう運命づけられていたのです。

幸いケイシーは少年時代にキリストの信仰に目覚め、そのおかげで自分の中に高い理想を立てることができました。ケイシーは、かつてキリストがそうであったように、悩める人々を救いたいと願い求めるようになっていたのです。そして、その高い理想が、ケイシーの前世のあらゆる能力と長所を結集させ、それと同時に、過去のカルマを克服する機会が与えられました。そのことは、ケイシーのリーディング能力に端的に表れています。

ケイシーになぜリーディング能力が備わっていたかといえば、それは、ラ・タの時代に獲得した霊能力、ユールトの時代に獲得した幽体離脱の能力、トロイの兵士のときの命令遂行能力、ルキオのときの情熱、そして霊能力を決して誤用すまいと戒めたベインブリッジの決意

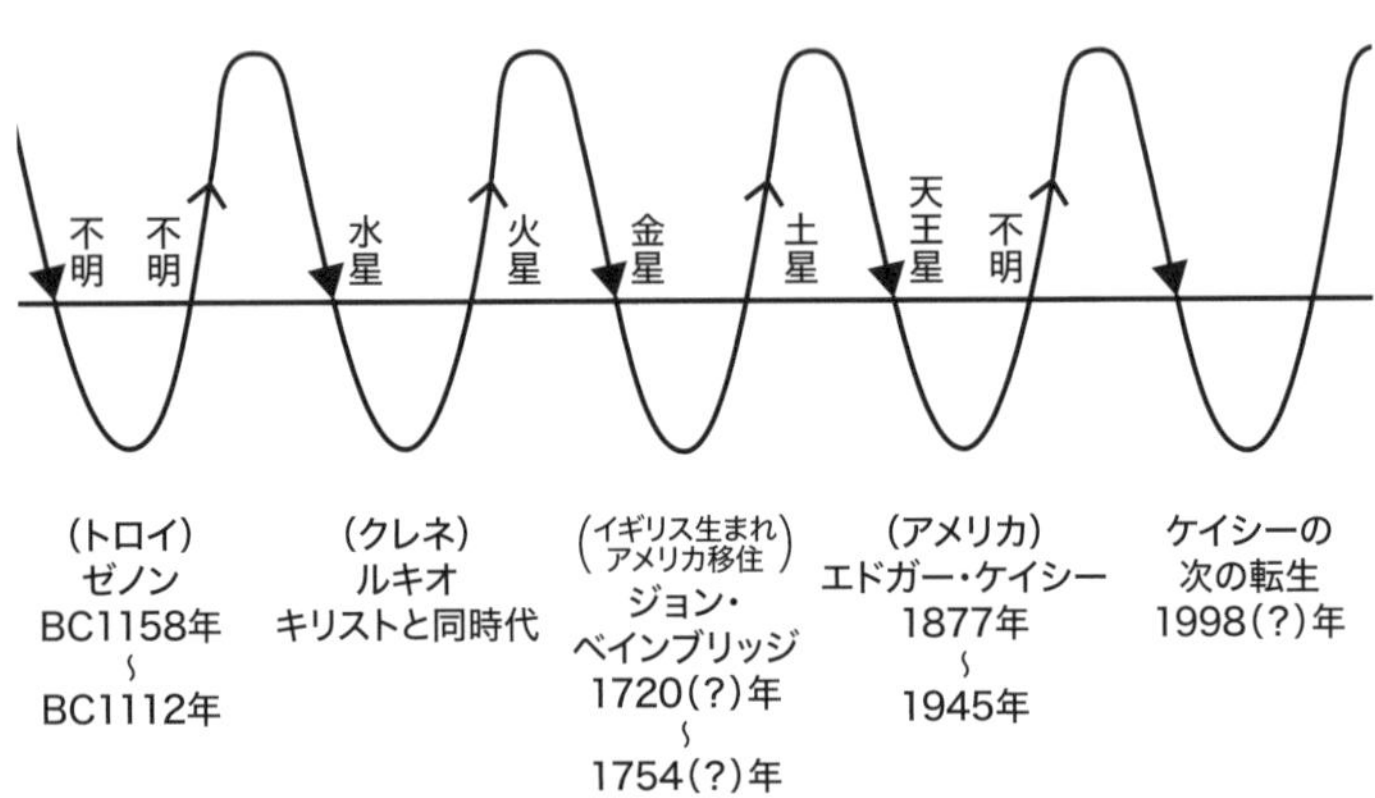

……。これら諸々のことがケイシーの理想によって引き出され、理想に向けて結集したからなのです。リーディングという能力は、それらのすべての才能を最大限に発揮する一つの方法であったのです。

彼が催眠状態にならなければリーディングすることができなかった理由は、直前の前世で霊能力を誤用したからでした。そのために、今回の人生では自分が霊能力を管理するのではなく、第三者が監督する中で初めて能力が発現するように仕向けたのです。なんと用意周到な安全対策でしょう！

ケイシーがアカシックレコードに自由にアクセスできるのは、一つには彼がユールトの時代に幽体離脱を獲得したことと、そしてもう一つは、ラ・タの時代に高い瞑想の境地に入る能力

ケイシーの輪廻転生

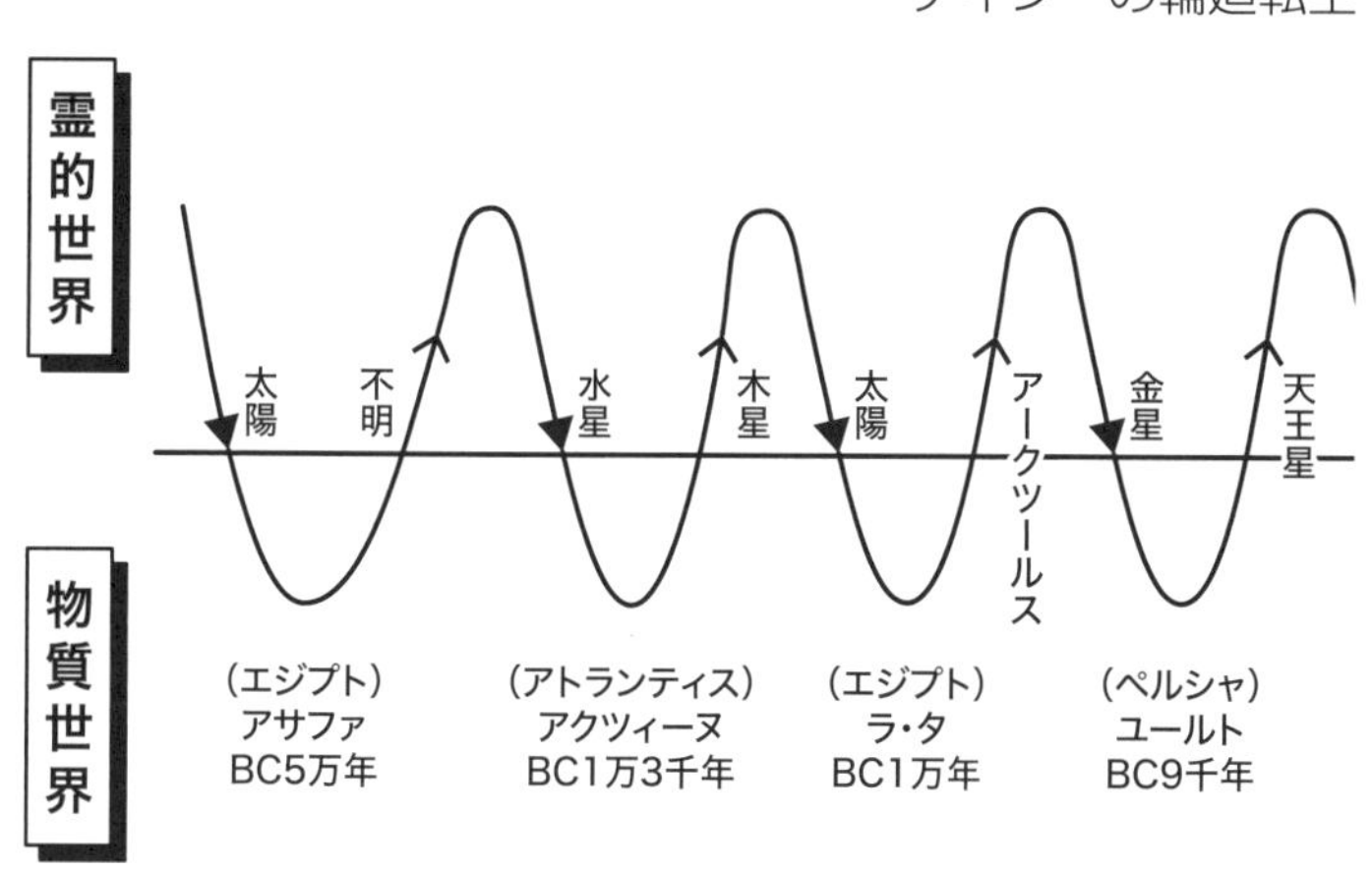

を獲得していたからなのです。私たちがちょっとやそっとケイシーを真似たからといって、そうやすやすと発現するような能力ではないのです。

　また、ケイシーが依頼者の質問にただちに答えられたのは、彼がトロイの兵士として命令遂行の訓練を受けていたからです。その能力を奉仕的に使う原動力は、ルキオのときに獲得した情熱にありました。

　このように、エドガー・ケイシーとしての生涯に、さまざまな前世の能力や才能が一致協力しているのがわかります。

　またケイシーは、自分の能力を奉仕的に使っている過程で、彼自身が過去生で作った弱点――異性に対する弱点――を克服する機会も与えられました。すなわち、ケイシーがサイキックとして有名になると、非常に華やかな女性がケイシーを取り巻くようになりました。その中には、ケイシーを積極的に誘惑する女性もいたそうです。

しかしながらケイシーは自らの理想に確固として立ち、それらの誘惑を退けました。かつてラ・タやルキオのときに作ったカルマは、そのような形で克服されていきました。

これまで述べてきたケイシーの輪廻転生の様子を図に描いてみると、前ページのようなものになります。この図では横軸に対して上側が霊的領域を表し、下側が地上世界を表します。そして輪廻転生の様子は、一本の波線で示してあります。横軸と交わっているところで、私たちは生まれ、あるいは死ぬことになります。

この図からは、生と死は表裏一体であり、霊的世界で死ぬことはすなわち地上に誕生すること、地上で死ぬことはすなわち霊的世界に再誕することを意味しているのがわかります。

さて、ケイシーの未来世について語るなら、ケイシー自身、あと1回か2回は地上に生まれてくるだろうと予言しています。ケイシーですらまだ霊的な浄化が充分ではなく、カルマの刈り残しがあるために、再び肉体に入らなければならないのです。

輪廻転生を受け入れることの恩恵

私はこれまでも、本文のあちこちに輪廻転生を受け入れることの恩恵を述べてきましたが、最後にそれをまとめておくことにします。ケイシーが説くところの輪廻転生を私たちが受け入れると、人生にどのような建設的な変化がもたらされるのでしょうか。

まず言えるのは、輪廻転生を受け入れることで「死」に対する恐怖を克服することが可能になります。現代に生きる私たちは常に死の不安を持っています。死によってすべてが終わると考えるかぎり、私たちの人生の価値は、他ならぬ私たち本人にとって無意味なものになってしまいます。これほど苦痛で、また生きる希望を喪失させられるものはありません。しかし、人間の本性を永遠不滅の霊的存在として受け入れるなら、死の恐怖から解放され、人生に対して永続的な価値を見いだすことが可能になります。

また、人生が一度きりでないということを受け入れると、人生に対して精神的な余裕が出てきて、あくせくすることがなくなります。無用の焦りから解放されるのです。ただし、それは怠惰な人生を送ることを決して意味しません。むしろ、人生の意味を深く考えるようになり、大切に、そして充実させて生きようと努力するようになります。人生に対する精神的な余裕がある分、人生をエンジョイしながら生きることができるようになります。

3番目に私が考えることは、人生を最期の瞬間まで有意義に生きる勇気が得られることです。私の場合、だいたい人生をプラス・マイナス2000年くらいのオーダーで考えています。過去2000年にわたる数回分の過去生を考え、そしてこれから先の2000年にわたる数回分の来世を視野に入れて、現在の人生をどのように生きるかを考えます。自分の長所や短所、才能や弱点を考えれば、おおよその前世の様子は見当がつきます。そしてこれから先どのような人間になりたいと思っているのかを考え、そのためには今回の人生をどのように生きるべきかを考えます。

このような言い方をすると、来世に逃避しているように聞こえるかもしれませんが、そのような遠大なビジョンを持つことでかえって現実の生き方に集中することが可能になり、有意義に生きることが可能になるのを私は実感します。自分が獲得した能力や才能は決して失われないということを知るなら、たとえ今回の人生では求める才能に恵まれていなくても、その才能の獲得のために1分1秒を無駄にすることなく努力することが可能になります。

たとえば、今回の人生で体力に恵まれなかったと思うなら、今からコツコツと体力増強に励み、来世において望む体力を獲得する準備をすることができます。あるいは、次回の転生ではピアノの才能を獲得したいと思うのであれば、今回の人生で、ピアノの基礎練習に励むことができるということです。そして、今の人生における進歩がどれほど遅々としているように見えても、私たちは将来において必ず才能が花開くことを確信するがゆえに、それに挫けることはありません。

実際、ケイシーはある老婦人に対して、残り少ない人生を使って小説を書くことを学ぶように勧めたことがあります。彼女の場合、その努力が今回の人生で実を結び、有名な作家になることは明らかに不可能な話ですが、ケイシーは次の人生を視野に入れて、彼女にその方面での才能を開花させるように指導したのです。なんと遠大な計画ではありませんか。

私たちも同じような姿勢で人生に臨むことができます。昔聞いた話ですが、あるお寺の管長が、いよいよ老境に入り、残りわずかの人生を残すだけになったとき、突然、英語の勉強を始められたというのです。驚いたお弟子さんたちがその理由を尋ねたところ、管長はこともなく、次の人生では英語をマスターしたいからだ、と答えたそうです。輪廻を確信する人の、余裕と力強さが感じられます。そしてケイシーのリーディングに従うかぎり、この管長の確信は正しいものであり、私たちもまた最期の瞬間まで有意義に生きられるのです。

4番目の恩恵として私が考えるものは、人生のさまざまな苦悩に対する忍耐が増し、また人間関係の苦しみに対する寛容さが増すことです。

この地上に生きるかぎり、人生にはさまざまな苦しみや試練が生じます。そのときに、これは前世のカルマが表れたものだ、誠実に対処してカルマを償うことにしよう、と考えられるなら、それらの苦しみや試練に対する姿勢は全く違ったものになります。他人から思わぬ仕打ちを受けたとしても、それを受け入れる許容度が増すように思います。どうしても自分の前世のカルマに帰したくない場合は、たとえば「彼（あるいは彼女）はきっと遠い星から地球に飛来した魂なのだ」とか、「地上での転生が少ないために、地球の感覚がわからない人なのだ」と善意をもって想像を広げてみることもできます。そうすれば、私たちの彼らに対する許容度は増していきます。

またそれは、他人の苦しみに対する私たちのシンパシーの幅を広げるようにも働きます。これはかつて、ケイシーの長男であるヒュー・リンが述べていたことですが、彼は最初、人が輪廻転生とカルマの思想を受け入れるようになると、他人の苦悩の原因を何でもかんでもカルマに帰し、それは結局他人の苦しみに対する同情心が薄らぐことになると考えました。しかし彼自身が輪廻転生の意味をしっかりと内面化するようになると、むしろ人の苦しみや苦悩に対するシンパシーが深まり、苦しみを共有しようとする方向に心が動くことに気づいたと言います。輪廻転生を受け入れることは、人の愛を深める力につながるのです。

5番目の恩恵としては、私たちが宇宙の中で無目的に存在しているのではなく、私たちの想像をはるかに超えた宇宙的正義によって導かれているのだという確信を持つことができます。

このことは私たちの人生がどのような状況にあろうとも、私たちを即座に「自分と宇宙」あるいは「自分と神」の関係に引き入れます。そして自分の人生を自分と神との関係において直接的に考えることを可能にします。たとえ他人からどのように誹謗中傷されようとも、自分と神との関係が正しく営まれているかぎり、私たちはそれを悠々と超えることが可能になります。私たちは宇宙の正義を確信すればするほど、宇宙の正義に対して従順になり、安心して自分の人生をゆだねられるようになります。このことは、私たちの人生を瑣末な事柄から自由にしてくれ、私たちはただちに人生で最も大切なことに自分のエネルギーを傾注することができるようになります。「真理は人を自由にする」というイエスの言葉がありますが、輪廻転生という真理は、本当に私たちを自由にしてくれるということを感じます。

そして最後にもう一つ挙げるなら、ケイシーの語る輪廻転生を受け入れることは、結局、人間が素晴らしい存在であることを認めることであり、自分がこの宇宙に存在することの素晴らしさと、そしてどの人も高貴で素晴らしいということを認めることになるということです。

たとえ今回の人生では浮浪者のような生活をしている人であっても、その人の中にも驚くほどの才能と高貴さがあることを、ケイシーの輪廻転生論は教えてくれます。それによって私たちは、人間に対する差別意識を克服することができ、本当に浄化された人間関係を築くことができるようになります。それは最終的に、この素晴らしい存在を創り出した神への讃美に向かうことになります。

ケイシーはあるとき、キリストの最高の教義は何かと問われて次のように答えました。

「汝ら、心を尽くし、思いを尽くし、力の限り、主なる汝の神を愛せよ。そして汝の隣人を汝のごとくに愛せよ。これである」

私たちが輪廻転生を受け入れるなら、自動的にこの戒めが達成されます。「あなたも私も何と素晴らしい存在であることか。そしてこの私たちを創り出した神の何と素晴らしいことか」とすべてを讃える意識で満たされるようになります。そしてそのとき、私たちは巧まずして聖書の中心的メッセージを実践していることになるのです。これが、輪廻転生を受け入れることの最後の、そして最上の恩恵であると私は思っています。

第8章 ● 夢の世界で見つける「本当の自分」

有効な情報に溢れる「夢」の活用

私たちは普段、何気なく夢を見ています。多くの人は、たとえ夢の内容を覚えていても、それに注意を払うことはありません。おそらくほとんどの人は、夢を見たことすら忘れています。しかし、ケイシーの言葉を借りれば、夢は人生を充実させ豊かにする貴重な情報の宝庫です。活用しない手はありません。

実際にエドガー・ケイシーは、依頼者のさまざまな夢を解釈し、それらの夢がどれほど有用な情報に満ちているかを具体的に示したという点で、また、私たち自身が夢をどのように活用すれば人生に役立てられるかを示したという点で、きわめてユニークな存在です。

夢については、20世紀にフロイトやフロム、ユングといった心理学者がその重要性を見いだし、それぞれ独自の利用法を開発しました。ケイシーの夢活用法は、彼らの方法論と共通する部分もありますが、それらに比べてはるかに幅が広く、自由自在に夢を操っています。

彼ら心理学者たちは、ある種の精神疾患に取り組む過程で夢の重要性に気づき、主に患者の精神障害を取り除く助けとして夢を利用しました。一方でケイシーは、むしろ普通の人々が日常的に見る夢を扱いました。そこから、ある人はビジネス上のアドバイスを得て仕事を発展させ、あるいは健康に関する警告を得て病気を早期に治療し、あるいは夫婦関係の改善に関するアドバイスを得ました。さらには、自分の重要な前世に関する情報や、亡くなった肉親からの霊界通信を得た人、究極的には夢を通してキリストから直接メッセージを得た人までいました。

ケイシーの残した夢活用法を学ぶならば、私たち自身も夢から豊かな恵みを得ることができるのです。本書の冒頭でも述べましたが、私自身、人生の重要なターニングポイントで何度も夢によって助けられ、そして今でも夢を大切にしています。同じように読者の皆さんも、ケイシー流の夢活用法を学ばれるなら、夢から素晴らしいアドバイスを得て有意義な人生設計に役立てられることと思います。

この章では、ケイシー流夢活用法の入門として、夢のメカニズムから説き起こし、ケイシーの夢解釈の実例をいくつか調べ、そして最後に私たち自身が実行できる夢の活用法を紹介します。

夢解釈は、私たちの潜在意識を活用する一つの方法だと言えます。我々の潜在意識は私たちが考えている以上に有能で、私たちも時々知らず知らずのうちにこれらの意識に助けられています（本章では議論を簡単にするために、特に区別が必要ないかぎり、超意識を含めた深い意識を潜在意識と呼ぶことにします）。そこで夢の話に入る前に、夢の源泉である潜在意識の驚くべき能力について考えてみたいと思います。

潜在意識

誰でも「ど忘れ」を経験したことがあると思います。親しかった人の名前を突然忘れたり、覚えていたはずのことが急に思い出せなくなったりして焦ります。しかし、この「ど忘れ」は、潜在意識の不思議な力を試すよい機会でもあります。

これは私の体験ですが、あるとき、友人と好きな音楽について話をしていたときのことでした。

私は学生時代からあるジャズピアニストが好きで、彼のアルバムをよく聴いていましたが、そのときはどうしてもそのピアニストの名前が出てきませんでした。アルバムのタイトルや、ジャケットの写真は思い出せるのですが、肝心の名前が出てきません。くやしいので、「あ」から始めて「い」でもない「う」でもない……と、五十音順に探りを入れます。すると、「き」のときに何やらもやもやとするものを感じるのですが、名前は引き出されず、結局「く」「け」「こ」……と通過し、とうとう、これ以上考えてももう思い出せないと諦めて、別の話題に移ってしまいました。

そうして友人としばらく全く別の話題で盛り上がっていたときでした。ふっとある言葉が私の心に浮かび、私は思わず「キース・ジャレット！」と叫んでしまいました。そう、私が思い出そうとしていたジャズピアニストは、キース・ジャレットだったのです。

この種の経験は多くの方が持っていらっしゃると思います。不思議なのは、少なくとも顕在意識では思い出すことを諦めて、別のことを考えている最中に、自分の中の別の意識が引き続き思い出す努力を継続していて、その意識が顕在意識に情報を渡してくれているらしいということです。

私たちの中の別の意識——潜在意識——は、どうやら顕在意識よりもはるかに有能で、私たちを始終助けてくれているのです。

この場合大事なのは、潜在意識に対して、私たちが何を欲しているかをはっきりと伝えることです。潜在意識はやみくもに情報を提供しているのではなく、私たちの能動的な働きかけがあって初めて発動します。働きかけをしないと、顕在意識が情報を受け取る準備ができないのです。私たちは潜在意識から送られてくる情報を、「もやもや」した奇妙な感覚として感じます。これらの情報をはっきりと受け取れるようになれば、サイキックの一員と言っていいかもしれません。

もう一つ例を挙げてみます。

私は工学部出身で、数年間ある研究機関に勤めていたときには、メインフレームと呼ばれる大型コンピュータからワークステーションクラス、パソコンまでさまざまなタイプのコンピュータを使って仕事をしていました。そのため今でも、ケイシーの研究が行き詰まったときなどは気分転換を兼ねて、フリーランスのプログラマとして仕事をすることがあります。

さて、コンピュータのプログラムを組むときには、必ず「バグ」と呼ばれるプログラミング上のミスが生じます。このバグはプログラマ泣かせで、絨毯を敷きつめた部屋の中で、そこに落とした糸屑を拾わされるような苦行にたとえることもできます。何千何万行という膨大なプログラムの中でたった一行の「バグ」を見つけるのは、時に至難の業です。

自分としては間違いがないと思って実行するのですが、何度やってもエラーが出てしまいます。こういうときに私はどうするかというと、潜在意識のパワーにお願いするのです。

自分の心に向かって「私はプログラムのバグを探している。私は必ず見つける」と言い聞かせて、1時間くらいバグ取りに励みます。そして、それでも見つからなかったら、一旦バグ取りを諦めて気持ちを完全に切り替えます。たとえば音楽を聴いたり、趣味の本を読んだりします。そして多くの場合、そのリラックスしている最中に突然、バグの箇所がひらめくのです。

「あっ、あそこだ！　あの箇所が間違っていたんだ」と。

そしてすぐにパソコンの画面を開くと、案の定、そこに見落としていたバグを見つけるのです。

音楽を聴いてリラックスしている自分がいながら、意識の別の領域ではプログラムのことを考えている自分が存在すると考えるのが妥当のようです。この意識の別の領域、つまり一般的に「潜在意識」と呼ばれるものが、表面の意識の後を引き継いでバグ取りをしてくれ、潜在意識がプログラムの間違いを発見したところで、顕在意識にその情報を「ひらめき」として与えてくれるのです。

私がよく経験するもう一つのパターンとして、一晩寝て、翌日再度同じプログラムを見直したときに、ふとバグの箇所で目が止まることがあります。律儀に、本人が寝ている間にも潜在意識はいろいろな調査検討をしているらしく、その結果を翌日何気なく報告してくれるのです。

最近はパソコンでも、複数のプロセッサを搭載したマルチプロセッサシステムが登場するようになりましたが、人間の意識はこのマルチプロセッサにたとえられるかもしれません。顕在意識という小型プロセッサが、ある仕事をしている間に、潜在意識というスーパープロセッサが別の仕事を処理している。それも顕在意識が及びもつかないようなパワーで処理を行い、結果が出たところで、それを顕在意識に送るのです。

ただし顕在意識が他の仕事で忙しくしているときには、潜在意識がいくら頻繁に信号を送ろうとも、それを受信する余裕はありません。顕在意識がリラックスしているときに初めて、信号がキャッチされることになります。

実は、私たちは誰でも夢という形でこれと同じことをやっているのです。私たちの魂は、私たちの生きる姿勢や日常生活を高い次元で判断し、それに対するアドバイスを送ろうとします。しかし、日中は私たちの顕在意識が忙しく活動しているために、その魂のメッセージを受信することができません。そこで顕在意識が完全に休止している睡眠時間に、私たちはそのメッセージを夢という形で受信することになるのです。

しかも、複雑なプログラムのバグですらわけなく見つけ出す有能な潜在意識が送ってくるわけですから、夢に非常に有益な情報が含まれていることは、むしろ当然のことだと言えます。

抽象的な無意識のメッセージ

夢が潜在意識から送られる貴重な情報だということを受け入れたとして、私たちはすぐに次の疑問に遭遇します。すなわち、もし夢が私たちへの潜在意識からのメッセージだとすると、なぜ、夢はもっと直接的な表現で私たちに語りかけてこないのかという疑問です。

夢は大抵の場合、象徴的な表現でメッセージを送ってきます。

たとえば、汚れたトイレが夢に出てきた場合、これは体内か心の浄化が必要であることを意味していることが多いものです。ですから私たちとしては、どうしてもっと直接な表現――たとえば「あなたは体内に毒素がたまっているのでコロニクスを実行せよ」とか、「もっと心を浄化せよ」という言葉など――を使わないのだろうか、と疑問に思うのです。はっきりと私たちにわかる言葉で表現してくれれば、もっと素直にそのアドバイスに耳を傾けるでしょうし、メッセージを送る側としても、そのほうがより効果的に目的を達成できるように思われるのです。

このことについては、心理学者もいろいろな考え方を示しました。たとえばフロイトなどは、次のように考えました。

すなわち、人間の潜在意識には、私たちが社会的あるいは道徳的理由で達成できない願望――たとえば異性を性的対象として獲得するなど――が押し込められており、人は、自分の中にそのような意識があることを抑圧している。しかし抑圧された意識はいつまでも抑圧されたままでは存在できず、その蓄積エネルギーを意識の外に放出する機会を探している。その最も安全な出口が夢である。しかし、自分の願望を夢としてストレートに表現しようとすると、表面意識の抵抗にあい――フロイトはこのような表面意識による抵抗を「検閲」と呼びました――そのために再び抑圧されてしまう。そこで意識の検閲の目をすり抜ける方法として潜在意識は象徴を使い、象徴を通して自己を表現するのである。

確かにフロイト流の考え方に馴染む夢も存在します。フロイトの弟子であったユングも、初期にはフロイトの主張を受け入れていました。しかし、彼自身が夢の研究を続けていくうちに、フロイト流の考え方では夢を正当に説明できないことがわかってきたのです。

結局ユングは、人間の無意識の世界は、本質的に言語以前の抽象的な世界であり、象徴のほうがより無意識の本質に近い言語であることを主張するようになりました。無意識からのメッセージである夢が象徴の形を取るのはむしろ自然なことであり、私たちはそれらの象徴を通して無意識のメッセージをくみ取らなければならない、と。

ケイシーの夢解釈理論は、この点に関してユングの理論に近いものがあります。しかしケイシーの夢解釈理論には、もう一つ重要なポイントがあります。それは、魂の成長と自由意志の問題です。

前章「魂と宇宙創造の神秘」の中で、人間は自由意志を与えられた霊的存在であるということを説明しました。夢も、どうやら宇宙の高い摂理に従って働いているらしく、夢のメッセージは常に自由意志とのバランスで与えられるのです。

夢は、さまざまな状況の中でも決して命令的なメッセージを送らず、私たち自身がそのアドバイスの意味を解こうとしたときに初めて、その意味がわかるような形で与えられます。

もし夢が、常に直接的で明示的なアドバイスだけを送り続けていると、結局、私たちはそれに隷属するロボットになり、私たちの自由意志は権威を失ってしまいます。むしろ夢は、私たち自身が自らの意志によって導きを求め、努力して夢のメッセージを解釈するときにのみ、その意味が見えてくるようになっているのです。

このことは私たちも日常的に経験することですが、誰かから、ああしろこうしろと命じられると、私たちはかえってそれに反発したくなります。むしろ自分でその答えを求め、自分の見いだした解決策に取り組むときに、初めて自分を成長させることができます。

稚拙なたとえですが、学校での数学の勉強を思い出してみてください。数学の問題を解くときに、その答えだけを暗記しようとすると、いつまでたっても数学の実力はつきません。自分で数学の問題に取り組み、そのプロセスを経験することで応用力のある実力がついてきます。そして数学の実力がつき始めると、今度は数学そのものに対する興味が湧いてきます。夢にも、どうやら同じような仕組みがあるようです。

本人に直接的なアドバイスを与えているかぎり、魂の成長は期待できません。夢主自身が自分を高める道を求め、その道を自分で歩むとき、着実な成長がもたらされます。そして、それによってますます魂の世界に向かう意欲が湧いてきます。この点において、宇宙の摂理は老練な教師のような側面を持っていると言えます。

ケイシーによる夢解釈

夢のメカニズムを説明したところで、ケイシーが夢を実際にどのように解釈し、依頼者の人生に役立てたかを、いくつか見てみることにします。

あなたは「あなた自身」に出会っている

ケイシーの知り合いの、ある20代の女性が、次のような夢を見ました。

私は夢の中で駄菓子屋さんに行き、お店の人に言いました。「駄菓子屋さん、飴をください。10セントで飴をください」と。すると店主は飴玉を4つくれました。その値段であればゴッソリくれてもいいはずなのに、ほんの少ししかくれなかったので、私は「割に合わない」と思い、「じゃあ、1ドルでチョコレートをください」と言いました。そうすると今度は「1ドルで3個です」と言われました。私は何も買わないで不愉快な気分でその店を出ました。

これは1920年代の話ですから、1ドルも払えばひと抱えもあるようなチョコレートを買えたはずです。彼女は嫌な気分で夢から覚めました。

さて、この夢に対して、読者の皆さんならどのような解釈を与えるでしょうか。夢辞典などを引いて、「チョコレートの夢、チョコレートの夢……うーんどういう意味だろう?」と、すぐ「象徴」が表す直接的なイメージ解釈に頼るかもしれません。もちろん夢辞典も上手に使えば役に立ちます。しかし、英文を読むときに、文法を知らなければいくら単語の意味を調べても解釈できないのと同じように、夢の場合も、象徴(シンボル)の意味を知っていても夢の文法(モチーフ)を理解しなければ始まりません。

では、夢のモチーフとは何のことでしょう。

夢のモチーフとは、その夢に現れる一種のパターンであると考えればいいでしょう。夢は多くの場合、ある一定のパターンに従ってストーリーを展開します。このパターンのことを「夢のモチーフ」と呼んでいます。では、彼女の夢の場合はどのようなモチーフが展開されているのでしょう。

彼女は夢の中で、最初の10セントに対して飴は4つ分だと言われ、次の1ドルに対してはチョコレート3個だと言われました。どうでしょう。同じパターンが見えてきませんか？　どちらの場合も、自分が支払ったお金に対して、もらう量が少ないと感じています。この状況をさらに抽象化すると、与えたものに対して、受け取るものが少ない、という構図が見えてきます。これがこの夢のモチーフです。

夢のモチーフが見えてきたら、今度はそのモチーフが自分の現実の人生と重なる部分はないかどうかを調べます。夢に意味がある場合、その夢のモチーフは、かならず実際の人生のある部分を象徴したものだという前提に立って、自分の人生のさまざまな側面を検討するのです。たとえば、会社の人間関係にこのモチーフが重なるかもしれませんし、家族関係に表れているかもしれません。あるいは健康状態に関することかもしれません。いずれにしろ夢のモチーフが自分の人生のどこに重なるかを検討します。

さて、この夢に対するケイシーの解釈は、夢主に対して少々厳しいものでした。ケイシーは次のように解釈しました。

「これは、日頃あなたが周りの人々に対して取っている態度である。あなたは人からの奉仕や親切をあまりにも安く見積もっている。あなたが日頃人々に対して取っている態度を、夢の中では相手から受けているのです。心の持ち方を変えなさい」

この女性の場合、夢のモチーフは彼女の対人関係に重なっていたのです。ただし、立場は全く逆で、いじわるな店主が実は自分自身の反映でした。現実生活では、自分が相手の善意や親切を安く見積もっていたのですが、夢の中では逆に彼女自身が人からそのように扱われることになりました。

この夢の例では、フロイト流の理解の仕方をすることが可能であるかもしれません。彼女は、自分が他人に対して不親切であるという事実を直接指摘されるのは好まなかったのでしょう。そこで彼女の心の検閲をすり抜けるために、彼女自身が他人の薄情の犠牲になるというストーリーを展開したのです。

私たちは、夢のモチーフを自分の人生と比べる場合、夢の中の登場人物が自分自身を反映しているという可能性をも考慮する必要があります。たとえば意地悪だと思っている人物が夢に登場した場合、自分の意地悪な側面を彼あるいは彼女が象徴していることを疑ってみる必要があります。

また、モチーフが人生のどこに重なっているかを判断する場合、私たちは自分に対して徹底的に正直でなければなりません。偽りのプライドがあると、判断が歪められてしまいます。自分に対して正直になるということは、自分の中の邪な点や弱点をも正しく認めることですが、多くの人はここで夢解釈に失敗してしまいます。

こうして夢のモチーフが見えてきたら、この段階で必要に応じて象徴の意味を探ります。この夢に関しては、ケイシーは象徴の細部については特に解釈をしていませんが、飴とチョコレートという、ケイシーが「なるべく食べるな」と忠告している砂糖菓子を注文していること自体に、この人の日頃の生活態度が象徴されていると見えます。夢の中に現れる食べ物には、特に関心を払うべき象徴です。そして、ここで解釈が一応完成します。

さて、多くの人は夢を解釈すれば、それで目的は達成されたかのように考えていますが、ケイシーの夢理論からすればそれはまだ半分しか来ていません。私たちは仕上げとして、夢のメッセージを実践することを考えなければならないのです。夢はメッセージを実行に移してこそ、初めて力が発揮されます。

先ほどの夢の例では、「これは日頃あなたが他人に対して取っている態度である。改めなさい」というケイシーの忠告がありました。これを聞いた彼女は、「まさか、私が？」とびっくりしたに違いありません。

しかし彼女は自分を反省し、日頃の行いを改め、実行に移す努力をしました。日頃、人々の好意を安く見積もっているということに彼女自身が気づき、感謝できる女性になるよう心がけました。その努力の甲斐あって、彼女の人間関係は以前よりぐっとよくなりました。実際、夢はポイントを押さえた非常に効果的なアドバイスをしてくれるので、実行したときの効果もてきめんです。この女性は、夢をきっかけに自分自身を見つめ直して自分を磨いたわけですが、私たちも、夢のアドバイスに耳を傾けるなら、そこに有益な助言を見いだすはずです。

夢を理解する上でもう一つ大切な点は、夢は自分に対する叱咤激励である、という認識を持つことです。夢の送り主は結局自分自身の魂なのです。自分自身を破滅させるようなメッセージを魂が送るわけがありません。夢主に意地悪をしようとする夢は存在しません。むしろ高い次元からその人の人生を判断し、その人が実行できる範囲で、人生をさらに豊かにするための導きを与えようとしているのです。

夢による警告

先ほど、夢は叱咤激励であると説明しましたが、同じ叱咤でも、場合によっては警告的にならざるを得ない場合もあります。仕事で成功を収めていたある男性の夢を例に挙げて、この点を考えてみたいと思います。

その男性は次のような夢を見ました。

私は服の袖に繭(まゆ)状のものがついているのに気がつきました。とても気になったのでキューッと引っ張りましたが、しっかりくっついている。力まかせに引っ張るとブチンと切れて中から黒いクモが辺り一面に飛び散って、その中の1匹がこっちを振り向いて私の母を冒涜(ぼうとく)する言葉をしゃべりました。

私はクモを蹴散らし家へ帰るのですが、先ほどよりさらに成長したクモが屋根裏部屋で巣を作って気持ちよさそうに昼寝をしていました。そこでもっと腹が立って、家の外へ追い出しました。

やれやれと思って家の外へ出ると、さっきのクモがさらに数を増やしているではありませんか。私はかぶっていた帽子を思いっきり投げて、クモの巣を裂き、最後にクモの体にナイフを突き刺しズタズタにしました。これで私はほっとしました。

この夢は、当時彼が彼の秘書と不倫関係にあったという状況を知っていれば、私たちにも容易にモチーフを理解することができるでしょう。眠れるケイシーは次のように解釈しました。

「これは、あなた自身の生活態度を示している。自分の配偶者に対して誠実でありなさい」と。

ケイシーは彼が不倫をしているという直接的な表現は使いませんでしたが、配偶者に対する誓いを守りなさいという言葉から、彼の現状を知らなくても、リーディングが何をいわんとしているかは察しがつきます。

さらに続けてケイシーは、「そのような状態を続けていると、あなたの家庭生活は食われていくであろう。邪なものに家庭生活が占領されていくことになる」と警告しました。

この夢では、クモの巣が次第に大きくなり、初めは外にいたクモが家の中に入り込み、最後には家全体に巣を作ってしまいました。ここで夢のメッセージを実行するという点でいえば、この男性が自らの生活態度の過ちを認めて、誠実な生き方に立ち返るなら、彼の人生は別の軌道を取り始めたことでしょう。残念なことに、この男性は女性との関係をやめず、ついにはケイシーの予告通り、家庭を失い、事業に失敗してしまいました。

この夢は、「夢の持つモチーフを見いだし、それを自分の人生に当てはめて解釈する。そして夢のメッセージを実行に移す」というケイシー流の夢解釈の特徴をよく表した、典型的な例と言えるでしょう。ただし、夢のメッセージを実行するかどうかは、夢主が最終的に決めるべきものです。

件の男性は夢の活用に失敗しましたが、夢の実行に失敗したからといって、夢が私たちを見放すということは決してありません。夢は常に、どのような状況にあろうとも、私たちを導いてくれます。前述の男性に関しては、彼は確かに事業に失敗してしまいましたが、その後もケイシーと連絡を保ち、晩年にはもっと積極的に夢を活用することを学びました。夢は最後まで、夢主の味方です。

顔が「心」を表す

いつの時代であっても、女性にとって美しくあるということは大きな関心事です。若い女性にとってはなおさら切実なテーマでしょう。夢は、私たちの性格上の欠点を知らせるために、時としてその大事な顔を損じることがあります。次の例は、そんな一人の女性が見た夢です。

私は、鼻のそばに黒いオレンジほどの大きさ（！）のニキビができた夢を見ました。

私はニキビが気になったので膿を絞り出しました。すると、それは大きな穴となり、皆が穴から私の頭の中を見るので、恥ずかしさで隠れたいほどでした。しかし私は、アルコールを使えばきれいになる、ということを知っていました。

夢は、私たちが目覚めた後もメッセージを記憶していられるよう、物事を極端なまでにデフォルメすることがあります。この夢の場合も、オレンジ大のニキビなど存在するはずはないのですが、彼女の「何か」がここで誇張されて示されているのがわかります。

ケイシーはこの夢を、次のように解釈しました。

この夢主は日頃、他人の失敗を聞いては、それをうわさ話やゴシップとして人に広めて楽しんでいることが指摘されました。大きな黒いニキビは彼女の性質の醜い部分を表していたのです。そこで彼女の魂は、陰険さや不純さを自分の中から絞り出すようにと夢のメッセージを通して忠告したのです。アルコールで掃除をするというのは、清潔で健全な状態にしなさいという忠告です。さらに日頃の行い（うわさ好き）を改めないといけないということを、彼女の潜在意識は知っていました。なぜなら、人々は彼女の頭の中を大きな穴を通して見ていた（気づいていた）からです。

彼女はよほどこの夢がショックだったのでしょう。心を入れ替えることを約束しました。このように私たちの魂は、しばしば夢を使って警告を発します。

夢に登場する物品

次の女性の例は、自分自身の体の変化への注意を怠ったために、悲惨な事態を招いたものです。

アメリカの海岸や湖には、散歩したり魚釣りを楽しんだりするための板張りの遊歩道が架けてあるのをよく見かけます。夢主はこの板張りの遊歩道から水に飛び込む夢を見ました。

> 水辺を歩いていると板張りの遊歩道がありました。よく見ると木が腐っていて、その遊歩道は非常に不安定そうでした。私は足場が悪いと知りつつも、その遊歩道の上を走り、そして一方の端から湖に飛び込みました。飛び込むときにお腹を思いっきり打ち、私は「痛い」と思って目が覚めました。あまりにリアルだったので、目が覚めたときにもまだ、お腹に痛い感じが残っていました。

この夢をケイシーは、次のように解釈しました。「土台の不安定な遊歩道はあなた自身の肉体を表している。今のあなたの肉体は非常に不安定である。それにもかかわらずあなたは非常に大胆なことを試みようとしている。あなたは妊娠しようとしている。しかし、不安定な肉体のまま妊娠すれば、夢が警告しているようにお腹を痛める結果になる。そのことをよく考えよ」。

つまり、肉体の準備ができていないので妊娠は避けたほうがよい、という警告だったのです。しかしながらこの警告は無視され、結局彼女はその数カ月後に妊娠してしまいます。するとケイシーが解釈したように、また、彼女自身の夢が告げていたように流産してしまい、子宮を傷める結果になってしまいました。彼女が妊娠を先に延ばし、その間に体力づくりに励んでいれば、流産を免れたかもしれません。この夢からもわかるように、夢は非常に重要なアドバイスや警告を前もって発しているのです。

また、この夢が教えてくれる重要なポイントとして、夢の中に登場する物品すらも自分自身のある側面を表す場合があるということです。これについてはまた後ほど考察します。

夢の活用

ケイシーのリーディング資料に残っている夢解釈の実例を、いくつか見てきました。ここでは、私自身がどのように夢を活用してきたか、その例を二つばかり紹介してみたいと思います。

私が日本エドガー・ケイシーセンター（以下ＥＣＣＪと略す）の会長を務めるようになって30年になります。そもそも私がＥＣＣＪの設立に携わり、そして会長として会の運営に関わるようになったのも、夢の後押しがあったからなのです。

ＥＣＣＪは１９９３年に設立されましたが、センター設立の出発点はそれを遡る１年前のＡＲＥツアーにありました。

このＡＲＥツアーは私がたま出版にいた頃に企画したもので、ケイシーに関心を持つ約50人のメンバーが、エドガー・ケイシー研究の本拠地である米国バージニア州のＡＲＥを訪問し、5日間にわたってセミナーと講演を受けてきました。

ＡＲＥでは、ケイシーに関する膨大な写真や資料、記録映像などが図書館に保管されていました。関係者の話を熱心に聞き、ケイシーの業績に直接肌で触れた私たちは、興奮も冷めやらぬまま日本へ帰国します。ＡＲＥへの訪問があまりにも充実し、また、魂をインスパイアする素晴らしい内容だったので、参加者の多くの方から、「遠く離れたアメリカにしか施設がないのは残念だ。あれほど素晴らしいものならば、日本にもエドガー・ケイシーのことを伝えるセンターがほしい」という声が寄せられたのです。

そしてありがたいことに、米国のＡＲＥ本部からも「日本の参加者にはとても感銘を受けた。日本にもぜひ活動の拠点を作ったらどうか」という提案があり、早速、有志が集まってECCJ設立に向けた活動が開始されることになりました。

しかし、実は私は気が重かったのです。

というのも、その当時の私は内的に非常に困難な時期を過ごしていたからです。そういう状況の中で、ケイシーセンター設立に関わるということは、時間的にも、精神的にも、非常に難しいと感じていました。そのため内心、私は断ろうと思っていました。しかし、そんなある晩、珍しく鮮明な夢を見たのです。

夢の中、私は一人で緑の草原を歩いていました。空は青く澄みわたり、さわやかな気持ちでした。すると突然、目の前にギリシャ神殿風の白い円柱が4本現われたのです。壮麗な円柱が私の目の前にそびえていました。私は「なぜこんなところにこんな柱が建っているのだろう」と不思議に思いました。そのとき私の背後から、声らしきものが聞こえてきます。

柱は建てり——

えっ？　少なくとも私にはそう聞こえました。耳を澄ますと今度ははっきりとメッセージが伝わってきます。

「柱は建てり、柱は建てり、残りの建物は自分たちで建てよ」

あまりにも印象的だったので、目が覚めた後もしばらくその光景がありありと脳裏に残っていました。それと同時に、何とも意味深い夢を見たものだという感慨が湧いてきました。

その当時、私はＥＣＣＪ設立に加わるかどうかということについて迷っていました。ですから夢の中の「建物は自分たちで建てなさい」という言葉が何を意味しているか、直感的に理解できました。

「もう充分にケイシーセンターを設立するだけの人材は揃ったんだ。後は私たちが努力するかどうかなのだ！」と。センターを立ち上げるための人材が揃ったという象徴が、夢の中では「柱」として現れたのです。そして、この夢に後押しされて、私はＥＣＣＪの設立準備に携わることを決意しました。

それから6カ月ほどたったときのことです。センター設立の準備も整い「これで大丈夫だ」というところまできた時点で、会長や副会長などの役員を選出して役割を決めることが必要になりました。私としては、ケイシーの普及に努めてこられた先輩方の中から会長が選ばれるべきだと思っていたのですが、その先輩方が「若い人たちで運営してほしい」と提案され、どうやら会長候補の矛先が私へ向いているのが察せられました。

しかし、自分の内的生活が不安定であれば会の運営にも支障が出ると思い、辞退することを考えていました。するとまたしても夢を見たのです。

今度は、私が超大型のトレーラーを運転するというものでした。夢のモチーフという点で言えば、ＥＣＣＪの会長という役割は自分には荷が重いと思っていた当時の私の心境にピッタリと重なります。

夢の中で、私はものすごく大きなトレーラーを運転しなければならない状況にありました。そこにケイシーセンター準備委員会の人たちが集まってきて、トレーラーにいろいろな荷物を載せ始めるのです。椅子の足やソファがあちこちからはみ出しています。最後には荷台は膨れ上がっていました。この荷物を積んで出発しようというわけです。

「光田さん、あなたが運転してください！」戸惑う私を誰かがせき立てます。

「こんなでかい車、運転できるわけないよ」と私は言うのですが、スタッフは聞き入れてくれません。「それならば荷物をすっきりさせましょう」と、スタッフが手際よく荷物を整頓します。そして私に再びこう言うのです。

「光田さん大丈夫、僕たちが後ろから声をかけますから安心してください。ハンドルをその通りに切ってくださればいいのです」

彼らの言葉に促されて、結局私は運転席に座って運転を始めました。最初は順調に運転していたのですが、途中から山道にさしかかり、だんだん道が狭くなって急カーブが多くなり始めました。

「うわぁ、こんなカーブ曲がりきれるだろうか」と思うのですが、その都度、後ろからスタッフの声が聞こえます。

「光田さん、右に切って！　はい左！」

そして言われた通りに運転すると、なんとか難所を通過することができました。困難な山道をクリアすることができてホッとしていると、前方に湖が広がっているのが目に入りました。

その光景は、今でも時々思い出すほど美しく感動的なものでした。しかもよく見ると、その湖の水は普通の水ではなく、ワインの湖だったのです。その赤は鮮やかに輝き、水面はきらきら輝いています。ワインの湖に着いたとき、スタッフは大喜びで、ワーッと歓声を上げて湖に飛び込み、泳ぎ始めました。

ここで目が覚めました。


目が覚めたとき、私にはもう夢を解釈する必要はありませんでした。

超大型のトレーラーは、私にとってＥＣＪを象徴していることは明らかでした。そしてそれを運転しなければならない。夢のモチーフと現実が見事に重なっています。そして夢のディテールを、私は次のように解釈しました。

準備委員会のメンバーがたくさんの荷物を積み込むという状況は、それぞれのメンバーがECCJの活動を通して実現しようとしているさまざまな理想や希望を表している。ただし各自が思い思いの希望や目的を持ち寄ったために、ごった煮のような状態になってしまっていた。そこでメンバー各自の希望や目標を整理して優先順位をつけ、ECCJ全体としての駆動力となる理想を樹立する必要がある。それが、トレーラーの荷物を整理するという行為に象徴されていると考えました。ECCJは、最初は順調に運営されるけれども、途中、困難な状況に遭遇することもある。しかしECCJのメンバーや会員の支援によって無事に乗り切ることができる。そしてついには、素晴らしいワインの湖に到達することができる、と。

この夢の中でワインの象徴は、とりわけ私を勇気づけました。なぜなら、ワインとは私にとって「いのちの水」「霊的ないのち」を意味する重要なシンボルであったからです。ECCJとしての理想を追求していくなら――すなわち、理想を同じくする人々と共にエドガー・ケイシーの残した貴重な情報を日本の多くの方々に伝えていくなら――ついには、多くの方々と共に「永遠の生命」に導かれていく。これほど当時の私を鼓舞激励してくれるメッセージが他にあったでしょうか。

かつて20歳のときにエドガー・ケイシーの素晴らしい哲理に出合い、以来、彼の残した福音を述べ伝えることを私の生涯の理想としてきました。この夢はその私にとって最大級の激励となったのです。

夢を活用するための具体的な方法

これまでいくつかの実例を通して、夢がどのように活用されるかを見てきました。この節は、夢を活用するための具体的な方法をテーマに話を進めることにします。

夢を活用する上で、私たちが取り組まなければならない最初の課題は何でしょうか。夢のモチーフを見つけること？　違います。夢の象徴を理解すること？　それも違います。

夢を活用するための最初の課題は、「解釈に値する夢を見て、それを覚えておく」ことです。そうしなければ、夢を活用することはできません。解釈に値する夢を見る秘訣は、霊的理想というテーマとも深く関わってきますので、それについては10章で取り上げることにして、ここでは夢を覚えておく秘訣についてお話しすることにいたしましょう。

時々、「私は夢を見ません」と言う方がいます。本当にそうでしょうか。

これは何人かの心理学者が行った実験ですが、夢を見ないと言う人々を集めて、次のようなことが行われました。

夢を見ないと主張する彼らの側頭部に電極をつけて、彼らの睡眠中の眼球運動をモニタリングします。そして眼球運動が激しくなったところで、彼らを強制的に起こすことを行ったのです。するとどうでしょう。これまで夢を見たことがないと主張していた人たちも、ほぼ確実に、起こされたときには自分が夢を見ている最中であったことを報告したのです。

研究の結果、人は平均して90分おきに夢を見ており、毎晩4、5回は夢を見ていることがわかりました。結局、「夢を見ない」という主張は、正しくは「見た夢を覚えていない」ということだったのです。

では、どうすれば私たちは夢を覚えていられるのでしょうか。エドガー・ケイシーの夢解釈を研究した心理学者ヘンリー・リードは、夢を覚えておくコツを次のように述べています。

①寝るときに「私は夢を覚えている」という暗示をかける

潜在意識に対して、夢を覚えているように動機づけることは重要です。またその暗示をより効果的にするために、枕元にノートと鉛筆を置いて寝るのも有効です。私たちが夢を覚えておきたいという態度を示すと、潜在意識もそれに応えようとします。

②「夢日記」を書いてみる

夜中でも、夢を見たところで目が覚めたら、そのまま寝ないで、その夢のキーワードをノートに書いておきます。見た夢を詳しく書く必要はなく、後でそのノートを見たときに夢を思い出すヒントになればいいのです。朝、目が覚めてから、キーワードをもとに改めて夢を詳しく思い出し、夢日記に記せばいいのです。眠たいからといってそのまま眠ると、かなり鮮明に覚えていた夢でも忘れてしまいます。

③朝、目が覚めたら体を動かさないで夢を思い出そうとする

これは非常に興味深い指摘ですが、夢というのはちょっとした肉体の動きによって、すぐにかき消されてしまう傾向があります。ですから、まず朝、目が覚めたら、できるだけ寝床の中でじっとしておき、何か夢は見なかっただろうかと思いめぐらせます。そして運よく夢の尻尾を捕えることができたなら、そのままの姿勢でしばらく夢を思い出す努力をしてみます。このとき、夢をストーリーの先頭から思い出そうとするよりも、夢の後ろからたぐり寄せるようにして思い出すと、より効果的だといわれます。

そしてその姿勢で思い出せるかぎりの夢を思い出したなら、逆方向に寝返りを打って、しばらく夢を思い出そうと努力してみます。面白いことに、姿勢を変えると、その姿勢で見ていた夢を思い出すのです。ヘンリー・リード氏によれば、体自身が夢を覚えていて、姿勢を変えることで、体が記憶している夢を思い出すそうです。

また、朝起きたら、夢を覚えていようとなかろうと、とりあえずノートを開き、何か書き込みます。覚えていない日は、どんな気分で目覚めたかを書くだけでも構いません。ノート

に書き込むという行為が思い出す訓練になります。時には、書いているうちに夢を思い出すこともあるのです。

④夢に対する興味を持ち続ける

夢を忘れる要因の一つとして、夢に対する興味不足が挙げられます。夢に対する興味が強いほど、夢を覚えていられるようになります。そのため、定期的に夢に関する本を読んだり、夢のセミナーなどに足を運んだりしてみます。すると、夢への関心が呼び覚まされ、覚えている確率が高くなります。夢の話ができる友人と定期的に会って、夢の話をするのも効果的です。

夢の解釈

さて、適切な夢を見るようになったなら、次のステップはその夢を解釈することです。すでに述べたように、夢を解釈するにあたってはすぐに夢の辞典に頼るのではなく、まず夢のモチーフを明らかにすることから始めます。

もしその夢が同じパターンをくり返すようなら、モチーフは比較的容易に見つかります。モチーフを見つけるのが困難なのは、夢にこれといって際だったパターンが見つけられないときです。そういうときには、次の手として、夢のストーリーを抽象化するという方法が多くの場合役立ちます。

やり方は、夢に出てくる象徴をすべて「何か」という言葉に置き換え、それに対する動作を記述します。たとえば、不安定な板張りの遊歩道から湖に飛び込んだ夢を見た女性の場合は、『何か』不安定なものから、『何か』に大胆に飛び込む」と記述することができます。こうすることで、モチーフがかなり明瞭になります。

こうしてモチーフが見えてきたら、今度はそのモチーフを自分の現実の生活と比較して、重なる状況がないかどうかを調べます。このとき、すぐに「ああ、あのことだ」とピンと来る場合もありますが、いつもそううまくいくとはかぎりません。そんなときに役立つのが、夢をカテゴリーに従って当てはめる方法です。

ケイシーの夢解釈を研究しているマーク・サーストン博士は、私たちが日常的に見る夢の大半は、次のいずれかのカテゴリーに分類されることを見いだしました。そして、自分の夢のモチーフが何を意味しているかわからない場合には、それぞれのカテゴリーのどれに当てはまるかを考えると、正しい解釈に導かれやすいことを見いだしました。具体的には、自分の見た夢が次のどのカテゴリーに属するかを考えます。

①自分の体に関すること

このカテゴリーに属するものとしては、不摂生に対する警告であるとか、食べ物に対する注意、あるいは具体的に体のどこが悪いという警告です。

②自分の心の状態、精神状態を表すもの

自分の現在の心の状態を客観的に判断し、それが望ましい状態であればある種の励ましが、改善したほうがいい場合はそのためのアドバイスが与えられることがあります。飴とチョコレートを買いに行った女性の夢などは、このカテゴリーに分類されます。

③家族に関すること

ケイシーの夢解釈を研究すると、かなりの夢が家族に関するものであるのがわかります。自分と家族との関係を表す場合もあれば、特定の家族が現在抱えている問題を夢で知らされることもあります。あるいは家族の病気や怪我に対する警告もあります。家族関係がバランスを崩し始めると、その前に、夢で知らせがあるはずです。また、家族がどのような夢を見ているかを話し合うのも、お互いの心をもっと理解する上でとても有効です。

エドガー・ケイシーの孫でエドガー・ケイシー財団の前会長であるチャールズ・トマス・ケイシー氏から伺った話では、ケイシー家では一家の伝統として、毎朝朝食を食べながら家族が見た夢について語り合うそうです。人に話したくない夢は無理に話す必要はなく、家族と共有したい夢を互いに出し合って、いろいろ話をしているそうです。それによって家族が持っている悩みや問題をいち早く察知することができ、充実した家庭生活を営む上で役立っているのです。

青少年の非行などが深刻な問題になっている現在、子どもの心の深い部分を理解するためにも、また家族の絆を深めるためにも、互いの夢を定期的に話し合ってみるといいかもしれません。

④仕事に関すること

この世で生きるかぎり、私たちは仕事をして生計を立てなければなりません。また、仕事を通して人生を充実させ、社会に貢献することができます。夢は、私たちが充実した仕事ができるよういろいろなサポートをしてくれます。

ケイシーに夢を解釈してもらい、株で成功した人もいますし、従業員の不正をいち早く知ることができた経営者もいます。あるいは仕事を発展させるためのインスピレーションを夢で得た人もいます。

私の場合、大学時代の教授が時々夢に登場することがありますが、お世話になったこのM教授が夢に現れたときは、ほぼ間違いなく「もっと現実的な仕事をしろ」というメッセージになっています。

結婚して1年くらいたった頃に、M教授が夢に出てきました。夢の中で私は久々に母校に行くのですが、研究室のある建物の玄関からM教授が出て来られるのが、遠くから目に入りました。「うわぁ、まずい」と思った私は、なんとかM教授と顔を合わせまいと、大きな岩陰に隠れます。ところが教授はこちらに向きを変え、どんどん近寄ってきます(これが夢ですね!)。すると何を思ったか、私は服の内ポケットからルーペを取り出し、岩を研究しているふりを始めました。しかし、M教授は私が隠れようとするほうにいよいよ回り込んできます。そして、ついに私の顔をのぞき込んで、「おい、光田君じゃないか。そこで何をしているのだ」と声をかけてこられました。私は冷や汗をびっしょりかいて目を覚ましました。

夢のモチーフという点から言うと、私はひたすら「何か」から逃れようとしているのがわかります。そしてこのモチーフを私の現実生活に照らし合わせてみると、すぐに、私が研究を口実に現実的な生活から逃避していたことに気づきました。夢によって現実を指摘された私は、「これではいけない」と思い、すぐに行動に移しました。自分の履歴書を書き、翻訳の仕事をしていきたい旨の手紙を添えて、複数の出版社に送りました。

夢というのは不思議なもので、勝算があるからメッセージを送るのです。不可能なことを夢主に送ることはありません。私の場合も、手応えはすぐにありました。大手の某出版社から翻訳の依頼が来たのです。私がこれまで手がけた翻訳の中でも、最も大作の翻訳依頼でした。この翻訳で経済的にも潤いました。またうれしいことにこの翻訳をきっかけに、さまざまに仕事が発展していったのです。夢のメッセージを受けとめ、それを行動に移したおかげです。

⑤将来に対する予知・警告

魂は、私たちの未来に関しても深い洞察を与えてくれます。たとえば、ある主婦は夫婦で船旅をしている途中で落雷にあう夢を見ました。これに対するケイシーの解釈は、このままの夫婦関係では将来離婚の危機がある、というものでした。彼女の場合は、結果的に離婚することになってしまいましたが、ケイシーのアドバイスを生かしていれば、別の解決方法があったかもしれません。

⑥テレパシー

意識の三層構造のところでも説明しましたが、私たちの心は深い部分であらゆるものとつながっています。そのため、親しい人の想念が超意識を介して私たちに伝わってくることがあります。日中はその想念に気づかないにしても、私たちが眠っている間には、それらの意識が私たちの意識の中に入ってきます。

たとえば、ある人は自分の知人が自殺を考えている夢を見ましたが、それに対するケイシーの解釈は、実際にその人がかつて自殺を考えたために、それが伝わってきたのだと答えました。

あるいは霊界にいる親しい人々からの通信も、夢にしばしば現れます。

ある女性は亡くなって間もない母親が夢に現れて、「私は元気だから心配しないで」と告げましたが、この夢に対するケイシーの解釈は、それは実際に母親が霊界から通信してきたケースであると述べました。96ページの意識の大海（三層構造）の図を見ていただくと、霊的世界の住人の意識が二層構造として描かれているのがわかると思います。これは印刷ミスではありません。ケイシーによれば霊的世界の住人は顕在意識が潜在意識に吸収されてしまうために二層構造になるのだそうです。余談になりますが、このことは逆に、霊的世界の住人は、自分の潜在意識をかなり自由に操れることを意味します。

いずれにしろ、霊的世界の人々とも深い部分でつながっており、彼らのメッセージを私たちはしばしば夢という形で受信しているのです。

⑦前世に関するもの

自分の前世が夢に現れることがあります。ケイシー自身、いくつかの前世は、夢を通して与えられました。ただし、前世を夢に見るケースはまれですから、何でもかんでも前世の夢にするのは禁物です。ほとんどの場合、自分の中に前世を知る内的必要がある場合に与えられるもののようです。

以上、夢を7つに分類しましたが、夢のモチーフが何を意味しているかわからない場合、「これは自分の肉体に関するものか、自分の精神状態を反映したものか、家族関係を示したものか、仕事か、予知か、テレパシーか、前世か」と順繰りに考えてみます。この方法に習熟すると、夢のモチーフが比較的容易にわかるようになります。

前述の、夢の中でオレンジ大のニキビを作った女性の場合であれば、「私の中に醜いものがある。それを浄化しなければならない」と、夢のモチーフが自分の人生のどこに当てはまるかを、カテゴリーに従って正直に分析するといいでしょう。そうすれば、その夢が自分の心の持ち方を表しているると、自ら気づくかもしれません。

夢のモチーフがわかり、それが現実の人生の中の何を意味しているのかがわかれば、夢解釈はほぼできあがったも同然です。あとは必要に応じて夢の象徴が何かを知ることで、夢のメッセージがさらに具体的に見えてきます。そしてこの段階になると夢の辞典も大いに役立ちます。私のお勧めの夢辞典は、坂内慶子先生の『夢は神さまからの最高のシグナル』(コスモトゥーワン)です。

また、象徴とその意味するところを学ぶと、夢の原理がわかってきて興味が増します。ここでは象徴の持つ意味について詳しく触れることはできませんが、ケイシー流の夢解釈に興味を持たれた方は、『夢予知の秘密』(エルセ・セクリスト／たま出版)、『夢の世界へ』(マーク・サーストン／中央アート出版社)などに優れた解説があるので、そちらを参考にしてください。

夢日記をつけるようになると、夢の象徴のパーソナルな意味がわかってきます。たとえば私の場合、「ワイン」が「霊的ないのち」を、「M教授」は「現実的な仕事」を意味していることがわかっています。このパーソナルな意味がわかってくると、夢解釈はさらに面白くなります。

夢の活用法の最後は、解釈した夢のメッセージを実行に移すことです。いくら夢のメッセージの意味がわかっても、それを実行に移さなければ何にもなりません。また、実行に移さないでいると、メッセージが希薄になってきます。

ただし実行に移す場合、内容によっては不安を覚える場合があることも確かです。

たとえば転職に関する夢であるとか、結婚に関する夢、健康に関する重大な夢などの場合、自分の解釈がはたして正しいかどうか不安になります。人生に及ぼす影響が大きいだけに、慎重になるのです。

このような場合、いくつか解決策があります。その中でも安全で有効な方法が、夢自身に自分の解釈が正しいかどうかを尋ねるという方法です。

寝る前に「自分はこの夢をこのように解釈したけど、これで正しいのだろうか」と自分自身に尋ねます。

より効果的な方法としては、「私はこの解釈に従って、このような行動に出るつもりだ」と、実際に行動した自分を思い描いて眠ります。すると、解釈が適切であればある種のOKサインを夢で得ますし、解釈が不適切であれば、警告の夢、別の解釈を促す夢を見ます。いずれにしろ性急な決断は控えて、しばらく夢の推移を観察します。このように私たちが夢の活用法を知れば知るほど、夢との付き合い方がうまくなります。

理想を持ち、その理想を目指して真摯な人生を送る

これまで夢を見る方法、見た夢を解釈する方法、そして解釈したメッセージを実行に移す場合の心構えについて解説してきました。これでケイシーの夢解釈について、本章の範囲で述べるべき事柄のほとんどは語り尽くしたように思います。しかし、最後にもう一つだけ、夢を活用する上でのきわめて重要な点を述べなければなりません。それは、夢が意味のあるメッセージを送る上で必須の条件でもあります。この条件が満たされなければ、どれほど夢解釈に習熟しても、それは無意識と戯れるにすぎません。

その必須の条件とは、すなわち、私たちが理想を持ち、その理想の遂行を目指して真摯な人生を送る、ということです。ケイシーの言葉を借りるなら、私たちは「霊的理想」を確立し、それを目指して生きなければなりません。そして私たちが霊的理想を目指して生きているときには、魂が全力で私たちの生き方を支援するようになり、非常に意義深い夢を与えてくれるようになります。

私は20歳のときに、エドガー・ケイシーの福音を多くの人々に伝えたいと願い、それを自分の霊的理想にしました。以来40年以上になりますが、常にその理想の遂行を求めてきました。その間には何度も困難な状況に陥り、挫折しかけたこともありますが、その都度、夢が私に意義深いメッセージをもたらし、導いてくれました。それゆえに、私は次のことを自分の体験から語ることができます。

私たちは、私たちが望み得る最高の理想を掲げなければならない。その理想がどれほどささやかなものであっても、自分の持ち得る最高の理想であるかぎり宇宙はそれを尊び、そのときには魂の力が最高度に発揮されるのだと。

第9章 ● リーディングが語るピラミッドとスフィンクス

定説ピラミッド論の考察

数年前の話になりますが、エドガー・ケイシーの次男であるエドガー・エバンス・ケイシー氏と会談する機会があり、そのとき、次のようなお話を伺ったのを印象深く覚えています。

エドガー・ケイシーがまだ存命中、ケイシー一家を含め、ケイシーの周囲の人々にとって最も困惑したリーディング情報は何であったかというと、第一にエジプトのピラミッドとスフィンクスに関する情報であり、第二にアトランティスに関する情報であったということでした。

相談者のライフリーディングにエジプトの話が出たり、あるいはアトランティスの前世が指摘されたりすると、そのたびに家族は苦渋を感じ、他の分野では驚くほど正確な情報をもたらすリーディングが、なぜそんな荒唐無稽な話を持ち出すのか困惑を禁じ得なかったと言います。

人生の面白いところでもありますが、ピラミッドとスフィンクスのリーディング情報に最も困惑を感じたヒュー・リン・ケイシー氏は、後年、ケイシーのエジプト論の構築に多大な情熱を注ぎ、エドガー・ケイシー財団の総力をあげてピラミッドとスフィンクスの調査を行いました。

また、アトランティスに懐疑的であったエバンス・ケイシー氏は、エドガー・ケイシー財団きってのアトランティス研究家になり、2冊の専門書を出版するほどになりました。リーディングの語るエジプトとアトランティスに疑問を感じ、徹底的に調査した2人が、かえってそれらの分野に魅せられ、その探求に情熱を傾けるようになったのです。

この章では、ケイシーのエジプトとアトランティスに関するリーディング情報を考察することにします。そして、これらのリーディング情報がエドガー・ケイシーの2人の息子の人生にとって豊かな意味を持ったように、現代に生きる私たち一人一人にとっても深い意義を有することを示したいと思います。

世界各地にはいまだ深い謎に包まれた古代遺跡が多数存在します。有名なところではイギリスのストーンヘンジ、イースター島のモアイ像、メキシコのテオティワカン、ナスカの地上絵、ペルーのサクサイワマン大城塞、グアテマラのティカルなどがあります。いったい、いつ、誰が、なんのために、どのような方法でこれらの遺跡を建造したのか、充分説得力のある学説はまだ現れていません。

これらの古代遺跡のうち、私たちに最も大きな謎を突きつけているのが、エジプトの大ピラミッドとスフィンクスであることは多くの人の認めるところです。そして、それゆえにこそ、これまでも多くの学者や研究者らの関心を集め、また私たちのような一般人の好奇心をかき立てきました。

ケイシー存命中も多くの人がピラミッドの謎に関心を持ち、結果として、ピラミッドとスフィンクスに関して膨大な量のリーディング情報が残されることになりました。それらの情報からいったいいかなるストーリーが構築されるのか、これからじっくり検討してみたいと思います。まずは手順として、現代の定説となっている考え方を一通り考察し、それら定説自体のはらむ矛盾点を検討しておくことにします。


エジプトのギザの台地に立つピラミッド群は、一般には紀元前2600年頃の第四王朝のクフ王、カフラー王、およびメンカウラー王によって建造されたことになっています。特にクフ王が建造したといわれる大ピラミッドは、規模として最大であるだけでなく、内部に複雑な通路と部屋を持つことで、一層謎を深めています。

この大ピラミッドは、底辺の長さが230・4メートル、高さが146・6メートル、また、どんなに遠くから見てもピラミッドが正三角形に見えるように傾斜角が51度52分になっており、内部に通じる下降通路の延長線が正確に北極星を指すことなどから、非常に綿密な計画のもとに建造されたことを示しています。

このピラミッドの建造に使用された石灰岩は平均重量が2・5トンあり、それが230万個使用されていると推定されています。クレーンのない時代にこれほど重い石を正確な四角錐の形に積み上げていくわけですが（しかも内部にはいくつもの通路や部屋がある！）、現代のエジプト学者らは、古代エジプト人はピラミッドまでの傾斜路を造り、石をそりのような道具に載せて人力で引き上げたと主張しています。

しかも現代のエジプト学では、ピラミッドの規模に比べてかなり短期間に建造したことになっています。当時のエジプト人の平均寿命が30歳前後であったために、王墓として建造されたピラミッドもおそらく30年から長くて50年くらいで完成されたであろうというのが通説です。

しかし、この学説は私たちに大きな疑問を投げかけます。

というのも、たとえ50年の歳月をかけ365日、毎日8時間の作業を行って建造したとしても、平均重量が2・5トンもある石を230万個積み上げるには、1時間に15個の石を積み上げなければならない計算になるからです。1個当たり4分で積まなければならないのです！　それもカミソリの刃すら入らないほど隙間なく正確に積み上げるのです。

現代の土木技術をもってしても、これは不可能なことです。しかも使用された石はナイル川の上流から切り出され、それを一定の直方体に整形し、さらにナイル川を船で運搬し、そこから建築現場に運んだとされますが、エジプト学者はそれらをすべて人力だけで行ったと主張するわけです。彼らの主張自体が荒唐無稽に聞こえます。

現代のエジプト学者が、この大ピラミッドの建造者をクフ王だとする根拠は、１８３６年にイギリス人将校ハワード・ヴァイスが、ピラミッドの中央にある重力拡散の間の上部で王の名前を記した象形文字――王の名前はカルトゥーシュと呼ばれる独特の絵文字で記される――を発見したことが、唯一の物証になっています。

しかし、この問題のカルトゥーシュを見ると、素人目にもきわめて粗雑であるという印象を免れません。あれほど精巧に造られたピラミッドの中に、クフ王はなぜほとんど落書きに近い稚拙なカルトゥーシュを残さなければならなかったのか。自分の業績を誇示することに余念のなかった他のエジプト王の遺跡と比較すると、その疑問はさらに深まります。

この点について、イスラエルの言語学者ゼカリア・シッチンがクフ王のカルトゥーシュを再調査したところ、偽物である可能性が濃厚であることを発表しました。確かに、発見者のヴァイスが功名心からカルトゥーシュを偽造したと考えると、合点がいきます。

大ピラミッドについては他にもいろいろ不思議な点があります。たとえばピラミッドの中央にある王の玄室には空の石棺がありますが、その棺のサイズが小さいのに疑問を持ちます。内部の長さが１９８センチ、幅が68センチしかないのです。エジプトの他の王墓で見つかった棺に比べて明らかに小さく、クフ王の棺とするにはあまりに不自然です。

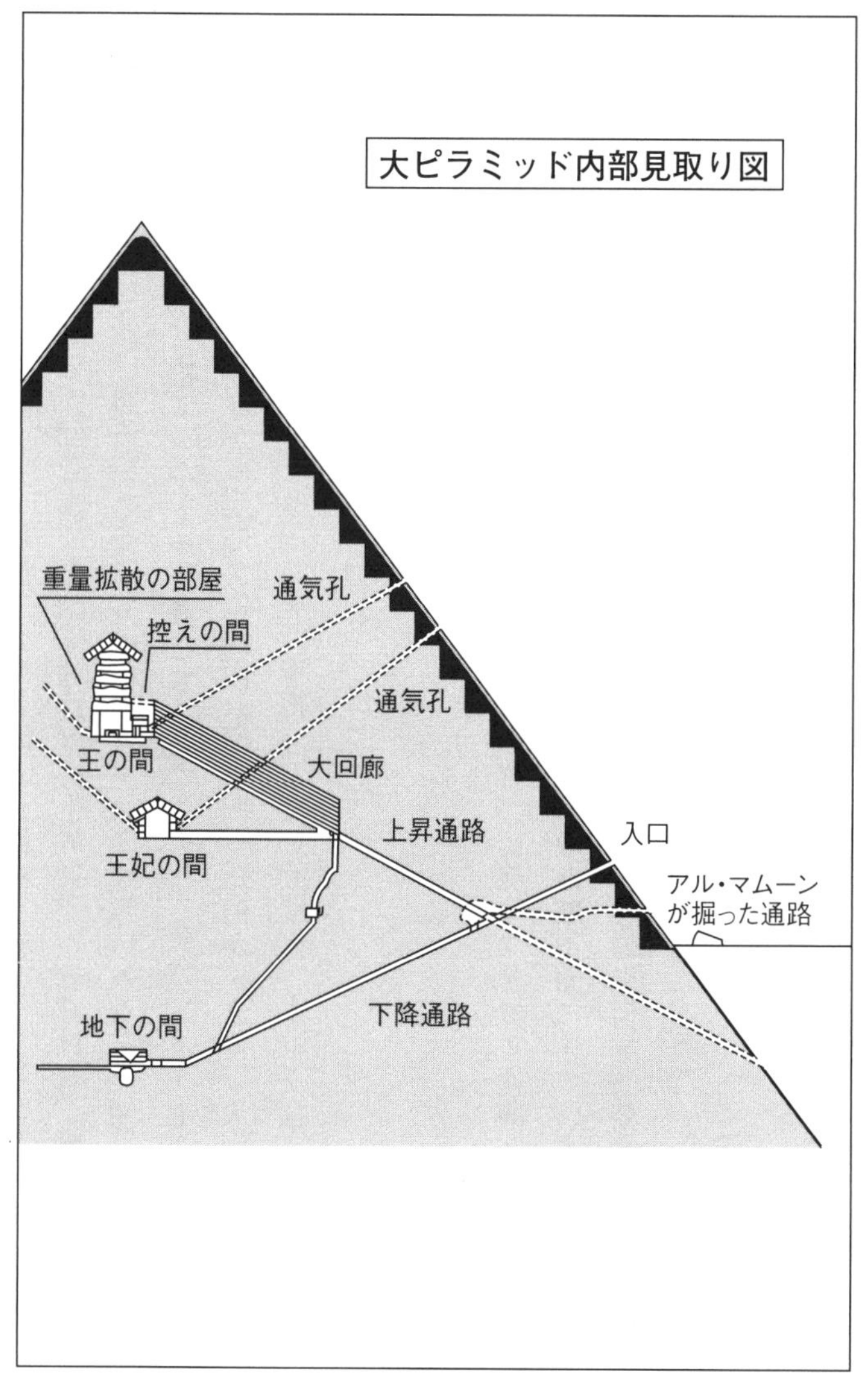
大ピラミッド内部見取り図
重量拡散の部屋
通気孔
控えの間
通気孔
王の間
大回廊
上昇通路
入口
王妃の間
アル・マムーン
が掘った通路
下降通路
地下の間

またピラミッドの中央を走る「大回廊」と呼ばれる通路の存在も、構造学的に考えて奇妙な印象を受けます。入口から大回廊までを結ぶ通路は「上昇通路」と呼ばれ、腰をかがめて通らなければならないほど低い通路であるにもかかわらず、大回廊に入ると突然視野が開けて大きな開放感を味わいます。幅2メートル、高さ8・5メートル、長さ50メートルという巨大な通路を周囲の石の重みに耐えながら建造する理由は何であったのか。また、大回廊の側面は7段の階段状のせり出しによって、せり出し天井を形成していますが、なぜ7段のせり出しにしたのか……いろいろな疑問が湧いてきます。

スフィンクスについてもさまざまな謎があります。

定説では、スフィンクスはカフラー王が建造した第二ピラミッドの守護神として建造されたことになっています。確かに位置的には第二ピラミッドのほぼ正面にきていますが、正確にいうと中心線からやや南にズレています。他の建造物にあれほどの幾何学的精度を発揮したピラミッド建造者たちが、なぜスフィンクスにかぎっては奇妙な配置にしたのか不思議です。

スフィンクスにはさらに決定的な疑問が提出されています。それはスフィンクスの石組みに存在する風化の痕が、降雨による浸食であると判明したことです。

定説によれば、スフィンクスはクフ王の息子であるカフラー王時代の紀元前2500年前後に建造されたことになっています。ところが古代気象学は、ピラミッドが立つギザ台地の周囲の降雨は紀元前8000年から7000年くらいの時代に止まったことを証明しています。そうすると、どうしてもスフィンクスの建造時期を大幅に過去に遡らなければ降雨の浸食を説明することができません。この点に関して、保守的なエジプト学者は古代気象学と地質学的エジプト論を否定するという立場を取っています。

エドガー・ケイシーのピラミッド・スフィンクス論

では、エドガー・ケイシーはピラミッドとスフィンクスに関してどのようなリーディング情報を残しているのでしょうか。

ケイシーは、彼自身が前世でピラミッドとスフィンクスの建造に深く関わったことがあるために、ピラミッドとスフィンクスに関して相当な量のリーディング情報を残しています。しかもリーディングは、正統なエジプト学などまるで眼中になかったかのように、はるかに壮大なストーリーを展開しました。アトランティスの滅亡、反重力装置、イエス・キリストの修行場、人類の未来に関する予言など、荒唐無稽とも思えるさまざまな要素があちこちに顔を出します。ケイシーの2人の息子たちが困惑を禁じ得なかったのも、大いにうなずけます。

しかし、研究をすればするほど、この荒唐無稽な主張が非常に首尾一貫したストーリーを持ち、多くの謎を説明し得ることに気がつきます。しかも最近のさまざまな分野における研究は、従来の学説よりもむしろケイシーの主張を支持する側に回っているのです。

それら最近の研究成果を踏まえつつ、リーディングが述べるところのピラミッド・スフィンクス論を展開してみたいと思います。

ケイシーの語るピラミッド・スフィンクス論は、まず伝説の大陸、アトランティスの滅亡から説き起こさなければなりません。

第7章「宇宙の誕生と魂の物語」で簡単に触れたように、ケイシーのリーディングに従えば、紀元前1万年以上前の大西洋に、伝説の大陸アトランティスが存在しました。そこには主に赤色人種が住み、他の人種に比べて合理的知性に優れ、数万年の間に現代文明をはるかに超えるきわめて高度な科学技術を発展させたといわれます。

しかし、過去3回にわたる地殻変動のために、紀元前1万年頃には完全に海中に没したとリーディングは述べます。ケイシーはこれらの地殻変動について詳細な情報を残しています。それによると、第1回目の変動は紀元前5万年頃で地軸の変化（ポールシフト）を伴う変動であり、その結果として、当時存在していた巨大な生物が絶滅しました。2回目は紀元前2万8

000年頃に起こり、それによって大陸は3つに分断されました。そして最後の変動は紀元前1万年頃にあり、それは当時の人間の精神性の堕落とエネルギーシステムの暴走が原因であったといわれます。そしてこの最後の変動によって、アトランティス大陸は完全に海中に没することになったのです。

紀元前1万年頃は、私たちが学校で習った知識に従えば、新石器時代の始まりの時期にあたります。私たちの頭の中では、やっと道具を使い始めたばかりの原始人のイメージがある一方で、それと同じ時代に現代の科学技術をはるかに凌ぐ文明が栄えていたとされるのですから、眉に唾をつけたくなるのも無理はありません。

しかし、考えてみれば、今の私たちの時代にも、アフリカなどに行けば狩猟生活を送っている未開の原住民を見ることができます。そういった意味で、高度な文明が石器文明と共存すること自体はあり得ない話ではありません。むしろ私たちにとって疑問なのは、高度な文明が存在したのなら、なぜその存在を証明する遺跡や遺品の類が全く発見されていないのか、という点です。

1万年前に建造された高層ビルや工場の遺跡であるとか、ダムや原子力発電所の遺跡がどこかにあってもよさそうなものですが、そのような遺跡が見つかったためしはありません。

その理由についてはいくつかの可能性が考えられます。

まず、ケイシー・リーディングの主張するところでは、アトランティスそのものは海中に没しましたが、世界各地に移住したアトランティスの末裔たちが建造した建物は、今でも残っているのです。それがユカタン半島に存在する巨石文明であり、南米ペルーの古代遺跡、イギリスのストーンヘンジ、そしてエジプトのピラミッドであるのです。

彼らはアトランティス文明の一部を持って各地に移住し、そこで一時期栄えますが、結局は衰退してしまいました。彼らの社会が急速に衰退した理由は、おそらく文明を維持するのに必要な基幹テクノロジーを移動させることができなかったためではないかと考えられます。私たちが短期間に民族の大移動を迫られたとしても、やはり発電所を一緒に移動させることはできないでしょう。そして基幹テクノロジーを失った文明が持続できる道理はありません。各地に移住したアトランティスの末裔たちは、そうしてついに滅んだのです。

基幹テクノロジーが文明もろとも海中に没したとしても、高度な文明を伝える遺物——航空機やコンピュータなど——がどこかに存在してもよさそうなものだが、という意見もあるかもしれません。

それについては、アトランティスの文明としての寿命を考えると、比較的容易に答えが見いだせるかもしれません。ケイシーによるとアトランティスは、数万年にわたり高度な科学技術文明を維持してきました。それに比べて現代の科学技術文明はたかだか100年です。そのわずか100年の間にも科学技術は環境の破壊という深刻な問題に直面することになりました。そして100歳の文明にしてすでに太陽発電であるとか、電気自動車、あるいは土壌に吸収されて自然環境に還る素材などの開発に迫られているのです。

まして数万年にわたって存在し続けたアトランティス文明であれば、高度に自然環境に調和したテクノロジーが発達していたと考えるのが当然ではないでしょうか。現代文明がこのまま進むなら、後世におびただしい量の廃棄物を文明の汚点として残すことになるでしょうが、アトランティス文明は自然環境に充分調和していたために、そのような汚点を残すことなく姿を消したのだと考えられないでしょうか。

実際、世界各地に移住したアトランティスの末裔たちは、好んで森林の奥地に入り、そこで自然環境と調和するような形で巨石を使った建造物を建てました。彼らの建造物を見ると、木造建築と石造建築の違いこそあれ、周囲の自然と見事に調和しているという点で、私は日本の伊勢神宮のたたずまいを思い出します。

アトランティス文明がエコロジカルな文明であったとするなら、その遺物を発見することがそれだけ困難になると考えても辻褄が合います。

もう一つのシナリオは、神の意思であるのか、あるいは宇宙の摂理の自然な作用であるのか、霊的な波動が著しく乱れたものは、土地であれ物であれ、浄化のためにしばらく海の塩に洗われるのではないか、という考え方によるものです。

ケイシーのリーディングの中に「現在戦場になっている場所の多くは海になるだろう」といった意味深長な予言があります。宇宙の法則として、波動の乱れた場所は、しばらく海底に没するのかもしれません。

アトランティスの遺跡が、私たちの期待する通りには見つからない理由をいくつか検討してみました。

紀元前１万年頃に地球規模の変動があったという証拠は世界各地に存在し、日本にもいくつか残っています。その代表的な例として、富山湾の埋没林の存在を指摘することができます。

富山湾の海底には、水深20メートルから40メートルのあたりに、柳やハン、ツタなどの広葉樹の木の根が１００本近く見つかっています。これは紀元前１万年くらいに氷河期の氷が溶けて水位が上がったために形成されたと考えられています。紀元前１万年という時期から考えて、アトランティスを沈没させた変動と大いに関係がありそうです。

またケイシーは、アトランティスの最後の崩壊は、エネルギーシステムの暴走によって地殻変動が誘発されたためであると述べています。現代物理学では、地上で多量のエネルギーを発生させることが地殻に影響することを説明できませんが、1997年、ケイシーの指摘を裏づけるような報告が、チェルノブイリの原発に関連して発表されました。

1997年8月15日に放送されたNHKの番組で、チェルノブイリの原発事故が発生する1時間前および20秒前の2回にわたってチェルノブイリを震源とする地震が発生し、この地震の影響で原子炉が制御を失ったことが明らかにされたという報道がありました。

チェルノブイリの原発事故だけをもとに、ただちにエネルギーの大量発生が地震を招いたと結論づけることはできませんが、非常に興味深い事例であると思います。

話を紀元前1万年頃のアトランティスの崩壊に戻すと、この大変動に際し、多くのアトランティス人が大西洋周辺の土地に移住することになりました。一部はユカタン半島に、また一部は南米や、あるいはヨーロッパに移住しました。そして他の一部はエジプトに移住してきました。

当時のエジプトにはすでに先住民族がいましたが、地球の大変動を避けてペルシャからも民族が移動してきていました。そこにアトランティスの末裔たちが流入してきたのです。結局、

3つの異なった民族がそこに共存することになりましたが、ペルシャから移住してきた有能な霊的指導者の下に、平和的な共存を達成することができました。そしてこの霊的指導者が受けた啓示に従って、エジプトに霊的記念碑を建造することになったのだとケイシーは告げます。その霊的記念碑こそが、ピラミッドとスフィンクスであったのです。

ピラミッドとスフィンクスの建造には3つの目的がありました。

一つは、アトランティスの教訓を後世に伝えるために、アトランティスの歴史と文明の遺物を収納した保管庫として機能すること。二つ目は、当時の有能な霊能者によって予知された人類の、未来の様子を伝えるための予言を記録するものとして。3つ目は、人間の霊的成長を促す修行の場所として(リーディングによると、イエス・キリストは大ピラミッドに入ることで最終的な修行を完成されたといいます)。

そしてこれらの目的を実現するために、ピラミッドとスフィンクスが建造されたのです。建造にはアトランティスの科学技術が応用されました。たとえばピラミッドを構成する石の移動は、現代物理がまだ知らない反重力を利用したといわれます。

問:大ピラミッドの建造が実際に着手され、それが完了したのはいつですか。

答：建造には100年を要した。ヘルメスとラーにより、アララート王治世期に始められ、完了した。

問：それは紀元前何年のことですか。

答：平和の君（キリストのこと――著者注）がエジプト入りするより1万4990年から1万390年前のことである。

問：ギザの大ピラミッドはどうやって建造されたのですか。

答：鉄をも泳がす自然の力を用いてである。同じ力で石も浮かぶ。この力は1958年に再び発見されよう。（5748―6）

そして予言は文字によらず、ピラミッドの内部構造によって立体的・象徴的に示されることになりました。

諸国興亡の様子が、この神殿（ピラミッドのこと――著者注）の中に描かれることになった。この神殿は、物質界において過去に何があったのか、また今何があり、そしてこれから何が起ころうとしているのかを解釈するものとして機能するようになっていた。（294―151）

これ（ピラミッドのこと――著者注）には、アラート王、アララート王、そして神官ラーによって与えられたものから始まり、地球の位置に変動が起こり、そしてそこに記された予言を成就するためにグレートイニシエートがかの地と他の諸国へ戻られるときまでの、すべての記録が保存されている。世界の宗教思想に起こったあらゆる変化も、底辺から頂上に至る通路――もしくは空の石棺と頂上に至る通路のさまざまな形状の中に示されている。これらの変化は、石の重ね方と色によって、また、どちらの向きに通路が曲がるかによって示されている。（5748―5）

こうしてピラミッドの内部構造の中に人類の未来に対する予言が刻まれることになりました。ピラミッドの予言研究者によると、たとえば狭い上昇通路から突然広々とした大回廊に入る理由は、その時期がキリストの誕生を意味しているためであるとされます。あるいは第一次世界大戦や第二次世界大戦の時期を示すピラミッド内部の構造は、そこだけが大きく陥没するような形で表されていると指摘されます。

ケイシーによれば、ピラミッドの内部構造の中で最も重要な「王の玄室」に相当する時代とは、まさに今、私たちがこうして生きている現代を指すというのです。中でも王の玄室にある「空の石棺」には、深い意味があります。ケイシーは次のようなリーディングを残しています。

問：「空の石棺」の意味は何ですか？
答：もはや死が存在しないということ。誤解してはならぬ！　死の解釈が明白になるということだ。
問：「王の玄室」の時代はいつから始まりますか。
答：1938年から1958年にかけてだ。（5748―6）

この実体は、ピラミッドが建造されているときに、そこに遺品として何が保存されるかを目にした。「知識」のピラミッド、すなわちギザのピラミッドが建造され始めた当時――「王の玄室」に通じる通路が建造されるのを見たのである。この実体は、この時代に「空の石棺の時代」が通り過ぎるのを見るだろう。さればこそ、今生において、活動の高みに登るがよい。（275―33）

この二つのリーディングは、とりわけ現代に生きる私たちにとっては重要な意味を持ちます。なぜなら、これらのリーディングは、地球規模の大きな意識変化が、この私たちの生きている時代にも起こるであろうことを予言しているからです。実際、この予言の成就の兆しは、私たちの周囲にもかなり認められるようになりました。

たとえばケイシーは、この時代に死に対する認識が大きく変化するだろうと述べていますが、事実、ここ十数年臨死体験に対する関心が世界各国で高まってきています。また前世を視野に入れたサイコセラピーとして「前世療法」なども関心を集めつつあります。これらの社会現象は、ピラミッドの予言にぴたりと符合しているように思われます。

アトランティスの記録に関しては、スフィンクスの近くにある秘密の地下室に収められているということですが、そこに行くにはスフィンクスの右前足の下にある秘密の連絡路から入らなければなりません。そのことをリーディングは、次のように述べています。

問：封じられた記録の部屋には何が収められているのか、詳しく教えてください。

答：霊魂がアトランティス大陸に受肉し始めた頃からのアトランティスの記録と、そこで人類がどのように進化成長していったかの記録がある。そこには、その大陸を襲った最初の破壊と、そこで起こった変化の様子、さらにはアトランティス人が他の国々で行った活動の記録がある。また、アトランティス最後の破壊と、秘儀のピラミッドの建造に伴って必要になった国際会議の記録があり、そこには、沈没したアトランティスからの写しである記録を、いつ、誰が、どこで開くことになるかが記されている。なぜなら、地球の変動に伴って、大陸は再浮上するはずだからだ。記録の場所に関して言えば、これは太陽が水平線から昇るとき、その光線もしくはその影が、スフィンクスの両足の間に落ちる線上にある。スフィンクスは後に番人もしくは守護者として置かれたものであり、地上での変化が活発になるまではスフィンクスの右足にある連絡路から入ることはできない。これはスフィンクスとナイル川の間にある。（378―16）

ここで私たちの興味を引くのは、地上での変化が活発になるまでは、スフィンクスの右足にあるアトランティスの記録がある地下室への連絡路が開かれないと述べている点です。スフィンクスの右足辺りに通路が存在するなら、それは常に発見される可能性を持っていると私たちは考えるのですが、ケイシーは、その入口は霊的に封印されているために時期が来なければ見つからないと主張します。私たちには理解しがたい概念ですが、霊的な影響力によって、不用意に入口が開かないようにされているというのです。

ではこの封印は、いつ解かれるのでしょう。

ケイシーのリーディングを総合するなら、驚くべきことに、それは1998年にも起こり得るということになります。より正確に記述するなら、1998年を起点に人類の意識が大きく変化し、それによってスフィンクスの秘密の部屋が開かれる可能性が出てくる、ということです。ケイシーはそのことを、次のようなリーディングで予言しました。

問：約300年前、ヤコブ・ベーメは魚座の時代から水瓶座の時代に移行するこの危機の時代に、アトランティス大陸が再浮上すると予言しましたが、この大陸は今浮上しているのでしょうか。また、これは急激な変化をもたらすのでしょうか。それは何年頃に起きるのでしょうか。

答：1998年に、今起こっているゆるやかな変化を形成してきた活動が、大きく現れてくるだろう。これは太陽の活動周期が、つまり太陽がさまざまな活動領域を通過することに関連した期間が、魚座と水瓶座の間で一番大きく変化する時期に当たるのだ。この時期の地球にとって、これは急激な変化ではなく、ゆるやかなものである。

問：水瓶座の時代の開幕となる日付を教えてください。

答：それが影響力を持ち始める時期についてはすでに述べた通りである……。1998年には我々は充分に理解し始めるだろう。

（1602―3）

私たちはすでに6章において、占星学的な影響力が私たちの意識に大きな作用を及ぼすことを見てきました。ケイシーはどうやら、2000年に一度の占星学的に重要な変化が1998年を境に起こることを支持しているようです。

すなわち人類は、これまでの魚座の影響力から水瓶座の影響力の下に移行し、それに伴って大きな精神的変容が起こるであろうというのです。しかしその変容の過程は必ずしも急激なものではなく、私たちが注意して観察していないと見落としてしまうくらいの小さな変化として現れるようです。

科学史家のトーマス・クーンは、著書『科学革命の構造』（みすず書房）の中で、中世における最も大きな精神的革命は、コペルニクスが発見した地動説によってもたらされたが、その精神革命はその初期には非常に目立たないものであったことを指摘しています。コペルニクスによってもたらされた大きな意識革命は、結局、数十年あるいは数百年を経てやっと正当に評価可能になったのです。

おそらくケイシーが指摘する１９９８年に始まる意識変化も、そのような形ですでに表れているのかもしれません。最初は霊的に目覚めた個々人の人生のうちに変容が起こり、それが次第にグループを形成し、ついには社会、あるいはそれ以上の広範なレベルにおいて意識の変容が起こる。そしてその後には、私たちのまだ体験したことのない霊的世界観に支えられた新しい社会の建設が続くのです。

ピラミッドは未来と未来の道筋

これまで、ケイシーのリーディングが解き明かしたピラミッドとスフィンクスの秘密に迫ってみました。ケイシーの透視資料を１００％信じる必要はありませんが、従来のエジプト学が説明するピラミッド・スフィンクス像よりも、むしろ説得力があるように思われたのではないでしょうか。唯物的世界観の狭い枠組みの中で理解しようとすれば、ケイシーの語るピラミッドとスフィンクス論は荒唐無稽なストーリーに映ります。しかし、ケイシーの語る霊的世界観を受け入れるなら、それらはその霊的世界観の中に矛盾なく収めることができます。

そしてケイシー・リーディングの全体像の中で、ピラミッドとスフィンクスの存在を捉え直すなら、結局のところ、これらの建造物はそれ自体がアトランティスの末裔たちが未来の人類――そしておそらくそれは現代に生きる私たちを指している――に託した希望のメッセージだということがわかってきます。

その意識になって再びピラミッドを眺めるなら、ピラミッドという存在がはるか昔から私たちの時代の到来を待ちわび、そしてピラミッドの最後の使命を果たすべく、私たちに霊的意識への変容を促しているのを感じるのではないでしょうか。

地上に存在する考古学上最大の謎といわれるピラミッドとスフィンクス。この謎が解明されることは、人類のたどってきた進化の道筋を知ることであり、そしてまた人類の進むべき未来を指し示すものとなるに違いありません。

第10章 ● 霊的理想が人生を創造する

霊的理想とは

これまでエドガー・ケイシーのリーディングをもとに、人間の本性が永遠不滅の高貴な霊的存在であることを、いろいろな角度から検証してきました。

肉体の死をもって「自分」という存在は消滅すると主張する唯物的世界観では、どれほど生きる意味、生きる目的を探し求めても、せいぜい「自分に与えられた資質を最大限に発揮し、1回かぎりの人生をまっとうする」くらいの人生観しか形成できません。しかし、それも哲学的に突き詰めれば、気休めの人生観でしかないのです。

唯物的世界観は、人間の存在そのものに本質的な価値を見いださない考え方なので、一個人の人生の意味など議論の対象にもなりません。どうせ無意味な人生なら、好き勝手に欲望のかぎりを尽くして生きてやれ——そんな人生観を生み出してしまいます。

しかし、人間の本質を永遠不滅の霊的存在であるとする霊的世界観が受け入れられるなら、私たちの生き方は、それとは全く異なったものになるはずです。霊的実存を深めて高めることが、必然的に、生きることの第一義にならなければなりません。学歴や社会的地位、高収入を得ることなどは、それが霊的成長に結びつかないかぎり、人生の目的になりません。

そして、霊的実存を深めるということは、肉体としての人生を厭い、一般社会から出離して、瞑想修行に明け暮れることでもありません。自らの霊的成長を求めつつ、社会に対して自分のなし得る貢献をする。このような生き方が要求されるのです。

そのような生き方の具体的な指針として、ケイシーは「霊的理想」というきわめて重要な霊的原理を私たちに示しました。

ケイシーのリーディングに従うなら、私たちは、数十回の輪廻転生を経て現在のこの人生を生きています。そして、宇宙の高い摂理に導かれて、自らの霊的成長を実現する上で最もふさわしい環境と肉体を選んで生まれてきたのです。

私たちの人生の目的は、この人生を最大限に生かして自分の本体である魂を成長させ、同時に社会に貢献することにあります。いくら経済的に、あるいは社会的に栄達しても、肝心の魂がしおれるようでは生きる甲斐がありません。しかるに、私たちは魂を豊かにするような人生を生きているでしょうか。

この人生に入るとき、私たちは誰もが高い志を持ってやって来ます。しかし、私たちの人生はそのような高い志によって貫かれているでしょうか。そもそも、その志の何たるかを私たちは自覚して生きているでしょうか。

エドガー・ケイシーのリーディングを通して、私たちは、自分の本性が永遠不滅の高貴な霊的存在であることを受け入れるようになるはずです。このような霊的世界観への目覚めが霊的成長の出発点であるとするなら、そこから霊的成長を目指して具体的に踏み出すために私たちが次にすべきことは――ケイシーの言葉で表現するなら――、自らの霊的理想を見いだすことであり、その理想に従って人生を構築し、その理想実現に向けて人生を傾注することです。

霊的理想の意味についてはこれから徐々に理解を深めていきたいと思いますが、とりあえずここでは、「それぞれの魂がその人生で本当に実現したいと願っている願望」のようなものだと思ってください。この霊的理想こそは人生の可能性を最大限に引き出す鍵であり、この霊的理想によって人生のあらゆる局面は展開していきます。

霊的理想は、私たちを霊的本源に同調させる最重要の要素であり、霊的理想に向けて生きることで、霊的次元の創造的エネルギーが私たちの人生に豊かに流れてきます。それによって、これまで私たちの人生に現れていたトラブルや苦悩が、私たちの人生をより豊かで意義深いものにする踏み石へと変容していきます。私たちは永遠の世界にしっかりと根を張りつつも、この物質世界で意義深い人生を生きることが可能になるのです。

私たちの魂は、魂としての願望を持ち、生きるとは、この魂の願望を実現することに他ならないはずですが、肉体に入った私たちの心は、必ずしもこの魂の願望を受け取るとはかぎりません。それどころか多くの場合、私たちの人生の目的はいつの間にか、この世の地位や名声や富を獲得することにすり替えられてしまいます。そういう人生を送った人が霊的世界に戻ったときに味わう落胆はどれほど大きいことか。

霊的理想を見いだすとは、自分の魂がその人生で実現しようと願っているところのものを明らかにすることであり、霊的理想を生きるとは、自分の人生を霊的理想の実現に向けてひたすらに注ぐことです。そして、霊的理想に向かって生きるということは、生きるべき人生を生きることであり、そのような人生は本質的な意味での生きる喜び、希望、勇気に溢れています。なぜなら、そこには魂の豊かな躍動があるからです。

一方、霊的理想を欠いた人生は、たとえ霊的法則を知識として知っていたとしても、あるいは瞑想や祈りに多くの時間を費やそうとも、結局それらは自らの霊的本性から遊離した、充実感の伴わない、表面的で空虚なものに終わってしまいます。また、どれほど経済的に豊かであっても、社会的な地位に恵まれようとも、心の内奥には常に不安、焦り、不和、失望を抱えることになります。なぜなら、私たちの生命の本質である魂から分離した生き方をしているわけですから。

自分にとっての霊的理想

霊的理想がいかに重要であるかがわかったところで、私たち自身の霊的理想に取り組んでみたいと思います。

さて、ひと言で「霊的理想」と言っても、なかなか具体的なイメージはつかみにくいかもしれません。私も講演会などで霊的理想を話すときにはいろいろ工夫して説明するのですが、「生まれ変わってでも実現したい目標」とか、「神様の前に出しても恥ずかしくない志」のように説明すると、皆さんにうまく伝わるようです。もちろん、霊的世界に戻ったときに私たちが実際に神様の前に引き出されるわけではありませんが、そういう場面を想像すると、霊的理想のなんたるかがより鮮明に伝わります。

「神様の前に出しても恥ずかしくない志」ですから、「一流大学を卒業して、一流企業に勤める」だとか「エリート官僚になる」「会社を起こして成功者になる」「ラクして金持ちになる」なんていうのは霊的理想になり得ません。恥ずかしくてとても神様の前で言えないでしょう。

エドガー・ケイシーの場合は、13歳のときに「病める人、悩める人の助けになりたい」という霊的理想を宣言し、それを生涯にわたって持ち続けました。

私の場合は、生きること存在することの希望を失っていた20歳のときにエドガー・ケイシーに遭遇して人生観を一変させ、それ以来、「エドガー・ケイシーの福音を全国津々浦々に伝える」ということを自分の理想としてきました。この気持ちに立ち返る度に私の魂は奮い立ちます。

霊的理想の3つの要件

さて、霊的理想についていくらか具体的なイメージがつかめてきたと思うのですが、ここでエドガー・ケイシーが定義するところの霊的理想を示しておきたいと思います。リーディングに従えば、霊的理想は次の3つの要件を満足させる必要があります。

①永遠に人生を導く性質を持つ
②他者への奉仕的要素を持つ
③人生のあらゆる局面に適用できる

まず①の「永遠に人生を導く性質を持つ」とは、私たちがどれだけそれを目指して進んでも、到達できないことを意味します。ケイシーは別の表現で、「それの一部には成り得ても、そのものに成ることはできない」と述べています。そうすると「一流企業に勤める」などというのは、一流企業に就職したところで達成されてしまいますから、霊的理想にはなりません。進めども進めども常に私たちの前方にあって、私たちを導くもの。そういう性質でなければなりません。

また、②のように霊的理想には、他者への奉仕的な要素が必ず含まれます。

なぜなら、私たちは自分のためだけに生きようとすれば能力が枯れていくからであり、誰かのために自分の人生を役立てようとすると、その願いに応じて、能力が高められるからです。これは宇宙が私たちをそのようなものとして存在せしめたからであり、人間が本来的に性善に創られていることの証しでもあります。

③の「人生のあらゆる局面に適用できる」という要件は、霊的理想を考える上で一番の難所です。ほとんどの場合、この段階で、理想の表現を抽象化しなければならなくなります。なぜなら具体的な表現は適用範囲が限定されるからです。

実は、私が先ほど示した「エドガー・ケイシーの福音を全国津々浦々に伝える」という私の理想も、①および②の要件は満たしているのですが、③の要件を満足していないために、このままでは不充分なのです。

たとえば私は収入を得るためにプログラムを作る仕事をすることがありますが、もし私の霊的理想が「エドガー・ケイシーを伝えること」に限定されていると、プログラムを作っている間、私の生き方は霊的理想とは関係がなくなってしまいます。ですから人生のあらゆる局面に適用できなければならないという③の要件を満足させるには、その理想をさらに深化させる必要があるのです。

③の要件を満足させるには、自分の心が何によって揺り動かされるのかを分析し、自分のさまざまな願望の背後にある「魂の願望」を吟味することが必要になります。

私の場合は、自分がどうしてエドガー・ケイシーの福音を伝えたいと思うのか、その背後にある動機・理由を追究してみました。そうすると、青年期に必死で探し求めていた「存在の希望、存在の喜び」をエドガー・ケイシーが余すところなく証明してくれているからだ、ということに思い至りました。そして「ああ、そうか。私の魂が求めているのは、存在の喜びであり、生きることの希望なんだ」と、より抽象化された理想が見えてきます。

私の魂が希求しているのは「存在の喜び」「存在の希望」であったのです。

そこで、私は自分の霊的理想を「存在の喜び、存在の希望を実感し、それを人々に伝えること」、そこからさらに抽象化して「存在の喜び、存在の希望を表現すること」として見いだしたのです。「エドガー・ケイシーの福音を全国津々浦々に伝える」は、その霊的理想を実現するための一つの、しかしながら私にとっては最も重要な方法であったのです。

「存在の喜び、存在の希望を表現すること」を霊的理想にすると、先ほどのプログラムの仕事の際にも、それを充分に表現することができます。

まずプログラムを作成することそのものが自分の創造性を表現する喜びに溢れた作業であるなら、それ自体が霊的理想にかなうことですし、また、そのプログラムを通して多くの人たちに喜んでもらえるなら、それもまた霊的理想の実現になるわけです。霊的理想は魂の力を揺り動かすため、プログラムを作るときにも、次々によいアイデアが浮かんできます。魂が喜んでいますから、やっていることそのものが楽しくて仕方なくなります。

この霊的理想であれば、日常生活のどんな状況にあっても表現することができます。掃除をしているときも、コーヒーを飲んでくつろぐときにも、私がそこに自分自身の霊的理想である「存在の喜び」を見いだしている限り、霊的理想の実現なのです。

茶道などの文化を持つ私たち日本人は、そういった日常生活のさりげない側面に霊的理想を表現することがきわめて巧みな民族ではないかと思います。お茶をいただくという行為を、単なる所作ではなく、自らの精神性を高める行為にまで昇華するわけですから。ですから、私が自分の霊的理想である「存在の喜び」を味わいながら1杯のコーヒーをいただくとき、それは私流のコーヒー道になっているはずです。

霊的理想の見つけ方

霊的理想についてはかなり明確になってきたと思うのですが、実際、自分の霊的理想は何だろうと考えたときに、必ずしもすべての人が、すぐに的確なものを見いだせるとはかぎりません。

それまで人生の目的や生きる意味についてあまり悩んだことがない人にとって、霊的理想を見つける作業は意外に難事です。

エドガー・ケイシーはそうした方々に、自分の願望を紙に書き出してみることを勧めました。また自分の強みや弱点を列挙することもやってみるのです。

セミナーなどで私が勧めているやり方はこうです。

まず紙と鉛筆を用意し、1枚の紙に、自分が生まれてからこれまでの人生の中で、自分がやりたいと思ったこと、あるいは自分が何かを達成してそれによって大きな喜びを感じた経験、これらを最低でも10個書き出します。これで願望のリストができます。

次に、別の紙に自分の才能と能力を列挙します。才能や能力は他人と比較して考えるのではなく、自分の中で「これは得意だな」と思えればそれでいいのです。また、「こういう才能があればいいな」と思うものも加えます。これで能力のリストができます。

二つのリストができあがったら、次に、願望のリストを調べて、それぞれの願望が自己中心的でエゴを満足させるものになっていないかどうかをチェックします。

もしそういう願望があったなら、それを神様の前に誇らしく報告できるような表現に改められるかどうか試してみます。もしできなければ、その願望は単なる肉体の願望であり、霊的理想にはなり得ませんから却下します。そして願望のリストの中から、自分の魂を最も揺り動かすものを選んでみます。この段階で霊的理想が明確になる人もいます。

同様に、自分の能力のリストを調べ、単に自分のエゴを満足させるようなものを排除します。そして、能力のリストの中で神様に差し出せるもの、ほかの人の人生を豊かにするために差し出せる能力を選んでみます。

さて、今私たちは二つのことに気づいたはずです。

一つは、どのような願望を持つときに私たちの魂は最も喜びに溢れ躍動するか、ということ。もう一つは、自分の能力の中で他の人たちのために奉仕的に使える自分の能力が何であるか、ということです。

そろそろ作業も最終段階ですが、次に行うことは、この願望と能力を創造的に融合させて具体的に実行する方法を考えます。つまり、やりたいこと（願望）を持てる能力で表現するにはどうすればいいかを考えるのです。

ある人は「困っている人を助けたい」という願望を選び、自分が奉仕的に使える能力は「しゃべること」にあると考えました。そこでこの人は、「話すことで困っている人を助ける」ということを思いつきました。

このようにすんなりと願望と能力が結びつけば楽ですが、ほとんどの場合、いろいろ考えた末に、まだ確信はないけれども、それらしいものが見えてきた、という感じで終わります。これを暫定的な理想とします。

こうして暫定的に理想とその表現手段を見つけたわけですが、これが本当に自分の霊的理想と調和しているかどうかは、後述する精神的理想と肉体的理想を設定した後で、現実生活の中で検証します。

たとえば前述の人は「話すことで困っている人を助ける」を見いだしたわけですが、それを具体的に実行する機会を見つけ、そこで試してみるのです。たとえば、ボランティアでいのちの電話相談員をやってみることができるかもしれません。とにかく自分の見いだした理想を試す場所を探し、理想を発揮してみます。これを少なくとも4週間くらいやってみます。

もし自分の見いだしたものが霊的理想に調和していれば、魂の躍動を感じ、また本質的な喜びや平安が得られるはずです。また、より大きな機会が与えられたり、ボランティアでやっていたことが収入に結びついたりします。

一方、暫定的に見いだしたものが霊的理想に調和していなければ、手応えが薄く、また疲労感ばかりが強くなって充実感に乏しいものになります。もし4週間ほど試してみて、魂の躍動を感じられないようであれば、霊的理想の見直しをしてもいいでしょう。願望を再チェックし、能力を再チェックし、そして同じように暫定的な理想を設定します。

このような作業をくり返すうちに、魂の願望に対して私たちはより敏感になり、徐々に本来の霊的理想に近づいていきます。そうして「これこそ私の霊的理想だ」と思えるものにたどり着いたときには、それこそ体の細胞一つ一つが喜んでいるかのような、深い感動、エネルギーの、そして生きるべき人生を生きているという心の平安、そういったものが得られます。

精神的理想と肉体的理想

霊的理想が見いだされたなら、それを具体的な人生で実行するために、精神的理想と肉体的理想を作ります（暫定的な理想に対しても精神的理想と肉体的理想を作ります）。

精神的理想とは、私たちが見いだした霊的理想を、日々の生活の中でどのような態度、どのような方針、どのような心で表現するかを示すものです。このときには、より具体性をもたせるために、人生の4つくらいの側面——自分に対して、家族に対して、仕事上で関わる人に対して、社会一般に対して——に分けて、それぞれに対して精神的理想を見つけることもできます。

私の場合、精神的理想は、他者に対しては「エドガー・ケイシーを知ることの素晴らしさや喜びを伝え、それによって人生の素晴らしさや喜び、生きる希望を伝える」こと。自分自身および家族に対しては「生きることの喜びや素晴らしさを実感する」ことになります。

大切なことは、精神的理想は必ず霊的理想を反映したもの、霊的理想と調和するものでなければならないということです。さもなければ、霊的理想によって湧き上がる霊的息吹が途中でしおれてしまいます。

精神的理想を明確にしたなら、最後に、肉体的理想を作り出します。

ここではきわめて具体的な実行項目を書き出します。現時点の自分に実行できないことは、ここには入れません。精神的理想を実現するために、努力すればできる実行項目を10項目くらい書き出します。

たとえば私の場合、エドガー・ケイシーの福音を伝えるという精神的理想を実現するために、「毎日10個以上のリーディングを翻訳する」「講演会の依頼は他と重ならないかぎり引き受ける」「原稿の依頼は締め切りが許すかぎり引き受ける」「自分と家族の健康維持にケイシー療法を実践する」「ケイシーの考え方を人間関係に生かす」「霊的な書物を毎週1冊は読む」「少なくとも毎年1冊の本を出すようにする」「人とは笑顔で接する」「私のことを批判する人たちの中にも美点を見つけて、それを讃える」のような項目を作ります。同様に、「生きることの喜びや素晴らしさを実感する」ための実行項目を10個くらい作ります。

こうして、霊的理想から始まって、それを表現するための精神的理想、そしてそれを具体的に実践するための肉体的理想が揃ったことになります。

ケイシーは、これらの理想を1枚の紙に書くことを勧めています。罫線を引いて、紙を上中下の3つに分け、上から順に、霊的理想、精神的理想、肉体的理想を書き込みます。これらの理想は固定したものではなく、私たちの成長や気づきに応じて、内容が変化してきます。特にこの作業をやり始めた頃は変動します。しかし、徐々に内容が安定し、またそれに応じて成果も現れ始めます。

大切なのは、私たちが肉体的理想に挙げた実行項目は、その背後に霊的理想が控えていることです。そのために、それは単なる行為ではなく、霊的息吹に溢れた行為になるのです。これで私たちの人生に変化が起きないわけがありません。

人間関係における霊的理想の応用

霊的理想を見いだし、それを自分の人生に適用するようになると、人生がぐんと好転しますが、なかでも、人間関係に応用したときには短期間で驚くような成果が現れます。

霊的理想という考え方にもっと親しんでいただくためにも、私が実際に指導した例を一つご紹介したいと思います。

このご相談者は、ある会社に中堅社員として勤める女性でしたが、数年前に自分の職場に配属された上司とどうしても折り合いが悪く、仕事上のさまざまなところで衝突していました。上司との間は険悪で、私のところに相談に来られたときには、もうほとんど会社を辞める覚悟でした。

夫婦関係にしろ、親子関係にしろ、職場での人間関係にしろ、人間関係の悩みで相談に来られた場合、霊的理想、精神的理想、肉体的理想で構成された理想シートを作成してもらいます。必要に応じて、その前段階として、願望のリスト、能力のリストを書き出してもらうこともあります。

そして人間関係の相談の場合には、精神的理想のところに、トラブルを抱えている相手の欄を作ってもらい、そこにご自身の霊的理想を反映する精神的態度を書いてもらいます。

この女性の場合は、その上司に対する精神的理想として「調和」という言葉を書きました。

そこで私は、その「調和」をその上司に対してどのように具体的に表現するか、彼女にできることを列挙してもらいました。人間関係のトラブルを抱えているケースではほとんどの場合、具体的な実行項目がなかなか出てきません。この段階で、相手に対する日頃のあり方が、精神的理想を全く反映していなかったことが明らかになります。

そこで、私のほうから少し誘導することになります。

「その上司の方に、朝、ちゃんと挨拶をしていますか」と聞くと、案の定、「いいえ、どうせ挨拶をしても無視されるだけですから、朝もできるだけ顔を合わせないようにしています」という返事がかえってきました。

そこで「でも、精神的理想の〝調和〟を実現するためにも、朝の挨拶は、あなたのほうからしてみてはどうですか」と提案してみました。なかなか返事がかえってこなかったので、さらに「朝の挨拶が不可能なんですか」と少々大げさに聞いてみました。するとやっと、「挨拶をしてみます」と返事がかえってきました。しかしすかさず、「でも、相手から無視されたらどうしたらいいんですか」と聞き返してきました。

ここは理想を実行する上で大切なポイントなので、少しくどいくらいに説明しますが、理想を実行する場合、相手がどのように反応するかは全く関係がありません。本人がそれを実行するか否かという一事にのみかかっているのです。彼女の場合、上司が挨拶を無視しようと、それは究極的にはどうでもいいことなのです。彼女自身が、自分の霊的理想の反映である行動を実行できるかどうかだけが問われているのです。

ですから彼女の場合にも、「朝、あなたのほうから必ず挨拶してくださいね。挨拶したからといって損するわけでもないんですから」と言い含めて、彼女の理想シートの肉体的理想の欄に、「朝、自分から挨拶する」という項目を記入してもらいました。

さらに「上司にお茶を出していますか」と聞くと、「出してない」という返事だったので、これも理想シートに記入してもらいました。他にも職場での様子を想像して、彼女にできそうなことを5つくらい記入してもらいました。

この辺りで、私のほうから「上司ともっと調和し、心をかよわせるために、何か他にできることはありませんかね」と尋ねてみました。すると彼女はしばらく考えた後で、「そうだ、○○さんは野球が好きだから、野球の話をすると会話が弾むかもしれない」と明るい声で答えました。「私、野球のことは何もわかりませんが、○○さんと話ができるように、ちょっと野球のことを勉強してみます」とのことでした。

私も、「そうそう、その調子です」と答えて、他にもいくつか上司との調和を実現するための実行項目を出してもらい、全部で10項目くらい出たところでこの作業を終えました。そして最後に、「あなたの理想を実現するための実行項目がこれだけ出ましたから、後は、それを実行するだけです。それぞれの行為の背後にはあなたの霊的理想が控えているので、必ずそこには霊的祝福が流れます。くどいようですが、相手がどのように反応するかは一切関係がありません。大事なのは、あなたがそれを実行するかどうかということだけです」と念を押して、それらを実行することを彼女に約束してもらいました。

彼女は、最後に私にこう聞きました。「これだけのことを実行して、それでも相手が変わらなかったらどうしたらいいんですか」と。これは人間関係がこじれている人に見られる典型的な反応ですが、私は「大丈夫です。霊的な法則に従って、必ず成果が表れます。万一、その上司の心が本当にねじ曲がっていて、あなたの誠実な態度を冷淡にあしらうようなら、上司自身がその職場に居られなくなるような状況がその身に生じますから、心配はいりません。とにかく、あなたは心を込めて自分の理想を実行してください」と、このようにお答えしました。

さて、彼女はその後、どうなったと思いますか？

ご相談を受けて1カ月もしない頃だったと思いますが、彼女から電話がかかってきました。

そしてとても弾んだ声で、うれしいご報告をしてくださいました。

「光田さん、あれからすごいことが起きましたよ。光田さんに言われた方法をやり始めたら、もうその日から、上司の態度が変わってきました。今ではあの上司が私のマブダチです。今日もこれから、上司と一緒にカラオケに行くところです」と。

私も、「アハハ、マブダチですか」と苦笑しながらも、ご報告をいただいたことにお礼を述べ、そしてこれからも霊的理想を人生のあらゆる局面に適用することを彼女に勧めて電話を切りました。

もちろんこれから先の人生で、彼女もまだまだいろいろな困難に遭遇することでしょう。でも、霊的理想という鍵を見つけ、それによってさまざまな状況を展開できることを体験した彼女は、これからもその鍵を使って、人生の難局を切り抜けてくれることを私は信じています。

彼女が体験したような人生の大きな変化は、霊的理想を見つけ、それを人生に適用するコツをつかんだならば、私たちの人生の上にも必ず生じます。これは、エドガー・ケイシーが教えてくれた人生を創造的に生きる最大の秘訣ではないかと私は思っています。読者の皆さんもぜひ試してみてください。きっと人生が大きく、そして豊かに展開していくのを実感されることと思います。そしてこのような生き方は、私たち自身の霊性を高めるとともに、社会に対しても自分の成し得る貢献を成すことに通じるのだと思います。

霊的理想実現のための心構え

最後に、霊的理想を人生に適用するときの大切な心構えについて、理想実現のプロセスに沿って説明いたしましょう。

今の自分を受け入れる

これはどういう意味かというと、自分の今の状態・境遇は、自分の魂を成長させる上で最もふさわしい状態であることを納得することです。

神は最大限の配慮をもって、私たちを今の状況に置いていることを確信します。貧しい家庭に生まれたならば、まさにそれが自分の魂の理想実現にベストなのです。もちろん裕福な家庭に生まれた人は、それこそが魂を高める上でベストな環境なのです。体が弱く生まれついてしまったとしたなら、そこから出発することが最善なのです。

今の自分を完全に受け入れ、肯定してしまいます。そしてそこから出発することを楽しみましょう。

自分の現状に不平不満の種を見つけているかぎり、私たちはそこから一歩も出られません。エドガー・ケイシーは、それを「今、あなたの立っているところから出発しなさい」「あなたの置かれた状況は神が備えられた聖なる場所であることを自覚しなさい」という言葉で表現しました。

今の時点で手元にあるものを最大限活用する

自分の理想を実現しようとするときに、しばしば「私には学歴がない」とか、「お金がない」「コネがない」などと、理想の実現に踏み出せない理由を挙げる方がおられますが、霊的理想の実現においては、それは全く理由になりません。

私たちに求められているのは、自分の手元にあるものを理想の実現に用いることなのです。ケイシーはこれを、「あなたの手にあるものを使いなさい」という言葉で表現しました。ですから、「学歴がない」「お金がない」「コネがない」という弁解は一切通じません。今の自分から出発する、手元にあるものを使う——。これはきわめて重要なことです。そうすれば、宇宙はそこに豊かな祝福を注いでくださいます。

私がエドガー・ケイシーの福音を伝えようと思ったのは20歳のときですが、そのときに私がしたことは、友人にケイシーに興味を持つように勧めたり、余った小遣いでケイシーの本を買って友人に配ったりすることでした。会社に入ってからは、ボーナスでケイシーの『転生の秘密』を100冊くらい買って同僚に配りました。

大切なことは、今の自分にできることを実行すること、自分の能力やお金など手元にあるものを活用することなのです。そうしていくうちに、理想実現のためのさらなる機会が与えられるようになります。

霊的理想の遂行には大胆であれ

ケイシーは「あなたの掲げる理想が神の御心にかなうという確信があるならば、その理想遂行には大胆であれ」と述べています。このときには、生きるべき人生を生きているという確信と、それに伴う本質的な喜びと平安に満たされるようになります。

私がケイシーの研究に専心するために思い切って会社を辞めたとき、経済的にはずいぶん窮乏しましたが、心はいつも高揚していました。

小さな機会でも最善を尽くす

霊的理想実現のために手元にあるものを使い始めると、その実現の機会が与えられるようになります。たとえば私の場合ですと、講演会の依頼が来たり、原稿の依頼が来たりします。その場合、初めの頃は、小さな機会として現れます。私も最初の頃は、公民館で10人くらいのお年寄りの前で講演することから始まりました。

でも、たとえ小さな機会であっても、そこに自分の最善を尽くします。目の前に与えられた機会は、宇宙が私のために備えてくださったものだと受けとめて、それを大切に活用します。講演料が安いから断るとか、手を抜くようでは失格です。いやしくも自分の霊的理想を実現しようというのですから、それをお金の下に置いてはいけません。

機会による成長を自分の手柄にしない

こうして目の前の機会を大切に扱っていると、徐々に機会が大きくなってきます。私の場合ですと、より大きな会場で講演する機会を与えられるようになったり、翻訳や著述の依頼が増えたり、あるいは霊的理想の実現を支援してくださるような人との出会いが増えてきます。

こういうときには、何か自分が優れた者になったような気分になりますが、それらの機会を自分の手柄とせず、むしろ、そのような機会を備えてくださる「宇宙」を讃えるようにします。霊的理想の内に自己をなくし、エゴを消していきます。

エドガー・ケイシーはリーディングによって多くの人の命を救いましたが、ケイシーはそれを自分の手柄とはしませんでした。リーディングによって救われた人たちから感謝の手紙をもらったときなどでも、彼は机の横にひざまずき、「主よ、今日もあなたの働きによって、尊い命が救われました。どうもありがとうございました」と、神に感謝を捧げました。この姿勢が私たちにも要求されるのです。

霊的理想に自分の人生を一致させる

こうして霊的理想を表現する機会が増えていくと、自分の人生が宇宙との深い交流の上に営まれているという実感が湧いてきます。自分の人生の上に宇宙の豊かな配慮を感じ、あるいはその証拠を人生のあちこちに見つけられるようになります。

霊的理想に自分の人生を一致させようとすればするほど、交流は深まり豊かになります。後は、どれだけ一致させられるか、どれだけそこに人生を傾注できるか、それによって私たちの未来は決定されていくのです。私はそのように信じています。

エドガー・ケイシーのリーディングに、「人は、その人生で何を理想として掲げたか、またその理想に対して何を為してきたかを造り主に釈明しなければならない」という言葉があります。つまり、私たちは自分の持ち得る最高の理想を見いだし、その理想に対して人生を生かしているかぎり、何ら恐れるものはないのです。それ以上の生き方はできないのですから。

しかもその鍵は、私たちの内にあるのです。人生の扉を開く霊的理想をぜひ、自分のものにしてください。

エピローグ　日本の霊的再生の希望

私は日本に生を享けたことを、まことに幸運なことと心から感謝しています。しかしながら、同時に、長い歴史を通して涵養されてきた日本のよき霊性が、私の生きてきたわずか一世代のうちにも失われようとしているのではないか、とりわけここ数年の日本社会の有様を見ていると、その危惧の念を痛切に覚えずにはいられません。とりもなおさず、それが私の世代において一層顕在化してきたことに、ある種の責任のようなものを感じてしまいます。ここまで日本の霊性を練り上げてきた先人に顔向けできない、われわれの後に続く人々にこんな日本を残して申し訳ない——そんな意識が生じてきます。

日本社会の現状を憂い、日本社会を改善しようと、さまざまな団体や個人が多大の努力を傾注してきましたが、劣悪化する日本社会を押し戻すことに成功しているようには感じられません。

テレビを見れば低俗な番組が目白押し、新聞・週刊誌を見れば煽情的な記事ばかり。どちらを向いても、人品を引き下げるものばかりで、これらを見れば、日本社会が衰退するのも無理からぬことと思わざるを得ません。まるで、それが入念な計画に基づく作戦であるかのように、日本社会は全方位から浸食されつつあるかのようです。

その責任はどこにあるのか——ある人は政治が悪いと言い、またある人は教育に問題があると言い、さらに別の人は国際情勢に原因があると主張する。それとは全く違うところに原因を見いだす人々もいる。しかしそれらのどれも、エドガー・ケイシーに言わせれば、根本原因を見落とした、全く的外れな議論と言わざるを得ません。

エドガー・ケイシーは第二次世界大戦の始まる直前の1939年6月に、次のようなリーディングを与えました。

問：ファシズムのムーブメントはこの国にとって危険ですか？
答：人類を兄弟とし、神を父とする考え方の他は、いかなるムーブメントも危険である！
問：わが国の民主主義を守るために、それらにどのように立ち向かえばいいでしょうか？
答：人類を同胞とする思想、神を父とする思想の上に、民主主義であれ、いかなる名前も置いてはならない！
（3976—24）

ケイシーの主張はまことにシンプルです。人心の荒廃、社会の衰退の根本原因は、「人が、自らの永遠不滅の高貴な霊的本性を忘れたことであり、神を忘れたことである」と言います。神を忘れたならば、社会は立ちゆかなくなります。内部から崩壊するのです。シンプルではありますが、まことに本質的であり、見方を逆転すれば、ここにこそ希望溢れる社会建設の道が示されていると言えます。

世界の恒久平和について尋ねられたとき、リーディングは次のように答えました。

世界は、この分裂と不平不満に向かっている世界は、その理想を失ってしまった。人類は同じ思想を持つことはできないかもしれない。しかし、人類は、すべての人間は、同じ《理想》を持ち得るはずだ！

それは、すべての人が一つの《理想》を持つことでのみ実現されるあの平安、あの調和をもたらすような仕方で、彼らが共生できるようになるためである。それは《思想》ではない。「汝ら、心を尽くして主なる汝の神を愛すべし。己のごとく汝の隣人を愛すべし」という《理想》である。これこそが律法のすべてであり、これこそが世界に対する、すべての魂に対する解決策のすべてである。これが、今日存在する世界の状況に対する解答である。

人間は何事につけ力を――金の力、地位の力、富の力、その他もろもろの力を――その答えとしてきた。これは一度として神の方法になったことはない。これからも決して神の方法になろうはずがない。むしろ、少しずつ、教訓に教訓を重ね、ここに少し、かしこに少し、自分のことよりも他人のことを心がけるような仕方――これこそが神の道であり、それによって世界はさまざまな形で無事に保たれてきたのである。

（3976―8）

まことに、人が神を忘れ、自らの霊的本性を忘れてしまったところに、あらゆる問題の根本原因がある。だからこそ、何事にも優先して、早急に霊的世界観・霊的人生観を回復しなければなりません。そして、エドガー・ケイシーこそは、科学的思考で訓練された現代人を霊的に目覚めさせる最良の情報源の一つであると、私は確信しているのです。

たとえ人が神を忘れても、神は人を忘れない

私たちは、唯物的な世界観が支配的な世界に生きています。物質のみが存在するもののすべてであり、霊魂や神など、物理的装置で捉えられないものは、迷信深い昔の人が作り上げた幻想である、人間は肉体としての存在がすべてであり、死をもって一切が消滅する、と教えられてきました。そして、そのような哲学の上に築かれたのが、現代社会です。

人間はどうせ死ねば無に帰するのだから、つかの間の生を、欲望の命ずるままに生きて何が悪い。お金はなるべく効率よく儲けるのが賢い人間のやり方で、地位や権力は自分の願望達成の道具である。これが唯物的世界観から必然的に導かれる人生観であり、私たちの社会は、政治にしろ経済にしろ教育にしろ、すべてこの思想が隅々に行き渡っています。その見事な結果が、今の日本社会なのではないでしょうか。

何故に今日の世界に騒乱があるのか？
彼らが神を忘れてしまったがためである！
（3976—25）

この唯物的人生観に毒された日本社会を、希望に溢れた霊的世界観で立て直さなければなりません。それは途方もない企てのように思えます。しかし、意気消沈してしまいそうな私たちに、ケイシーは次のように教え諭してくれます。

どのようにすればこのことを実現できるのだろうか？　各自一人一人が、それぞれの関わる世界において、その実現に寄与すると考えるところを実行に移すことによってである。小さなパン種が一塊のパン全体を膨らませるのである。
（3976—8）

私は20歳になるまで唯物論こそ正しい世界観であると信じ、神や霊魂など頭から否定していました。しかしケイシーを知って霊的世界観に目覚め、その目で自分の人生を振り返ってみると、私の人生がすでに神の配慮に満ちていたことを思い知らされました。

そして、神との親しき交わりを求めて、神に向かって生きるようになると、私は自分の人生がいよいよ神の配慮をいただいていることを経験するようになりました。日本の優れたキリスト者である内村鑑三（うちむらかんぞう）先生の有名な言葉に、「信仰は実験である」というものがありますが、まことに、私は信仰実験によって、神が私の人生に介入し、私の人生を導いてくださることを確信したのです。

第二次世界大戦直前の、世の中が大きな不安につつまれていた時期、67歳のあるビジネスマンがケイシーに、自分のビジネスが立ち行くかどうかを尋ねました。それに対するケイシーの答えは、霊的世界観に基づく生き方を示してくれます。

> あなたのビジネスが、助けを必要としている人々の人生と経験に、生きる希望と信仰と愛をもたらすことを目的とするならば、そのようなものに不況のあろうはずがない。お金は誰が所有するのか？　神はこう言われた。「金や銀であれ、数千の丘の上の家畜

であれ、すべては私の所有である」と。神に全信頼を置き、汝の愛を同胞に示すがよい。そうすればその仕事に一切の不況はない。（１５９８―１）

私たちは偶然によって肉体に入るわけではないとケイシーは主張します。神の恩寵によって肉体に入るのである。すると、私たちはこの大変動の時代に目的をもって生まれてきたことになります。なぜ、このような混迷する時代に生まれてきたのか。それは、私たち自身が霊的世界観の復権に参加し、人類をして希望に溢れた時代に移行せしめるという大事業にあずかるためであるに違いありません。

本書を終えるにあたり、この時代に生きる私たちに与えられたケイシーの激励のメッセージを、読者に贈りたいと思います。

この時代が成就したなら、新しい紀元、新しい時代が始まる。あなた方は新しい時代の一員として参加しているだろうか。それとも空しく時を過ごし、前時代の遺物として居残るのだろうか。それともあなたの兄である主、あなたの救世主にすら頼られる者となるだろうか。（２７８０―３）

苦しみに満ち、血で汚された世界ではあるが、あなたの祈り、あなたの祝福が、新しい希望をもたらすのだ。そしていつか地上に喜びが溢れ、人々の間に平和の花の咲く日が来るだろう。（2629―1）

それ故、この場に集う汝らは皆、このことを他人任せにしてはならない。むしろ「私が――この私が」でなければならない。あなたの叫びは次のようでなければならない。「主よ、私はここにおります。どうか、あなたが最もふさわしいとお考えになるやり方で私をお使い下さい！」と。（3976―25）

あとがき

私が初めてエドガー・ケイシーを知ったのは、今から44年前の20歳のときでした。そのときの衝撃は、今でも鮮明に覚えています。

当時の私は唯物的世界観の枠内で、必死に生きる意義、存在する意義を求めて哲学書を乱読していました。大学にも行かず、自分の人生の意義を求めて、下宿でひたすら実存哲学を読み漁っていました。しかし、どれほど哲学に打ち込んでも、否、探求すればするほど、自分の人生に意義がないことが明白になる。自分の努力がますます自分を追い詰める――。しかし、その努力をやめることができない。そして、気がつけば私は自分で自分を絶望の淵に追い込み、あと一歩のところで肉体の生を放棄するところにまで来ていました。

そんなぎりぎりの状況にあった私が、たまたま手にしたエドガー・ケイシーの本に救われたのです。絶望の世界から、一夜にして歓喜の住人になりました。唯物的世界観の迷妄は取り払われ、存在の希望、存在の喜びが一気に私の中になだれ込んできました。そして、この日、私は自分の全人生をエドガー・ケイシーの福音伝道に尽くそうと決意したのです。

以来、私はエドガー・ケイシーの研究とその業績の日本における普及啓蒙に努めてまいりました。しばらくは、「オカルト」を研究している変わり者のように見られていましたが、10

年、20年たつうちに、エドガー・ケイシーに対する関心と評価が高まるようになりました。40年を経た今では、ケイシー療法で難病を克服した方々の喜びの声をいただいたり、エドガー・ケイシーの霊学に感銘を受けた方々から、さまざまな支援をいただいたりするようになりました。エドガー・ケイシーの福音が、日本社会に着実に根を張りつつあるのを実感しています。

私たちの社会は、唯物的世界観の矛盾があちこちで一気に吹き出し、政治にしろ経済にしろ、教育にしろ福祉にしろ、ますます混迷の度を深めています。利己的な主張を恥とも思わない人々が社会の上層部にすら増え、道徳倫理は廃れ、性は乱れ、一昔前には考えられないような犯罪が横行し、このままでは日本社会は内部から崩壊してしまいそうです。

エドガー・ケイシーは既に一世紀も前から、このまま唯物的世界観を突き進めれば、いずれそのような社会が出現するであろうことを警告していました。その根本、究極の原因はただ一つ——人が自らの霊的本性を忘れ、神を忘れたこと——であると主張しました。それはまた、この崩壊の危機に瀕する社会を根本から立て直し、希望に満ちた社会を建設する道があるとするならば、それは、「人間の本性は永遠不滅の高貴な魂であり、われわれは神によって存在を得ている」という意識、認識を回復する以外にはないということでもあります。

科学的唯物論が物質生活においてあまりに大きな成功を収めたために、人々は、科学的唯物論こそが正しい世界観であると信じ込むようになり、その結果として、人間の霊的本性は否定され、神は神話の世界に追いやられてしまいました。

しかしながら、ここに科学的唯物論の全く反駁(はんばく)できない現象が出現しました。「エドガー・ケイシー」という現象です。どのように理屈を捏(こ)ねても、科学的唯物論の枠内でエドガー・ケイシーの現象を説明することは不可能です。社会を支配していた科学的唯物論が、エドガー・ケイシーの出現によって、あちこちに矛盾をさらし、ひび割れを生じさせ始めました。我々がいよいよ、ますます力を込めて、エドガー・ケイシーの福音という くさびを打ち込み続けるならば、ついには唯物的世界観が崩れ去るに違いありません。しかも、そう遠くない将来において。

霊的世界観に目覚めて生きる我々は、まだまだマイナーな勢力かもしれません。しかしながら、我々は勝利を確信して進むことができます。なぜなら、我々を背後から支えてくださるのは、あの驚くべき《方》なのですから。

光田　秀

令和5年6月吉日

光田 秀（みつだ しげる）

1958年広島県生まれ。日本エドガー・ケイシーセンター会長。20歳の頃、『転生の秘密』（ジナ・サーミナラ著／多賀瑛訳／たま出版）でケイシーと出会う。これにより霊的人生観に目覚める。京都大学工学部および同大学院修了後、政府研究機関に研究員として4年間勤務。現在はエドガー・ケイシーの業績と教えを広めるために執筆や翻訳、講演などで活躍している。

著書に『エドガー・ケイシーが教えてくれた美しく生まれ変わるレシピ』（総合法令出版）、編著書に『賢者たちのメッセージ エドガー・ケイシーに学んだこと』（PHP研究所）、訳書に『エドガー・ケイシーが示す愛と結婚の法則』（レイチェル・ランネルズ著）、『永遠のエドガー・ケイシー』（トマス・サグルー著）、『改訂新訳 転生の秘密』）（ジナ・サーミナラ著）（以上、たま出版）がある。

NPO法人日本エドガー・ケイシーセンター
〒151-0053
東京都渋谷区代々木5-25-20-3F
TEL：03-3465-3285
FAX：03-3465-3263
https://edgarcayce.jp/

ブックデザイン◉木村勉
DTP◉横内俊彦
校正◉新沼文江

増補完全版
眠れる予言者 エドガー・ケイシー

2023年7月25日　初版発行

著　者　光田 秀
発行者　野村直克
発行所　総合法令出版株式会社
〒103-0001 東京都中央区日本橋小伝馬町 15-18
EDGE 小伝馬町ビル 9 階
電話　03-5623-5121

印刷・製本　中央精版印刷株式会社

落丁・乱丁本はお取替えいたします。

ISBN 978-4-86280-909-4

総合法令出版ホームページ　http://www.horei.com/